_____ 님의 얼굴에 새겨진 운명을
잘 살펴 더 나은 운명의 방향으로
이끌어나가게 되시기를 기쁜 마음으로 응원합니다.

_____ 드림

내 관상은
내가 본다

내 운명은 내가 본다

관상편

내 관상은
내가 본다

퀴니 지음

SOUL SOCIETY

차례

프롤로그 관상으로 내 운명을 내가 볼 수 있습니다 7

1장 관상, 이것만은 알고 시작하자 12

우리가 관상을 볼 줄 알아야 하는 이유 14
전통적 관상학과 현대 관상학 17
좋은 관상이란 무엇일까? 21
관상을 볼 때의 대원칙 26

2장 관상학의 기초 다지기 34

관상을 보는 커다란 틀: 음양과 오형 36
좋은 관상의 조건 1: 삼정(비율) 45
좋은 관상의 조건 2: 오악(균형) 49

좋은 관상의 조건 3: 오관(조화) **54**

이곳이 밝고 선명해야 좋은 관상이다: 오성 **59**

빛에 빛을 더하여 귀한 얼굴이 되다: 육요 **63**

운명이 담긴 인생의 집: 12궁 **67**

3장 관상의 디테일 **86**

머리 88

이마 90

눈썹 97

눈 111

코 130

입 139

귀 149

옆얼굴 159

골격 162

인중 167

치아 170

점 175

주름 179

기색 190

체상과 머리카락 212

4장 내 관상은 내가 본다 **216**

관상으로 본 연애 결혼운 **218**
관상으로 본 재물 금전운 **226**
관상으로 본 자녀운 **228**
관상으로 본 건강운 **230**
관상을 좋아지게 하는 비법(개운법) **234**

5장 남의 관상도 내가 본다 **242**

관상 상담 시 주의 사항 **244**
훌륭한 관상 상담가가 되는 비결 **246**
자주 물었던 질문과 답변(FAQ) **251**

 관상의 핵심은 현재의 내 형상에 집중하는 것입니다 **262**

 유명인들의 사례로 알아보는 관상 **266**

프롤로그

관상으로
내 운명을 내가 볼 수 있습니다

저는 지금도 그날의 장면을 잊을 수 없습니다. 지금으로부터 19년 전인 2005년의 어느 날이었습니다. 30대 중반이던 저는 당시 미대에서 디자인을 전공한 후 서울 명동에 위치한 한 디자인 학원에서 학생들을 가르치고 있었습니다. 어릴 때부터 그림을 그리고 꾸미는 것을 좋아했던 편이다 보니 자연스럽게 전공도 진로도 그러한 방향으로 잡고 살아가던 중이었습니다. 하지만 워낙 유행에 민감하고 빠르게 바뀌는 분야이기도 해서 늘 마음 한구석에는 '이 분야에서 내가 오래 살아남을 수 있을까' 하는 막연한 걱정도 있었습니다.

그러던 어느 날, 점심 식사를 하려고 건물 밖으로 나와 명동 한복판을 걷던 중 꽤 많은 사람들이 모여 있는 모습이 눈에 들어왔습니다. 아마 평소에도 늘 보고 지나치던 풍경이었을 텐데, 그날따라 유독 무슨 일 때문인지 궁금했습니다. 호기심이 생긴 저는 무리 근처로 걸음을 옮겼습니다. 그곳에서는 어떤 분이 사람들의 사주를 봐주고 계셨습니다. 궁금했던 것이 해결되고 나자 문득 이런 생각이 들었습니다. '다른 사람의 운명을 봐준다는 것은 어떤 일일까? 세상엔 자신의 운명을 알고 싶어 하는 사람들이 생각보다 참 많구나.'

이날의 일을 계기로 저는 운명적인 이끌림에 따라 사주명리학을 비롯해 운명학에 차츰 관심이 갖기 시작했습니다. 처음에는 가벼운 마음으로 관련된 책을 살펴보거나 인터넷에 올라온 정보를 살피는 정도였지만 운명학의 세계를 알아갈수록 그 통찰력에 깊이 빠져들게 됐습니다. 이윽고 2006년부터 기존에 하던 일을 접고 사주명리학과 관상학 공부를 본격적으로 시작하게 됐습니다. 나중에 돌이켜 생각해보니 저의 외조부께서도 직업적으로 풍수나 주역 등을 보시곤 했는데, 그러고 보면 운명학 공부는 집안 내력이 아닐까 싶기도 합니다.

저는 사주명리학과 관상학을 모두 공부했고 사주 상담과 관상 상담을 두루 진행합니다. 그런데 아무래도 디자인을 전공했기 때문인지 육안으로 사람들의 얼굴과 체형을 면밀히 살피고 그것을 해석하고 조언해드리는 일이 수월하면서도 매력적으로 다가오곤 합니다. 얼굴의 빛과 기색, 골격과 이목구비 형태를 세밀하게 살피는 일이 관상의 기본이자 본질인데, 사물의 형태와 색깔을 잘 활용해 조화와 균형을 추구하는 디자인을 전공했던 것은 지금 제가 하는 일에 큰 도움이 되어주었습니다. 관상학을 비롯해 운명학에 발을 들이기 이전에 제가 이러한 분야를 경험하고 공부했던 것도 어쩌면 우연이 아니었으리라는 생각을 자주 합니다. 그 역시 제 운명이었던 것이지요.

저는 관상학을 공부하면서 인생을 살아나가면서 필요한 지혜들을 참 많이 배웠습니다. 그중에서도 특히 나의 현재에 집중하는 것의 중요함을 깊이 깨달았습니다. 관상을 볼 때의 기준은 '지금 내 얼굴과 몸의 형상'입니다. 앞으로의 내 운명은 지금의 내 얼굴과 몸의 형상에 온전히 담겨 있습니다. 한편, 아이러니하게도 지금의 내 얼굴과 몸의 형상은 과거의 내가 어땠는지를 보여주기도 합니다. 물론 관상은 타고난 부분의 비중이 큽니다. 특히 골격이나 이목구비 등은 사고를 당하거나 수술을 하지 않는 이상 쉽사리 변형되기 어렵습니다. 하지만 과거의 내 습관과 관리 여부에 따라 표정이나 주름 모양 등이 미세하게 달라지고 변형되면서 전체적인 인상이 달라지기도 합니다. 즉, 나의 운명을 잘 파악해 부족한 부분은 보완하고 좋은 부분은 더욱 가꾸어나가고 싶다면 지금 내 얼굴과 몸의 형상을 언제나 잘 살펴볼 줄 알아야 합니다. 운명의 흐름에 올라타는 일은 나의 현재를 직시하는 데에서부터 시작됩니다.

이 책은 관상학을 전혀 몰랐던 분들도 독학으로 관상학을 배워 실제로 자신의 운명을 살펴볼 수 있도록 구성했습니다. 이와 더불어 다른 사람의 운명도 살펴볼 수 있는 수준까지 이르도록 정리했습니다. 따라서 관상학에 처음 입문하는 분들은 물론이고, 전문적인 관상 상담가가 되기를 희망하는 분들도 이 책에 담긴 내용들을 이후 실제 상담에 유용하게 활용하실 수 있습니다.

대다수의 학문이 그렇듯 관상학도 관상을 보는 절대적인 기준이 딱 하나만 존재하지 않습니다. 우리나라의 관상학은 중국의 영향을 강하게 받았으며 여전히 중국의 고전 관상서들에 근거한 관상법들이 중심을 이룹니다. 하지만 우리나라의 실정과 현대적인 맥락에 따라 그 해석이 수정된 지점들도 적지 않습니다. 제가 이 책에서 설명한 관상법의 내용들은 관상의 고전인 《마의상법(麻衣相法)》을 중심으로 해서 《유장상법(柳庄相法)》, 《신상전편(神相全篇)》, 《면상비급(面相秘級)》 등의 관상서들이 지닌 장점을 추려내 현대적으로 해석한 것들입니다.

  고전서들마다 같은 부위를 이야기하더라도 다양한 명칭으로 부르곤 합니다. 반대로 명칭이 같더라도 다른 부위를 이야기하는 경우도 많아 관상학 공부를 하면서 혼란해하는 분들이 적지 않습니다. 가령, 재물운을 말해주는 전택궁이라는 자리를 두고 《마의상법》에서는 눈두덩과 눈을 묶어 이야기합니다. 반면에 《면상비급》은 눈두덩만을, 《유장상법》은 눈만을 가리킵니다. 이런 부분들로 인한 혼란을 해결하기 위해 저는 대다수의 고전서에서 언급하는 공통적이고 근접한 위치로 명칭과 부위를 통일했습니다. 또한, 최대한 사실적으로 보여드리기 위해 얼굴의 실제 모습과 가까운 일러스트를 함께 넣어 구성했습니다. 관상학에 입문하는 분들이라면 이 책에서 제시하고 있는 기본적인 개념들만 잘 익히셔도 기초를 튼튼히 하는 데 부족함이 없을 것이라고 생각합니다.

  관상학의 세계로 첫발을 떼신 여러분들을 환영합니다. 이 책을 통해 나의 얼굴을 스스로 잘 살펴 자신의 운명을 더 나은 방향으로 이끌어나가게 되시기를 기쁜 마음으로 응원합니다.

2024년 여름
퀴니

소울이 있는 배움, 소울클래스

soulclass.kr

· 퀴니의 관상 마스터 클래스 ·

소울클래스는 운명학, 심리, 명상, 자기계발에 특화된 온라인 강의 플랫폼입니다.
각 분야의 전문가들과 함께 당신의 소울을 성장시키고 더욱 충만한 삶을 누리세요.

퀴니의 관상
10% 할인 쿠폰 코드
내관내본

회원 가입 후, 오른쪽 상단 **MY-쿠폰 관리-쿠폰 등록하기**에서 쿠폰 코드인 **'내관내본'** 입력 후 퀴니의 관상 마스터 클래스를 수강 신청하시면 **10% 할인**된 금액으로 결제가 가능합니다.

한국소울타로협회
KOREA SOULTAROT ASSOCIATION

정회원 혜택 1
소울타로 상담사
자격증 신청 자격 획득

정회원 혜택 2
매일 진행되는
케이스 스터디 참여

정회원 혜택 3
소울톡 상담사
지원 자격 획득

정회원 혜택 4
다양한 정보
공유 및 소통

웹사이트
soultarot.kr

카페
cafe.naver.com/tacaso

타로에 진심인 사람들이 모였습니다. 타로카드가 세상의 빛이 되는 도구로 쓰이도록
함께 공부하며 성장하고픈 분들을 환영합니다.

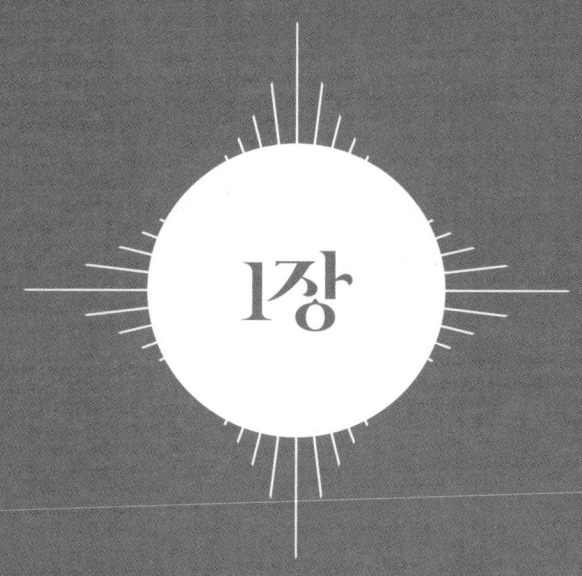

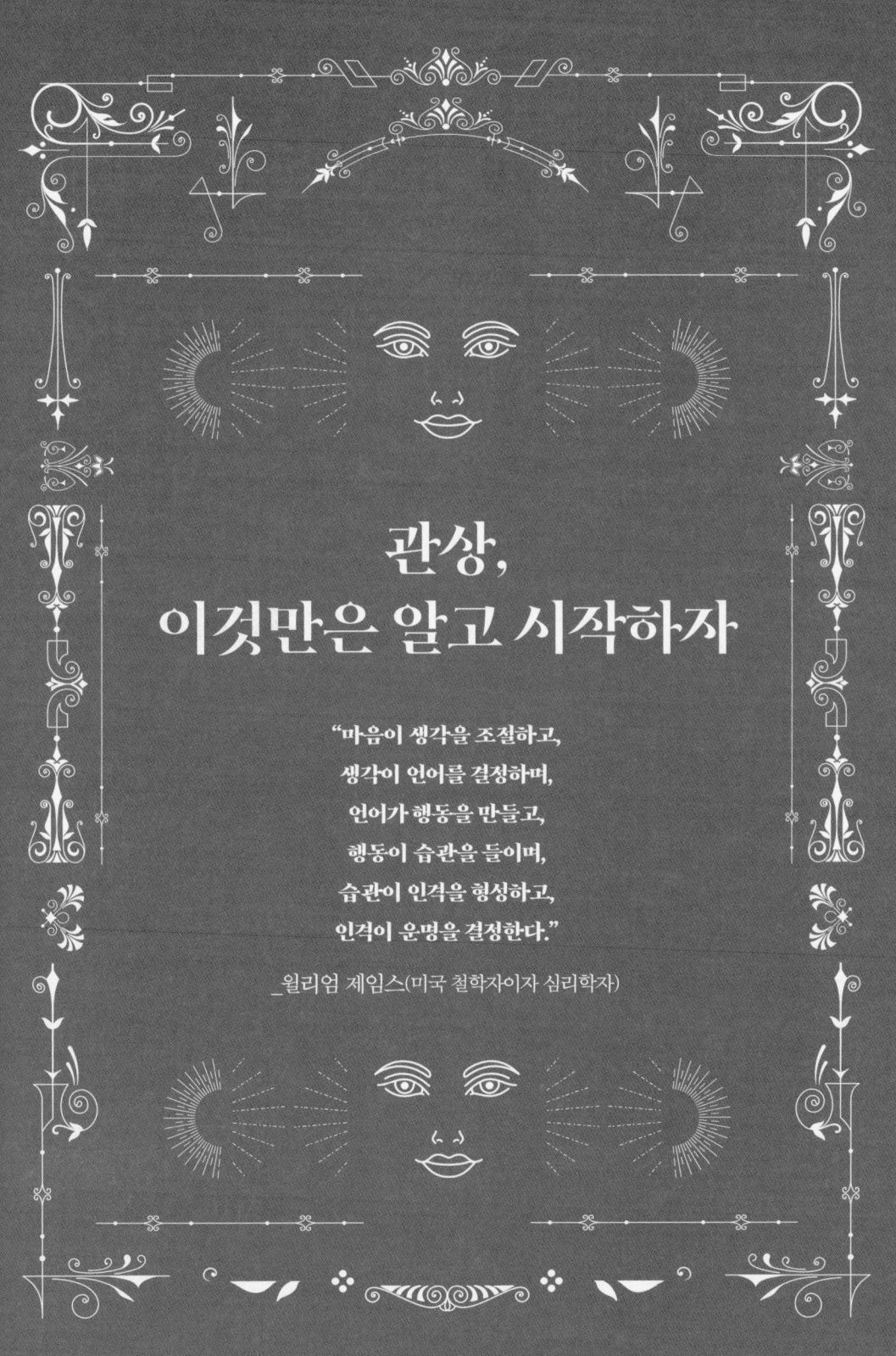

우리가 관상을 볼 줄 알아야 하는 이유

관상(觀相)은 한자 뜻 그대로 사람의 상(相), 즉 얼굴 전체의 형상이나 이목구비, 손발을 비롯한 신체의 형태와 생김새를 보고 그 사람의 운명을 보는(觀) 것입니다. 모든 운명학이 그렇듯이 세상에는 관상을 믿는 사람도 있고, 그렇지 않은 사람도 있습니다. 하지만 관상을 믿지 않는다고 말하는 사람도 취업 면접이나 소개팅을 앞두고 면접관이나 상대 이성에게 좋은 인상을 주고자 노력합니다. 이와 반대로 직원을 채용해야 하는 입장이거나 새로운 사람을 소개받았을 때 우리는 상대방의 얼굴을 보고 그 사람에 대한 판단을 내리곤 합니다. 우리가 일상생활에서 알게 모르게 취하는 이러한 태도들도 일종의 관상을 보는 행위라고 할 수 있습니다.

관상가로서 오랫동안 일하는 동안 제가 자주 받은 질문이 하나 있습니다. 바로 관상의 적중률이 얼마인지 묻는 질문입니다. 놀랍게도 관상은 적중률은 50퍼센트가 되지 않습니다. 하지만 아이러니하게도 이러한 사실이 바로 우리가 관상을 볼 줄 알아야 하는 가장 커다란 이유입니다. 유전적으로 기질과 골격, 생김새는 50퍼센트 정도 타고납니다. 이 말은 곧 내가 태어난 환경, 그동안 받아온 교육과 습득한 문화에 따라 나의 기질과 생김새가 달라질 수 있다는 뜻입니다. 즉, 어떠한 마음을 가지고 어떠한 행동을 꾸준히 습관적으로 해왔는지에 따라 얼굴의 기색, 골격의 모양, 이목구비에서부터 주름의 모양까지 모두 달라질 수 있음을 의미합니다.

선천적으로 좋은 관상을 타고난 것은 달리기에 비유하자면 남들보다 몇 미터 앞선 자리에서 출발하는 셈이나 마찬가지입니다. 유리한 시작점에서 출발한다는 뜻입니다. 좋은 관상을 가지고 태어난 사람이 삶을 잘 가꾸기 위해 부단히 노력한다면 성능 좋은 로켓에 추진력이 더해진 것처럼 더욱 쉽고 빠르게 성공과 부를 이룰 수 있을 것입니다.

하지만 타고난 관상에 따른 운에만 기댈 뿐 그 이상의 노력을 하지 않거나 오히려 자만하고 방종하게 행동한다면 더 이상의 발전은 없을 것입니다. 아니, 오히려 중년 이후에는 최악의 관상이 될 수도 있습니다. 반대로 탁월한 관상을 타고나지 않은 사람이라고 해도 부족한 부분을 꾸준한 노력과 좋은 습관을 통해 개선하고 보완한다면 빼어난 관상을 갖게 될 수도 있습니다. 이런 사람들은 초년의 운은 그리 신통하지 않더라도 중년 이후부터 노년에 이르기까지 순탄하고 번창하는 삶을 살 수 있을 것입니다.

좋은 관상을 타고난 사람도, 좋지 못한 관상을 가진 사람도 모두 자기 관상을 스스로 볼 수 있어야 합니다. 어떤 관상이 좋고 나쁜지를 알지 못하면 자신이 가진 좋은 관상을 유지하려는 노력을 할 수 없습니다. 또한, 좋지 않은 관상을 보완하기 위한 방법을 영영 모른 채 부족한 관상을 가지고 살아가게 됩니다. 좋은 부분은 더욱 발전시키고 좋지 않은 부분은 개선하려면 나 자신의 상을 제대로 알고 있어야 합니다.

관상학에서는 불변의 진리처럼 내려오는 말이 있습니다. 바로 '사주불여관상(四柱不如觀相) 관상불여심상(觀相不如心相)'이라는 구절입니다. 격이 높은 사주팔자보다 뛰어난 관상이 더 중요하고, 뛰어난 관상보다 마음가짐인 심상이 더 중요하다는 뜻입니다. 이는 운명학으로서의 관상이 지닌 탁월한 효용을 말해주는 문장인 동시에 겉으로 보이는 모습보다 더 중요한 것은 결국 마음의 됨됨이임을 일깨워주는 문장입니다.

관상학은 내가 타고난 운명을 있는 그대로 받아들이되 그것에 안주하거나 아쉬워하지 말고 더 나은 방향으로 내 삶을 이끌어가야 한다고 말해주는 운명학입니다. 무조건 잘생기고 예쁜 얼굴만 선호하던 시절에서 이제는 저마다의 개성과 다양성을 존중해주는 시대입니다. 이런 시대적 흐름 속에서 관상에 대한 공부를 통해 나의 장점은 부각시키고 단점은 보완할 수 있는 지혜를 갖게 된다면 나만의 개성과 능력을 살리며 가장 나다운 삶을 살아갈 수 있으리라 생각합니다.

전통적 관상학과 현대 관상학

관상학은 여느 운명학들처럼 인류가 오랜 시간에 걸쳐 본능적이고 자연적으로 경험하고 축적한 데이터들을 이론화한 학문입니다. 즉, 오랜 세월에 걸쳐 셀 수 없이 많은 사람들의 특징을 토대로 특정한 골격과 체형, 이목구비, 주름과 점의 모양과 사람의 기질 및 성향을 연결 지어 이들이 삶의 행로에서 보여주었던 공통점을 추출하여 유형적으로 정리해낸 운명학입니다. 관상에 관한 가장 오래된 역사적 기록은 지금으로부터 2,400~2,700년 전 춘추시대 중국의 역사를 기록한 《좌전(左傳)》에 '인상만으로 점을 봤다'라고 적혀 있는 것입니다.

중국 진나라를 멸망시키고 천하통일의 대업을 이루어 한나라의 초대 황제가 된 유방은 관상학을 신봉한 인물 중 한 명입니다. 젊은 시절 유방은 아무것도 가진 게 없는 빈털터리에 허송세월하며 살던 백수건달이었습니다. 그런데 당시 지방의 지주로 관상을 잘 봤던 여공이란 사람이 이런 유방을 보고 그가 황제가 될 상이라고 예견하고 자신의 딸 여치(훗날 여태후로 불리는 인물)를 유방에게 시집보냅니다. 기록에 따르면 유방은 '코가 우뚝 솟았고 용을 닮은 얼굴'이었다고 합니다. 훗날 황제가 된 유방은 자신의 경험에 근거해 관상학을 신용하게 됐고 천하통일 이후 유능한 관상가들을 대거 등용했습니다.

이처럼 관상학은 오랜 역사를 지닌 만큼 그 체계를 집대성한 고전들이 존재합니다. 이 중 관상학 고전의 양대 산맥으로 꼽히는 책은 중국 양나라의 달마거사가 남긴 《달마상법(達磨相法)》과 중국 송나라의 마의선사가 구전과 비전으로 내려오는 관상법을 10년 동안 제자 진희이에게 전한 내용을 진희이가 정리한 《마의상법》입니다. 《달마상법》의 내용은 《마의상법》에 대부분 편입되어 들어 있기 때문에 우리나라를 비롯해 오늘날 동양의 관상학은 《마의상법》의 내용을 토대로 한다고 생각해도 무방합니다. 이 책에 정리된 내용 역시 《마의상법》을 중심으로 《유장상법》, 《신상전편》, 《면상비급》 등 관상학 고전들의 장점들을 뽑아 현대적인 관점에서 해석해 정리한 것입니다.

나라마다 좋은 관상이 다르다

관상학 공부를 오랫동안 하면서 흥미로웠던 것 중 하나는 나라마다 좋은 관상으로 꼽는 바가 다르다는 점입니다. 동북아시아의 관상학은 중국에서 한국을 통해 일본으로 전파됐을 것이라고 보는 것이 일반적입니다. 이 중 한국의 관상학은 1950년대 중반 《관상보감》, 《관상연구》 등의 독자적인 관상서가 발간되기 이전까지 그 이론과 해석에 있어서 중국과 큰 차이가 없었습니다. 그러나 20세기에 이르러 중화인민공화국과 대한민국이라는 서로 다른 정치체제를 가진 국가로 나아가면서 각 사회에서 좋은 관상이라고 여기는 지점도 다소 달라졌습니다.

중국에서는 공식적으로 계급 신분제가 철폐됐지만 중국 공산당 일당 체제에 의해 개인이 통제되는 정치체제이며 여기에 더해 여전히 눈에 보이지 않는 계급이 존재합니다. 또한, 지리적으로는 영토가 광활하기 때문에 개인이 자신의 영역을 확보하는 문제, 즉 직위의 높고 낮음이 무척 중요한 사회입니다. 그래서 중국에서는 이마의 형태를 굉장히 중요시합니다. 관상학적으로 이마는 명예, 직위의 높고 낮음, 승진, 활동 영역의 크기, 하늘의 기운 등을 의미하는 부위입니다. 그러나 최근 들어서는 개인의 능력으로도 부를 축적하는 것이 허용되는 사회가 되고 있기 때문에 코도 중요하게 생각하는 추세입니다.

한편, 우리나라는 개인의 자유와 능력을 우선시하는 자유민주주의 국가이다 보니 재물과 개인의 행동력을 의미하는 코를 중요하게 봅니다. 코는 재물의 크기와 재물을 관리하는 능력을 보는 부위입니다. 이와 더불어 30~50세 사이의 운을 알려주는 중정, 즉 눈썹부터 코끝까지의 부위도 중요하게 생각합니다. 이는 자수성가의 노력을 크게 쳐주는 사회적 분위기를 반영합니다.

일본은 18세기부터 독자적으로 그들만의 관상학을 발전시켜나갔습니다. 일본은 외딴 섬나라이기 때문에 내부 구성원들의 사이가 좋지 않으면 그 안에서 고립되어 망할 수 있습니다. 그렇기 때문에 일본에서는 '와(和)' 사상이라고 해서 화합을 무척 중시합니다. 남에게 피해를 주지 않고 최대한 친절하고자 하는 일본인들 특유의 태도가 여기에서 비롯됐습니다. 또한, 겉으로는 부드러운 미소를 보이지만 속으로는 실리를 챙기고자 하는 성향도 있는 편입니다. 일본 관상학에서는 이러한 특징이 반영되어 특정한 부위를 선호한다기보다는 전반적인 이미지를 살펴보는 편입니다. 또한, 부위별로는 그 사람의 성향과 성격을 주로 봅니다.

관상 해석은 시대에 따라 변화한다

관상 해석은 지역과 국가에 따라 다르기도 하지만 시대에 따라 변화하기도 합니다. 가령, 예전에는 여성의 경우 남편을 공경하고 순종하며 자녀 양육과 집안일에 헌신을 다하는 현모양처의 관상을 선호하고, 이성에게 매력적으로 어필되는 관상을 도화의 관상이라고 해서 좋지 않게 보았습니다. 하지만 오늘날에는 도화의 관상을 사람들에게 인기가 많고 매력을 발산하는 관상이라고 여겨 좋게 봅니다.

남성의 경우에는 장원급제를 하여 관직에 올라 높은 벼슬을 하는 관상이나 학자로서 대성하는 관상을 최고의 관상으로 선호했습니다. 하지만 요즘에는 꼭 관료나 학자의 관상이 아니더라도 자기 분야에서 이름을 알리고 능력을 발휘해 돈을 많이 버는 관상도 좋은 관상으로 선호하는 추세입니다.

또 다른 예로 자녀운을 해석하는 방식도 달라졌습니다. 예전에는 자식복이 있다는 말이 많은 아이를 낳아 건강하게 키워 부모를 잘 부양하는 자식을 둔다는 의미였습니다. 하지만 요즘에는 아이를 한두 명만 낳는 추세이고 아들보다도 딸을 더 선호하기도 합니다. 또한, 자식에게 부양받기를 기대하기보다는 노년에도 부부가 독립적으로 살아가기를 원합니다. 이러한 변화상을 고려해 요즘에는 다산이나 건강한 자녀를 낳는 것을 자식복이라고 풀이합니다. 이처럼 동일한 관상이라고 해도 시대에 따라 좋고 나쁨을 해석하는 방향이 달라지기도 합니다.

 ## 좋은 관상이란 무엇일까?

관상 상담을 하러 오는 분들에게는 저마다의 사연과 이유가 있습니다. 그중에서도 성형을 해도 괜찮은지 묻는 질문이 관상 상담의 꽤 많은 부분을 차지하는 편입니다. 저는 성형과 관상의 관계에 대해 묻는 질문에 "성형과 메이크업으로 관상이 바뀐다"라고 대답합니다. 그렇기 때문에 성형이나 시술을 결심했다면 무턱대고 할 것이 아니라 조심스럽게 접근해야만 합니다. 잘못된 선택으로 인해 자칫 더 흉한 관상으로 바뀌어 자신이 본래 타고난 운보다 더 안 좋은 운명 속에서 살아가게 될 수도 있기 때문입니다.

몇 해 전 부산에서 강연회를 했을 때의 일입니다. 그날 만난 분들 중 지금도 제 뇌리에서 떠나지 않고 '좋은 관상이란 무엇일까?'라는 질문을 곰곰이 되새기게 하는 분이 계셨습니다. 그분은 완벽한 관상을 만들기 위해 수차례 성형을 감행했던 분이었습니다. 그분의 얼굴을 이목구비별로 조목조목 살펴보니 각각의 부위들은 관상학에서 가장 좋다고 손꼽히는 모습이었습니다.

하지만 전체적으로 보면 어딘가 조화롭지 못해 어색하다는 인상을 주는 얼굴이었습니다. 얼굴 전반의 기색도 맑지 않았습니다. 반면에 눈빛은 너무 맑다 못해 투명한 유리구슬 같았습니다. 참고로 관상학에서 유리알처럼 반짝이는 눈은 귀한 눈으로 여기지만 그

빛이 살짝 감춰져야만 길하다고 봅니다. 눈빛이 마치 코팅된 것처럼 너무 반짝이면 오히려 독이 된다고 봅니다.

다음 장에서 구체적으로 설명할 예정이지만, 얼굴의 모든 부위는 어우러져야 합니다. 즉, 조화와 균형을 이룬 상이야말로 좋은 관상입니다. 만일 한 부위가 뛰어나게 잘생겼다 해도 다른 부위가 못생기면 그 복을 얻어도 유지할 수 없습니다. 반대로 한 부위가 다소 흉하더라도 다른 부위가 이를 보완해준다면 그 흉을 감할 수 있습니다.

사람의 얼굴을 자세히 들여다보면 평면적이지 않습니다. 마치 산등성이처럼 얼굴에도 높고 낮음이 있고, 굴곡과 직선이 교차합니다. 가령, 이마나 광대뼈, 코와 턱 등은 볼록하게 솟아 있고 인중은 마치 도랑처럼 패여 있습니다. 하지만 그 높고 낮음의 정도와 패인 깊이와 모양은 사람마다 제각기 다릅니다. 자연이 올바르게 순환하고 그 안에서 평안하게 생명들을 품기 위해서는 산은 산다워야 하고, 강은 강다워야 합니다. 자연의 만물들이 서로 조화를 이루며 '자연스럽게' 어우러지듯이 우리 얼굴과 신체의 각 부위도 서로 조화와 균형을 이룰 때 보기에도 좋고 관상학적으로도 길합니다.

대수상법으로 설명하는 좋은 관상

저는 좋은 관상을 설명할 때 '큰 나무'의 비유를 들곤 합니다. 이를 일컬어 '대수상법(大樹相法)'이라고 부릅니다. 대수상법은 우리 얼굴의 이목구비를 큰 나무의 성장에 비유한 것입니다. 코는 나무의 줄기(몸통)로 가장 중요한 부위입니다. 줄기가 굵고 튼튼해야 좋은 꽃을 피울 수 있습니다. 장수를 하고 좋은 운을 얻으려면 줄기가 튼실한 나무로 키우는 것이 중요합니다. 그러기 위해서는 땅속의

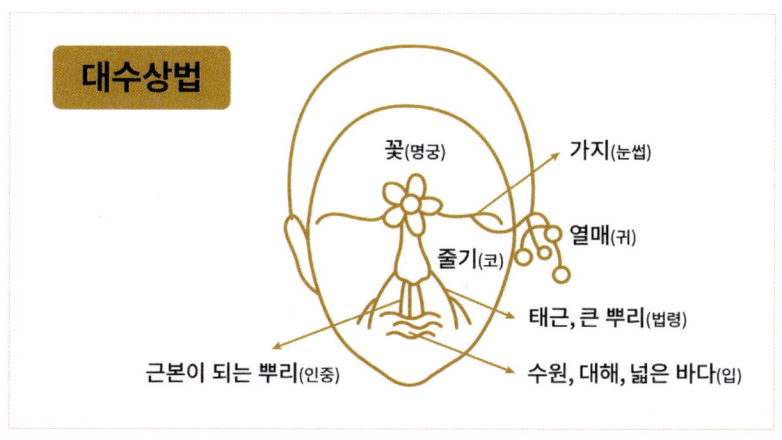

양분을 충분히 빨아들일 수 있는지를 봐야 합니다. 또한, 부를 일굴 수 있는지를 보려면 나무가 굵은지 가는지를 봐야 합니다. 이러한 부분을 코를 통해 알 수 있습니다. 코끝에서부터 양볼 아래로 내려가면서 만들어지는 선(법령)은 나무줄기에서 땅속으로 뻗어 내려가는 큰 뿌리를 의미합니다.

입은 넓은 바다(대해, 大海), 즉 수원(水源)을 의미합니다. 가령, 코에 비해 입이 크면 물이 너무 많아서 나무가 죽게 되는 형상입니다. 반면에 코에 견줘 입의 크기가 적절하면 나무가 자신이 성장하는 데 필요한 만큼 물을 얻어 번성하는 형상입니다. 인중은 입과 코를 이어주는 물길입니다. 인중이 길다는 것은 입에서 물을 잘 빨아올려 충분한 양을 코로 보낼 수 있다는 뜻입니다. 만일 인중 부위에 점이나 상처가 있다면 이 과정에 장애가 생긴다는 뜻으로 단명하거나 복이 적다고 볼 수 있습니다.

눈썹은 나뭇가지로 육친을 의미합니다. 눈썹 숱이 적당히 많은 사람은 하늘의 운을 잘 내려받아 좋은 꽃을 피웁니다. 이 꽃이 피는 자리가 명궁 자리입니다(명궁에 대해서는 68~70쪽 참조). 귀는 열매입니다. '복귀'라는 말이 있듯이 귀는 복, 결실을 의미합니다. 열매는 자고로 아래쪽이 크고 두툼하며 단단해야 후대(자녀)를 이어갈 수 있습니다. 또한, 눈은 태양과 달이므로 빛이 나야 합니다. 빛이 밝아야만 나무가 잘 자라며 알찬 열매를 맺을 수 있기 때문입니다.

다음 장에서 관상학의 기본적인 내용을 익히기 전에 대수상법의 비유로 이목구비가 의미하는 바를 대략적으로나마 염두에 둔다면 이후의 내용들이 한결 더 쉽게 이해될 것입니다.

좋은 관상은 타고나기보다 만들어가는 것이다

오랫동안 관상을 연구하면서 제가 내린 확실한 하나의 결론이 있습니다. 바로 '심상(心相)'만큼 중요한 것은 없다는 사실입니다. 관상학의 고전서에도 '상형불여론심(相形不如論心)'이라고 해서 생김새를 보는 것은 마음씨를 논하는 것만 못하다는 구절이 있습니다. 즉, 사람의 외모를 가지고 운의 좋고 나쁨을 말하기보다 그 사람의 심성을 가지고 운의 좋고 나쁨을 논하는 것이 더 낫다는 것입니다. 아무리 완벽에 가깝게 좋은 관상이라고 해도 심상이 부족하면 흉한 관상이 됩니다. 아무리 흉한 관상이라고 해도 심상이 좋으면 좋은 관상이 됩니다. 성형과 시술로 좋은 관상에 가까워지기 위해 애쓴다고 해도 내 심중에 맺히는 상을 아름답게 가꾸지 않는다면 그것은 그저 겉포장을 그럴싸하게 바꾸는 행위에 지나지 않을 것입니다.

우리가 관상을 보는 이유는 타고난 관상에 따른 운명에 순응하며 살기 위함이 아닙니다. 나를 자세히 들여다보고 이를 보완하거나 발달시켜 더욱 잘 살아나가는 데 활용할 때 관상의 효용은 그 빛을 제대로 발휘합니다. 무엇보다 개운을 하는 가장 좋은 방법은 내

안의 심상을 바로잡아 그 심상이 겉으로까지 번져 관상을 바꾸게 하는 경지에 이르는 것입니다.

가령, 얼핏 생각하기에 주름은 관상학적으로 좋지 않을 것이라고 생각하기 쉽습니다. 하지만 관상학에서는 주름을 나이가 들어감에 따른 자연스러운 현상으로 이해하고 그 주름의 형태를 보아 길한지 흉한지를 판단합니다. 주름은 내가 평소 어떤 표정을 짓는지에 따라 그 형태와 깊이가 달라집니다. 그동안의 내 삶의 태도와 습관이 얼굴에 새겨지는 셈입니다.

이처럼 좋은 관상은 타고나기보다 평생에 걸쳐 만들어지는 것입니다. 이 사실을 마음 깊이 새기고 지금 자신의 얼굴을 거울에 비춰 보시길 바랍니다. 그 다음, 느긋하면서도 환한 미소를 지어봅시다. 어깨도 한 번 쭉 펴고, 눈에는 생기가 가득한 표정을 지어봅시다. 자세와 표정만 조금 바꾼 것뿐인데 마음에 좋은 기운이 차오르는 것이 느껴질 것입니다. 이와 같은 루틴이 바로 좋은 관상으로 가는 첫걸음입니다. 내일의 좋은 관상을 오늘의 내가 만들어갈 수 있습니다.

관상을 볼 때의 대원칙

　관상을 잘 보기 위해서는 관상 지식도 중요하지만, 관상을 의뢰한 사람이나 관상을 보는 사람 모두 지켜야 할 원칙이 있습니다. 바로 진희이의 '관상오불가간(觀相五不可看)'입니다. 관상오불가간은 관상을 볼 때 다음의 다섯 가지를 행한 후에는 관상을 보면 안 된다는 뜻입니다. 즉, 흥분하거나 격한 감정이 얼굴에 표현됐을 때는 관상 보기를 삼가라는 내용입니다.

- **음주후불가간**

  음주 후에는 관상을 보면 안 된다.

- **색욕후불가간**

  성관계 후에는 관상을 보면 안 된다.

- **폭노후불가간**

  크게 화를 낸 후에는 관상을 보면 안 된다.

- **인다중불가간**

  사람이 많은 곳에서는 관상을 보면 안 된다.

- **흥미중불가간**

  크게 웃고 즐기고 난 후에는 관상을 보면 안 된다.

저는 여기에 관상을 볼 때 꼭 지켜야 할 원칙을 두 가지 더 추가했습니다.

- 저녁보다는 동이 트는 아침, 밝은 햇살에 비추어 얼굴의 기색을 살펴본다.
- 화장한 얼굴이 아니라 맨얼굴을 봐야 한다.

이러한 관상 보기의 원칙으로 인해 관상은 다양한 운명학 중 현장에서 바로 상담을 하기가 가장 어려운 편입니다. 하지만 관상 상담을 하러 오시는 분들 중 많은 분들이 화장한 얼굴, 즉 얼굴 본연의 낯빛을 살필 수 없는 상태로 오시는 경우가 참 많습니다. 또한, 직장이나 학교 등을 마치는 시간인 오후나 저녁에 상담하는 경우도 많습니다. 이런 경우 기색과 이목구비, 얼굴, 골격의 모양을 제대로 살펴보기가 쉽지 않습니다. 따라서 정확히 나의 관상을 보고자 한다면 가급적 아침 시간에 맨얼굴을 살펴보는 것이 좋습니다.

관상은 선천적으로 타고난 얼굴을 바탕으로 후천적으로 바뀐 얼굴을 고려해서 미래에 어떤 형태로 바뀔지를 예측합니다. 만일 성형을 하거나 사고로 얼굴의 변형이 생겼다면 예전의 얼굴을 알아야만 그 사람의 운명을 정확하게 간명할 수 있습니다. 또한, 사진으로 상담을 원하는 사람도 많은데(특히 코로나19 이후에 이런 경향이 더욱 커졌습니다), 요즘은 사진술의 발달과 포토샵 등의 보정 프로그램으로 인해 사진 속 얼굴이 실물과 다르게 나오는 경우가 많습니다.

이러한 이유로 사진으로는 관상을 보기가 어렵습니다. 하지만 성형 전 얼굴을 꼭 봐야 할 경우에는 이전의 모습이 담긴 사진이나 동영상을 통해서만 옛 얼굴을 알 수 있으므로 다소 한계가 있더라도 사진이나 동영상을 참조할 수밖에 없습니다.

관상에도 유효기간이 있다

관상으로 운세를 예측할 때, 과거에는 정말 특별한 사고를 겪지 않는 이상 타고난 골격 그대로 평생을 살아갔기 때문에 관상을 통해 평생운을 볼 수 있었습니다. 또한, 그렇게 살펴본 운이 바뀌지 않는다고 믿었습니다. 하지만 오늘날에는 의학기술이 뛰어나게 발달하여 타고난 골격마저도 바꿀 수 있는 시대로 접어들었습니다. 관상학에서는 이처럼 인위적으로 뼈를 깎았다면 평생운이 바뀐다고 봅니다.

다만 전제가 하나 있습니다. 그 사람의 기질과 심상이 바뀌지 않는다면 골격이 달라졌어도 관상이 바뀌지 않는다고 보는 것입니다. 가령, 무조건 예뻐지기 위해서 연예인의 얼굴을 따라 성형했다면 그 얼굴을 그 사람의 진정한 모습이라고 볼 수 없습니다. 즉, 외형은 바뀌었지만 내면은 그대로인 셈입니다. 따라서 이런 경우에는 성형을 했다고 해도 관상이 바뀌지는 않는다고 봅니다.

관상학에서 이목구비, 주름, 얼굴의 형태는 향후 5~10년의 운을 가리킨다고 봅니다. 관상은 단 한 번으로 평생을 예측하는 운명학이 아닙니다. 우리의 얼굴(면상)과 몸(체상)은 세월이 흐름에 따라 변해갑니다. 이러한 변화는 지극히 자연스러운 현상입니다. 관상학에서는 시간의 흐름에 따라 변화한 모습이 분별될 수 있는 기간의 범위를 5~10년으로 정하고 관상을 보는 것이지요. 그런데 만일 1년 안에 갑작스러운 신상의 변화가 생겨 그것이 우리 인체에도 커다란 영향을 미쳐 형상이 달라졌다면, 5~10년까지 볼 것도 없이 당장 미래가 달라질 수도 있습니다.

하지만 이와 같은 특별한 변수가 없다면 1년 운세를 볼 때는 전반적인 얼굴(과 몸)의 형태와 기색을 우선으로 보는 것이 원칙입니다. 만일 당장 일주일 이내의 운을 보고 싶은 경우라면 이때는 기색을 우선으로 봅니다. 기색은 15일 간격으로 나타나고 사라지기 때문입니다.

너무 어릴 때는 관상을 보지 않는 편이 좋다

관상학에서는 관상을 보는 대상에 따라 영아 관상법과 청소년 관상법도 있습니다. 하지만 대개의 경우 남자는 16세, 여자는 초경을 시작한 후에 보는 것을 권장합니다. 성형이나 시술을 계획하고 있다면 관상학적인 관점에서는 스무 살이 지난 후에 시술하는 것이 좋다고 봅니다.

한참 성장하는 어린 나이에는 얼굴의 형상이 수시로 바뀌기도 하고, 현재 보이는 모습대로 관상을 보았다가는 가능성이 무궁무진한 아이들의 미래를 자칫 섣부르게 판단할 수도 있다고 여겨집니다. 그래서 저는 특별한 까닭이 없다면 가급적 스무 살 이후에 관상을 보는 것을 권합니다.

무엇보다 관상을 볼 때는 단편적인 해석을 금해야 합니다. 간명을 할 때 어느 한 부위만 보고 단정 지어서 말해서는 안 되는 것이지요. 우리의 삶이 단순하지 않듯이 우리의 운명 또한 단순하지 않습니다. 만일 관상학적으로 흉하다고 볼 만한 부위가 있더라도 다른 부위가 길하다면 부족한 부분이 보완됩니다. 또한, 관상학에서는 어느 한 군데의 관상이 그 사람의 운명에 지배적으로 영향을 미친다기보다는 2~3군데가 공통적으로 좋거나 흉해야만 그 작용이 미친다고 해석합니다.

관상을 보는 순서

이와 같은 내용들을 바탕으로 제가 관상을 보는 일반적인 순서는 다음과 같습니다.

- 골격과 이목구비의 형태, 얼굴형으로 성격을 먼저 읽어줍니다.

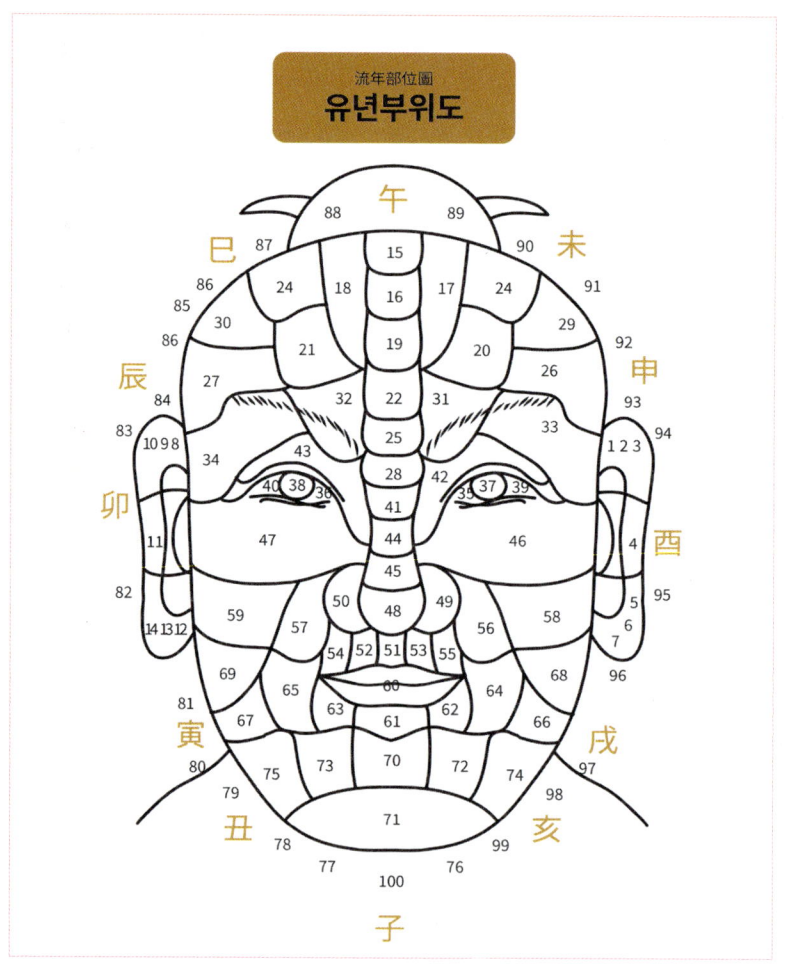

고전 유년부위도

• 운을 보고 싶은 나이에 해당하는 부위를 보고 직업운, 재물운, 학업운, 결혼운, 연애운 등 상담자가 궁금해하는 운을 읽어줍니다.

• 상담자가 궁금해하는 내용에 해당하는 부위의 기색, 점, 주름 등을 통해 운을 읽어줍니다.

• 나이별로 운세를 살펴보는 유년부위도를 참고해 그 나이에 해당하는 부위

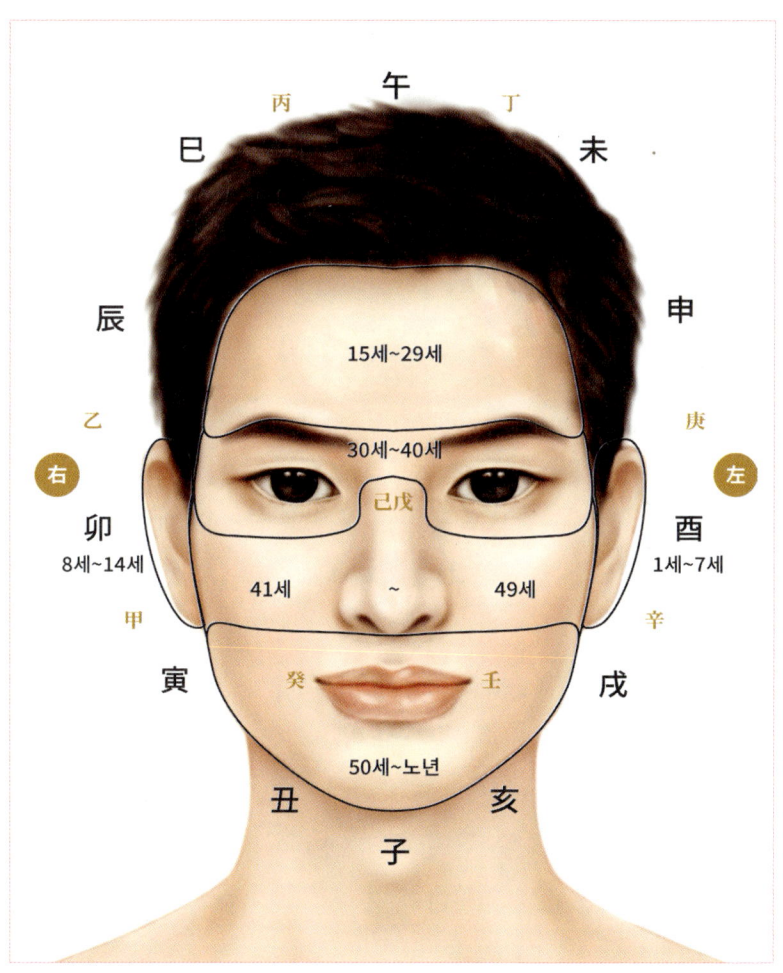

퀴니의 유년부위도

를 찾아 모양과 기색을 읽어줍니다. 다만, 고전 유년부위도는 너무 세밀하여 찾아보기 어려운 부분이 있고 현장에서 상담을 해보니 맞지 않는 부분들이 있어 제가 고전 유년부위도를 참조해 퀴니의 유년부위도를 만들었습니다.

관상을 보고 상담을 해주는 사람의 역할도 중요하지만, 상담을 받는 의뢰인의 자세도 중요합니다. 관상이든 사주든 타로든 운세 상담을 받을 때는 상담 결과를 맹목적으로 믿는 자세는 버려야 합니다. 저는 지금까지 사주 상담은 18년, 관상 상담은 14년 동안 해 오면서 여러 유형의 사람들을 만나왔습니다. 그중 가장 올바르게 관상학에 접근하는 사람은 상담 결과를 감정적으로 받아들이지 않고 이성적으로 받아들이며, 향후 자신의 선택에 참고하는 사람이라는 결론에 이르렀습니다.

간혹 자신이 바랐던 답을 얻지 못했거나 자신에게 일어나리라고 여겨지는 문제를 당장 해결하기 어려운 경우, 부적과 같은 운명의 방패막이를 할 도구를 원하는 사람들도 있습니다. 하지만 운명의 힘에 의해 불가항력으로 일어난 일은 그 누구도 해결할 수 없습니다. 이럴 때 할 수 있는 일은 그저 묵묵히 자신에게 주어진 일을 하면서 그 상황이 지나가기를 기다리는 것뿐입니다. 성형이나 부적, 굿이 해결해줄 수 있는 일이 아닌 것이지요.

만일 어떤 운명의 힘에 의해 불가항력적으로 일어나는 일이 아니라면, 그런 일의 대부분은 그 사람의 내면이 아직 미성숙했거나 혹은 때가 되지 않아 엉뚱한 방향에서 인생의 길을 헤매고 있는 상황인 경우가 많습니다. 상담가의 몫은 그러한 때를 알려주고 불운한 일을 막을 수 있는 더 나은 방향을 조언해주는 것뿐입니다. 상담가가 말하는 내용을 귀담아듣고 판단한 후에 의지를 갖고 행동해서 자신의 운명을 만드는 것은 온전히 상담자의 몫입니다. 나의 운명 위에 올라타 그 운명의 수레바퀴가 잘 굴러갈 수 있게 만들 수 있는 힘은 궁극적으로 상담자 자신에게 있다는 사실. 이것은 관상학뿐만 아니라 모든 운명학이 공통적으로 가리키는 바일 것입니다.

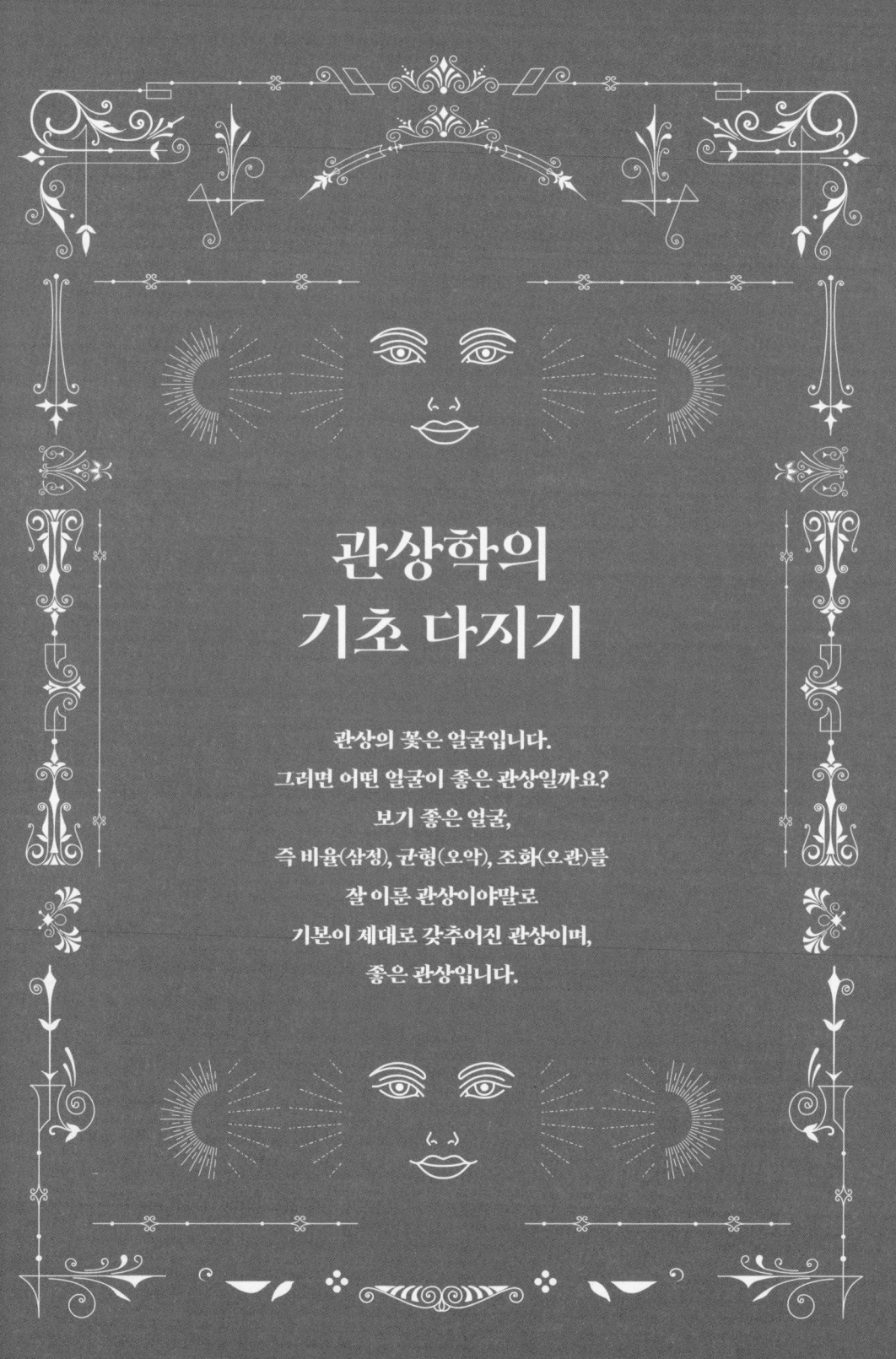

관상학의
기초 다지기

관상의 꽃은 얼굴입니다.
그러면 어떤 얼굴이 좋은 관상일까요?
보기 좋은 얼굴,
즉 비율(삼정), 균형(오악), 조화(오관)를
잘 이룬 관상이야말로
기본이 제대로 갖추어진 관상이며,
좋은 관상입니다.

관상을 보는 커다란 틀: 음양과 오형

　동양의 운명학들이 근간으로 삼는 개념이 있습니다. 바로 음양오행의 원리입니다. 대표적인 것이 사주명리학과 주역의 음양오행이지요. 이러한 음양오행의 원리가 반영된 개념이 관상학에도 존재합니다. 바로 '음양'과 '오형'입니다. 음양과 오형은 관상학에서 음양오행을 물상으로 파악한 개념입니다. 우선 이목구비와 형태 전반에 걸쳐 작고 좁은지, 크고 넓은지에 따라 음양으로 형태를 분류합니다. 그다음으로 오형은 골격, 이목구비, 얼굴형, 피부의 기색 등에 따라 사람의 얼굴을 목, 화, 토, 금, 수의 다섯 가지 유형으로 구분한 것입니다.

　음양오행을 해석하는 지점에 있어서 관상학은 다른 운명학과 차이점이 있습니다. 사주명리학에서는 음양오행을 골고루 갖춘 것을 좋게 바라봅니다. 반면에 관상학에서는 음의 형태로든 양의 형태로든 온전히 하나로 통일된 것을 좋게 봅니다. 즉, 오형은 골격, 이목구비, 얼굴형, 피부의 기색 등이 하나의 방향으로 통일되어야 길합니다.

음양

　음은 이목구비가 작고 좁으면서 오밀조밀한 형태입니다. 얼굴을 측면에서 봤을 때, 오목한 형태, 골격이 얇은 형태, 곡선이 많은 형태, 뾰족한 형태, 털이나 머리카락의 숱이 적고 부드러운 형태이며, 피부가 얇습니다.

양은 이목구비가 크고 넓으며 굵직한 형태입니다. 얼굴을 측면에서 봤을 때 볼록한 형태, 골격이 굵고 단단한 형태, 직선이 많은 형태, 뭉뚝한 형태, 털이나 머리카락의 숱이 많고 거친 형태이며, 피부가 두껍습니다.

오형

인간은 저마다 그 내면에 자연과 우주를 담고 있습니다. 우리들 한 명 한 명은 자연과 우주 전체의 부분집합인 동시에 그 자체로 온전히 완결성을 갖춘 하나의 세계입니다. 그래서 인간을 '소우주'라고 일컫기도 하지요. 자연이 서로 생하면서 서로 극하는 상생상극을 이루듯 인간의 육체와 기운 그리고 영혼도 상생상극을 이루며 살아갑니다.

관상학의 고전인 《마의상법》에는 이런 내용이 나옵니다. '정자와 난자가 합한 이후에 정신이 생겨나고 정신이 생겨난 후에 온전한 모습을 이루니, 온전하게 갖춰지면 세상 밖으로 나와 비로소 모습을 알 수 있게 되고 이것이 목, 화, 토, 금, 수 모양의 상이다.' 이처럼 오형의 형상은 자연의 형상과 닮아 있습니다. 즉, 목은 나무의 형상, 화는 불의 형상, 토는 땅의 형상, 금은 금속이나 강한 바위의 형상, 수는 물의 형상입니다. 이 중에서 하나의 형상을 완전히 갖추면 성공의 운을 가진 관상이 됩니다.

누구나 살면서 부와 성공을 누리고 싶겠지만, 일반적으로 사람의 얼굴은 오형의 형태 중 딱 한 가지로만 이루어진 경우가 많지 않습니다. 대다수 사람들의 얼굴은 2~3가지 형태가 복합적으로 존재하며, 이렇게 오형 중 몇몇이 혼합된 형태가 일반적입니다. 이때 혼합된 형태가 상생의 구조를 이루면 성공하는 상이 된다고 봅니다. 관상학에서의 상생 관계는 사주명리학에서 말하는 상생 관계와 동일합니다. 즉, 목생화(木生火), 화생토(火生土), 토생금(土生金), 금생수(金生水), 수생목(水生木)입니다.

이와 반대로 상극하는 형태로 혼합되어 있다면 성공을 하더라도 중간중간에 일에 막힘이 있거나 사건 사고가 생길 수 있으므로 일을 추진하는 데 신중을 기해야 합니다. 관상학에서의 상극 관계도 사주명리학에서 말하는 상극 관계와 동일합니다. 즉, 목극토(木剋土), 토극수(土剋水), 수극화(水剋火), 화극금(火剋金), 금극목(金剋木)입니다.

오형을 구분하기 위해서는 원칙적으로 얼굴과 체상을 전부 살펴야 합니다. 하지만 타인을 간명할 때는 상대의 나신을 함부로 볼 수 없는 노릇이므로 현실적으로 체상을 확인하기란 쉽지 않습니다. 이때 손쉽게 살펴볼 수 있는 부위가 얼굴과 손입니다. 다음은 얼굴형으로 오형을 구분해 그 특징을 설명한 내용입니다.

① **목형: 마르고 길쭉한 얼굴, 나무의 형상을 닮았다**

목형은 마르고, 다른 형보다 얼굴형이 길며 몸의 골격 또한 전체적으로 길쭉하고, 푸른색이거나 검은색을 띠어야 길합니다. 목형이 흰색이나 노란색을 띠면 인생이 불안정하고 굴곡이 많아서 불길합니다.

목형은 나무의 형상이라 마른 체형이어야 하는데, 체중이 갑자기 늘어나서 뼈가 깊이 파묻히는 정도가 되면 건강이나 직업에 큰

문제가 발생합니다. 목형의 경우 마른 것이 좋긴 하지만 뼈가 드러날 정도의 메마름은 좋게 보지 않습니다. 뼈를 감싸는 정도의 살집이어야 합니다. 손바닥과 손가락은 길고, 마디가 튀어나와 있는 것도 목형의 특징입니다.

    목형은 예민하고 신경질적인 면이 있어서 사람을 사귀는 데 시간이 걸리고 사색을 즐기는 편입니다. 하지만 기본적으로 인정이 많고 배려심이 강해서 한번 정을 주면 깊게 주는 편이고 헌신적인 면이 강합니다. 또한, 자기 가족이나 지인을 잘 챙깁니다. 총명하고 영리하며 학문, 연구, 개발, 교육, 출판 등에 능력이 있습니다. 예술가로서의 재능도 있는데, 주로 정적인 예술가의 성향이 강합니다. 만일 목형이 연구 개발로 특허를 내거나 상품을 개발해 사업을 한다면 재벌이 되기도 합니다. 윤아, 이효리, 이정재는 전형적인 목형의 얼굴입니다.

② 화형: 이마와 턱이 좁거나 넓은 얼굴, 불의 형상을 닮았다

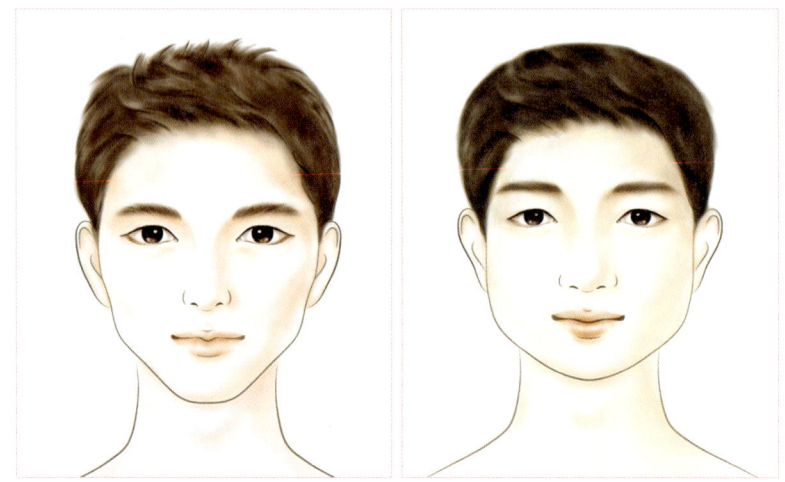

오각형 화형(왼쪽)과 삼각형 화형(오른쪽)

　화형은 얼굴이 오각형이나 삼각형으로 붉은색이나 푸른색을 띠어야 좋습니다. 이마가 좁거나 뾰족하고 중정 부위가 넓으며 하정 부위가 갸름해지는 오각형도 화형이고, 이마가 뾰족하고 턱으로 가면서 넓어지는 삼각형 얼굴도 화형으로 봅니다. 화형 남자는 턱과 이마 옆에 털이 적게 나 있습니다. 화형의 손바닥은 옆으로 넓으며, 손가락은 짧고 손끝으로 갈수록 둥급니다.
　화형은 성격이 급하고 행동파이며 단순한 편입니다. 상하 구분이 명확하고 예의범절이 있으며 불의를 참지 못합니다. 한편, 소심한 면모가 있어 사소한 것에 화를 잘 내기도 합니다. 또한, 마음이 여린 구석도 있는데, 겉으로 보면 속을 다 표현하는 것 같지만 남모를 고민과 아픔을 갖고 있습니다. 처음에는 열의를 갖고 행동하지만 쉽게 흥미를 잃어 뒷심이 약한 것이 화형의 결점입니다. 행동을 함에 있어 규칙에 얽매이지 않고 자유분방하며 화려하고 감각적이

며 열정적입니다.

화형은 자신이 중심이 되어 표현하는 직업을 갖는 것이 맞습니다. 여자는 예술인이나 방송인이 많고, 남자는 정치인이나 예술가, 사업가가 많습니다. 한소희, 한예슬, 김유정, 김태리, 박보검, 박서준, 변우석, 노무현 전 대통령이 전형적인 화형의 얼굴입니다.

③ 토형: 옆으로 넓고 네모난 얼굴, 땅의 형상을 닮았다

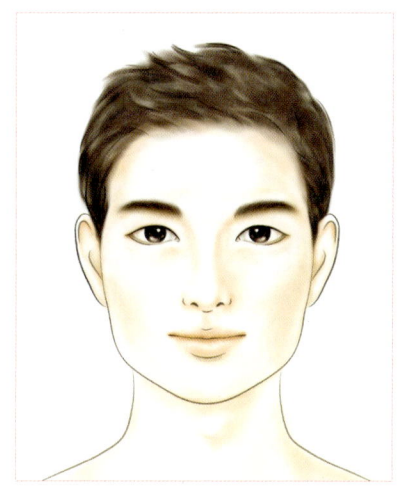

토형은 뼈대가 크고 굵으며 얼굴 형태가 네모 모양으로 황색이나 붉은색을 띠어야 길합니다. 무게감이 있고 행동도 재빠르지 않으며 등이나 허리가 두터운 거북이처럼 생겼습니다. 토형의 손바닥은 넓고 두터우며 손가락 마디도 두툼하면서 손끝이 네모졌습니다.

토형은 성격이 신중하고 침착하며 묵직한 편입니다. 믿음과 의리가 두터워 신뢰성이 강합니다. 어떤 일을 결정할 때 지나치게 신중한 나머지 때를 놓치는 경우가 있지만, 그만큼 실패도 적습니다. 둔해 보이는 외모와 다르게 승부사 기질이 있고, 책략가이기도 합니다. 현실적인 성향이 강해서 감정적으로 판단하지 않고 이성적으로 일을 처리합니다. 부드럽고 자상한 이미지로 친한 사람이 부탁을 하면 다 들어줄 것 같지만, 자신에게 불필요하거나 이익이 없다고 판단되면 냉정히 거절하는 면모가 있습니다.

토형 중에는 정치인이나 사업가가 많습니다. 이외에도 중개인, 정보분석가, 교육가, 관리직 등의 직업이 어울립니다. 김혜수, 김의성, 장동건(금형+토형)은 전형적인 토형의 얼굴입니다.

④ 금형: 이목구비가 분명한 서구적인 얼굴, 단단한 바위의 형상과 같다

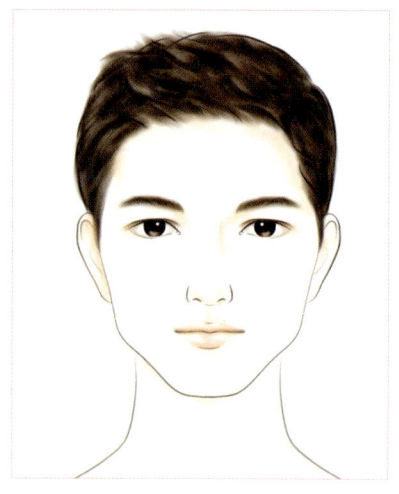

금형은 얼굴에 각이 많고 이목구비가 분명하면서도 큰 서구적 외모입니다. 또한, 차갑고 단단하며 이지적인 이미지도 갖고 있습니다. 피부가 매끄럽고 흰빛을 띠며 미남과 미녀가 많은 편이라 사람들에게 인기가 많습니다. 금형은 얼굴색이 흰색을 띠거나 황색을 띠는 것이 길합니다. 금형의 손바닥과 손가락은 목형처럼 길쭉하지

만, 마디가 없이 매끈한 것이 특징입니다.

금형은 보기와 달리 순박하면서도 소박한 기질을 지녔습니다. 하지만 이론적이고 분석적이기 때문에 따지듯이 말하거나 필요한 말만 결론부터 이야기합니다. 말투가 딱딱하고 맺고 끊음이 분명하다 보니 처음에는 친해지기 어렵지만, 한번 인연을 맺으면 의리가 있어서 끝까지 믿고 지지해줍니다. 자신이 생각하는 부분에 지나치게 집착하거나 원칙을 지키는 편이고 완벽주의자 성향이 있어서 스스로를 힘들게 하는 면도 있습니다. 금형이 상사일 경우 아랫사람이 적응하기 힘들 수도 있습니다.

금형은 분석가, 기술직, 군인, 경찰, 제조업, 의사, 법조인, 연구직, 방송인이 어울리며, 이과 계열의 직업과 전문기술, 전문지식에 재능을 가졌습니다. 김우빈, 김태희, 이병헌, 이영애는 전형적인 금형의 얼굴입니다.

⑤ 수형: 살집이 있고 둥그스름한 얼굴, 물의 형상을 닮았다

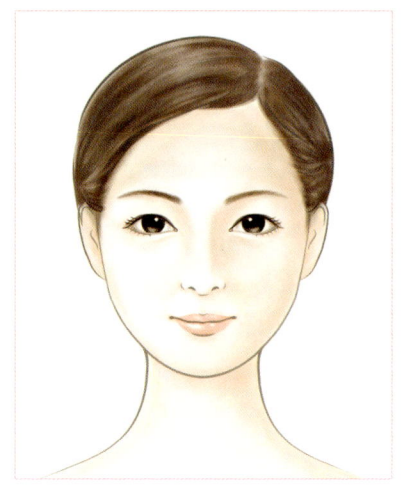

수형은 살집이 있고 둥글둥글하며 얼굴색이 검은색이나 흰색을 띠어야 길합니다. 행동이 가볍고 도량이 두터우며, 거북처럼 등이 두껍고 하체가 짧은 체형입니다. 눈썹이 거칠고 눈이 크며, 전체적으로 얼굴 모양이 성곽처럼 둥글고 단단합니다. 수형의 손바닥은 화형처럼 옆으로 넓지만, 손가락은 금형처럼 매끈하고 손끝이 갸름합니다. 이러한 형상을 하고 있다면 평생 복록이 끊이지 않을 것입니다.

만약 수형이 살이 갑자기 빠져서 마르게 되면 운세가 급격히 하락하며, 금전과 건강에 문제가 발생합니다. 수형의 기질은 흐르는 물과 같아서 외부적으로 활발히 활동해야 합니다. 만일 활동이 적으면 물이 고여 썩게 되는 형국에 처해 육체적으로나 정신적으로 문제가 발생합니다.

수형은 지혜롭고 영특하며 눈치가 빠릅니다. 또한, 유머러스하고 사교적이며 영업 능력이 뛰어납니다. 그래서 증권, 보험 등의 영업직에서 능력을 발휘합니다. 자영업이나 사람을 상대하는 서비스업을 해도 뛰어난 장사 수완으로 큰돈을 벌 수 있습니다. 정형돈, 전현무, 박나래, 송가인은 전형적인 수형의 얼굴입니다.

좋은 관상의 조건 1: 삼정(비율)

관상학에서 꼽는 좋은 관상의 제1조건은 좋은 비율입니다. 얼굴의 비율을 판단하기 위해 얼굴을 3등분한 삼정(三停)을 살펴봅니다. 얼굴 위쪽을 상정(上停), 가운데 부분을 중정(中停), 아래쪽을 하정(下停)이라고 일컫는데, 삼정은 하늘과 땅과 사람이 머무는 곳입니다.

상정은 이마에서 눈썹 위까지를 가리키는데, 상정의 상으로 초년부터 30세까지의 운을 알 수 있습니다. 중정은 눈썹에서 코끝까지를 말하며, 30~50세의 운을 알려줍니다. 하정은 코끝에서 턱 끝까지 가리키며, 50세부터 노년까지의 운을 좌우합니다. 상정, 중정,

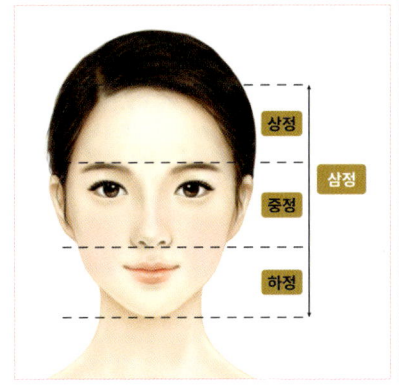 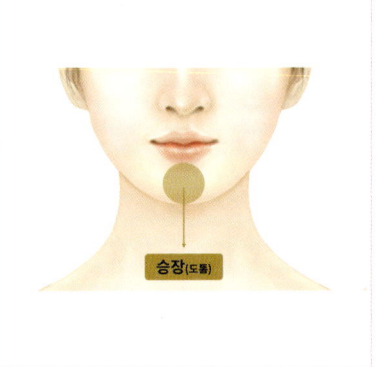

삼정(왼쪽)과 승장(오른쪽)

하정의 비율은 1:1:1로 동일한 것이 가장 좋습니다. 요즘 인기가 많은 동안 관상은 삼정의 비율이 1:1:0.8 정도입니다. 동안 관상은 이론상으로 따지면 노년복이 없어야 합니다. 하지만 입술 바로 아래 턱 부분인 승장이 도톰하고 위를 향하면 보완됩니다.

① 상정: 태어나서 30세까지의 운을 주관한다

이마는 천지인 중 하늘에 해당합니다. 하늘의 기운을 받는 곳이기 때문에 넓고 높으며 흉터나 굴곡이 없어야 하늘이 내려주는 복과 덕을 받아 초년에 이른 성공과 명예를 얻을 수 있습니다. 현대 관상학에서도 이마의 형태로 초년에 부모복과 인연이 있는지 없는지를 봅니다. 또한, 지적 영역을 담당하는 기관이므로 이마의 형태로 학업운과 함께 학업으로 원하는 성과를 얻을 수 있는지 봅니다.

이마의 모양과 발제(머리카락이 자라는 경계 부위)로는 문과, 이과, 예체능 성향을 구분합니다. 더불어 직업으로 일찍 사회에 자리를 잡을 수 있는지, 어떤 직업으로 활동할 수 있는지, 독립적인지 조직적인지, 리더상인지 참모상인지 명예를 얻을 수 있는지를 봅니다.

상정의 비율이 좋으면 상사나 스승 등 윗사람과 부모복이 있습니다. 학업적으로는 좋은 성적을 얻고 평생 직업과 명예가 보장됩니다. 상정 부분의 살이 도톰하고 주름이나 흉터, 점, 사마귀가 없이 넓고 높으면 조직의 리더가 될 상입니다. 관상학에서 주름이나 흉터는 좋게 보지 않지만, 나이가 들어 자연스럽게 생기는 주름 중에서 곧고 반듯한 주름은 좋게 봅니다.

관상학의 고전인 《마의상법》에 따르면, 이마에 3개의 가로 주름이 있으면 명예가 드높고 높은 지위에 오른다고 했습니다. 이 주름을 삼문(三紋)이라고 하는데, 삼문 중에서 하나의 주름인 일문(一

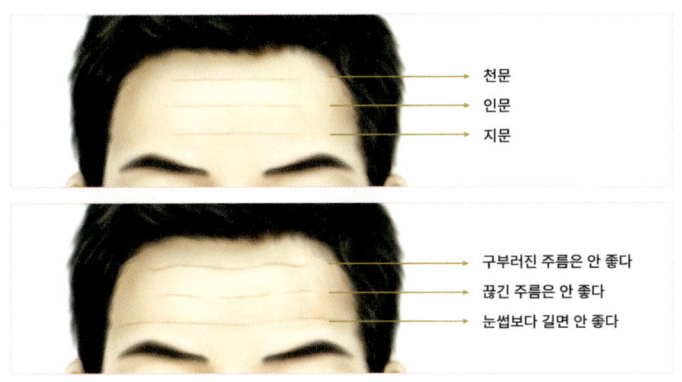

삼문이 좋은 경우(위)와 그렇지 않은 경우(아래)

紋)만 있어도 성공한다고 봅니다. 삼문은 이마 중앙에 위치해야 길합니다. 삼문이 뚜렷해도 길이가 너무 길어서 좌우 눈썹보다 길면 오히려 길함이 흉함으로 변합니다.

마흔이 넘은 경우에 삼문이 끊어지지 않고 선명하고 반듯하게 길면 학자로서 능력을 발휘합니다. 주름의 길이가 적당하더라도 끊기거나 구부러져 있다면 역시 복이 없습니다. 3개의 가로 주름 중에서 맨 위에 있는 것을 천문(天紋)이라고 해서 하늘의 복, 윗사람의 복을 봅니다. 가운데 주름은 인문(人紋)이라고 하며 형제나 동료의 복, 즉 인복을 봅니다. 맨 아래에 있는 주름은 지문(地紋)이라고 해서 아랫사람 복을 봅니다.

② 중정: 30~50세 사이의 운을 주관한다

이마, 즉 상정으로 권력과 명예를 주로 본다면, 중정으로는 중년의 재물운과 건강운, 부부 관계운을 주로 봅니다. 쉽게 말해 중정은 사람과의 관계, 부의 흐름, 사회적 활동성을 보는 곳입니다. 이 부위가 비율이 좋고 힘이 있으며 기색이 밝으면 사람들과 사회적 관계가 좋습니다. 그래서 부부 관계가 좋고 친구나 인간관계로부터 도움을 받으며, 큰 부와 성공을 얻습니다. 이마의 형태가 부족하고 흠이 있어도 중정이 좋으면 자수성가하는 운명입니다. 중국 관상학에서는 이마를 중시한다면, 한국 관상학은 중정 부분을 가장 중요하게 여깁니다.

③ 하정: 50세부터 노년까지의 운을 주관한다

하정은 노년운을 보는 자리로 부동산, 건강, 자녀와 아랫사람의 복을 알 수 있습니다. 이를테면 노년에 자식으로 인해 편안한지, 일과 평판에서 늦게까지 영화롭고 건강하게 장수하는지, 부동산 재물복은 있는지 등을 봅니다. 또한, 아랫사람을 잘 관리하는지, 능력이 있고 업무적으로 성과를 내는 부하 직원을 거느릴 수 있는지도 봅니다.

하정의 상이 좋고 하정이 상정과 마주하면 길합니다. 이때 하정과 상정이 마주한다는 의미는 턱이 무턱처럼 밑으로 빠지지 않고 위를 향해 봉긋 나와 있어야 한다는 뜻입니다. 관상학에서는 턱을 지각(地閣)이라고 부르는데, 승장(입술 아랫부분)과 지각은 살집이 있고 위를 향해야 길합니다.

하지만 지나치게 위로 올라오면 주걱턱이 되는데, 이런 경우 이기적이며 욕심이 많아진다고 보아 길하지 않습니다. 또한, 돈을 많이 벌 수 있고 성공은 거두지만 노년에 자녀나 배우자와 불화가 생겨서 홀로 지내게 됩니다. 이처럼 돈 욕심이 지나치면 관재수가 생깁니다.

좋은 관상의 조건 2:
오악(균형)

관상학에서 꼽는 좋은 관상의 제2조건은 얼굴 전반의 균형입니다. 관상학에서는 얼굴의 균형을 판단하기 위해 오악(五岳)을 봅니다. 오악은 얼굴에서 가장 높게 올라와야 하는 부위로 관상에서 기본적으로 먼저 살펴야 하는 근본입니다. 오악은 중국에 실제로 있는 다섯 개의 큰 산에서 유래했습니다. 동쪽의 태산(泰山), 서쪽의 화산(華山), 남쪽의 형산(衡山), 북쪽의 항산(恒山), 중앙의 숭산(崇山)이 바로 그것입니다. 오악은 신선이 사는 신성한 곳으로 여겨져서 중국의 역대 제왕이 제사를 지낸 곳입니다. 전국시대 이후 오행사상과 산악을 신성시한 영향으로 오악의 명성은 높아졌고, 이러한 경향은 관상학에도 영향을 미쳤습니다.

오악을 설명하기 전, 잠시 관상학 그림을 보는 법을 말씀드리겠습니다. 일반적으로 사진이나 그림에 묘사된 얼굴은 실제 대상의 좌우가 반전되어 표현됩니다. 내 쪽에서 왼쪽으로 보이는 모습이 실제로는 오른쪽인 것입니다. 하지만 이 책에 실린 그림들을 비롯해서 모든 관상학 그림은 거울에 비친 모습이라고 생각하고 보시면 헷갈리지 않습니다. 즉, 그림에서 왼쪽이 실제로도 왼쪽인 것이지요.

다른 고전서에는 오악 중에 동악과 서악의 위치가 다르게 표시

되어 있기도 합니다. 즉, 오른쪽 광대가 서악, 왼쪽 광대가 동악으로 표시되어 있습니다. 저는 이 책에서 동악과 서악의 위치를 《마의상법》(진희이 지음, 최인영 편역, 상원문화사, 82쪽)을 참고해 설명했습니다.

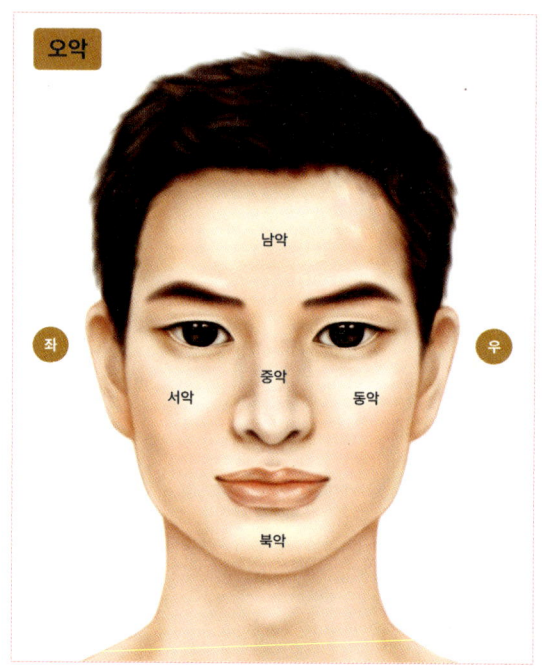

오악의 위치

① 남악: 이마는 볼록하게 올라와야 한다

남악은 이마입니다. 이마는 앞으로 돌출되어 턱을 향하고 있어야 합니다. 옆에서 봤을 때 이마가 뒤로 넘어가 경사가 지면 길하지 않습니다. 이마가 오목하게 함몰되어도 좋지 않습니다. 이마는 돼지의 간처럼 볼록하게 올라와야 길합니다. 이렇게 이마가 봉긋하게 올라와서 턱을 바라보면 학업운과 합격운이 좋고, 일찍 높은 직위에 오르며 재주와 재능을 발휘해 성공합니다. 하지만 이마가 지나치게 튀어나오면 중악(코)을 누르는 형태가 되어 코의 시작 부분인 산근(山根, 질액궁)이 꺼지게 되거나, 나이가 들수록 주름이 생깁니다. 그래서 중년에 건강이나 금전에 한 번은 손실이 생깁니다.

이마가 뒤로 넘어가거나 오목하게 꺼지면, 머리가 총명해 공부를 잘한다고 해도 합격운이나 학업운이 약합니다. 또한, 직업적으로 매사에 막힘이 많고 안정되지를 못합니다. 분야를 막론하고 성공한 사람들의 이마를 보면 이마의 뼈가 곧게 솟아 있고 그 뼈를 살이 잘 감싸고 있으며, 이마가 넓고 높으며 앞으로 볼록하게 나온 모습을 볼 수 있습니다.

② 북악: 턱은 위를 향해 나와 있어야 한다

북악은 턱입니다. 턱은 이마를 바라보듯이 살짝 앞을 향해야 합니다. 하늘의 복을 상징하는 이마와 땅의 복을 상징하는 턱이 마주해야 하늘의 복과 땅의 복을 오목한 그릇에 담아내는 형상이 되고, 태어나서 죽을 때까지 편안한 삶을 누립니다.

턱의 가운데가 갈라진 사람은 정열적이며 집념이 강하고, 나이를 먹어도 정력적으로 활동합니다. 턱이 없는 것처럼 안으로 쑥 들어가 있으면 노년에 돈이 없습니다. 만약 돈이 있다면 자식이 있어도 없는 것과 같고, 건강에 문제가 발생합니다. 하지만 턱이 안으로 들어가 있어도 펠리컨처럼 길고 살집이 있으면 노년에 편안하고 명예가 따르기 때문에 무턱에서 나오는 흉한 작용이 없어집니다. 이런 턱을 가진 남자는 수염을 기르면 보완됩니다. 여자는 이중턱일 경우 보완됩니다.

③ 동악/서악: 좌우 광대는 수평을 이루어야 한다

동악과 서악은 왼쪽과 오른쪽 광대입니다. 양쪽 광대의 크기가 서로 다르거나, 양쪽이 수평을 이루지 않고 어느 한쪽으로 기울어지면 부부 관계나 일에서 실패수가 있고 단명하는 상이므로 사건 사고를 조심해야 합니다. 광대가 코를 향하지 않고 옆을 향한 여자는 과부의 상이라고 해서 남편 대신 가정을 책임지는 관상입니다. 또한, 남녀 모두 행동력이 강하고 드센 면이 있어 주변과 마찰이 발생합니다.

특히 옆 광대가 지나치게 튀어나오면 이마의 관자놀이가 상대적으로 꺼져 보이고 그늘지게 됩니다. 그러면 직업적으로 활동에 제약이 있고 일을 추진하는 데 걸림돌이 발생하거나 변동이 많습니다. 또한, 부부 관계에서는 배우자복이 없거나 이별수, 관재수 등 어려움이 따릅니다. 옆 광대가 심하게 튀어나왔다면 메이크업으로 음영을 주어 작아 보이게 하는 것이 좋습니다.

코가 나 자신을 상징하는 자리로 행동력과 추진력을 보여준다면, 광대는 활동할 수 있는 에너지를 저장하는 곳입니다. 자동차에 비유하면 코는 차체이고, 광대는 엔진입니다. 코가 아무리 잘생기고 좋아도 광대가 받쳐주질 못하면 겉보기에만 좋고 실속이 없거나 뒷심과 마무리가 약합니다. 반대로 코는 낮고 볼품없는데 광대가 지나치게 높으면 엔진은 커다란데 차체가 엔진의 힘을 감당하지 못하는 꼴이라서 차가 마음껏 달려보지도 못하고 망가지게 됩니다.

④ 중악: 코는 적당히 크고 높아야 한다

중악은 코입니다. 코는 나 자신을 상징하고, 활동성과 자존감, 일의 추진력, 재물은 물론이고 건강까지 주관합니다. 코가 너무 낮게 꺼져 있거나 다른 부위에 비해 작아서 광대가 상대적으로 더 높으면, 주변 세력으로 인해 항상 좌절하게 되거나 상황에 휘둘리고 주관을 내세우기가 어렵습니다.

반대로 코가 지나치게 크거나 높아도 독단적이고 자기중심적 성향이 강해서 주변과 마찰이 발생합니다. 코가 높고 크더라도 살집이 있고 뼈에 굴곡이 없으면, 독립적으로 활동하는 프리랜서, 사업가, 자영업, 정치인의 경우에는 문제가 없습니다.

코는 살집이 전혀 없어서 뼈가 드러나고 휘거나 구부러진 것을 가장 안 좋게 봅니다. 코가 휘거나 구부러진 경우 사는 동안 한 번은 돈 문제가 크게 발생하거나 중년에 건강이 나빠지고 배우자와 문제가 발생합니다.

좋은 관상의 조건 3: 오관(조화)

관상학에서 꼽는 좋은 관상의 세 번째 조건은 조화를 이룬 얼굴입니다. 이를 보기 위해 관상학에서는 오감을 담당하는 다섯 개의 기관을 살펴봅니다. 오관(五官)은 오감을 감각하는 부위인 눈(감찰관), 코(심변관), 입(출납관), 귀(채청관) 그리고 눈을 지키는 눈썹(보수관)입니다.

이 다섯 기관은 둥글고 반듯하고 두툼한 것이 좋습니다. 또한, 조화의 관점에서 봤을 때 오관이 오대오소(五大五少)를 이루어야 근본적으로 좋은 관상입니다. 즉, 오관이 서로 비슷한 세력을 가지고 어느 한쪽으로 치우치지 않아야 한다는 뜻입니다. 쉽게 말하자면 눈, 코, 입, 귀, 눈썹이 똑같이 크거나 똑같이 작은 것이 좋습니다.

오관이 모두 큰 오대(五大)를 이루는 상은 남성적이고 활동적이며 단순하고 행동파입니다. 반대로 오관이 모두 작은 오소(五少)를 이루면 여성적이고 정적이며 섬세하고 사색적입니다. 그래서 같은 리더십이라고 해도 오대의 상을 가진 사람은 '무조건 나를 따르라'는 강한 리더십을 선보이고, 오소의 상을 가진 사람은 깊게 생각하며 꼼꼼하고 계획적으로 조직을 이끄는 리더십을 발휘합니다.

오관을 한 부위만 제대로 갖춰도 10년은 귀함을 누릴 수 있습니다. 만일 모두 갖췄다면 평생에 걸쳐 귀한 운을 누립니다.

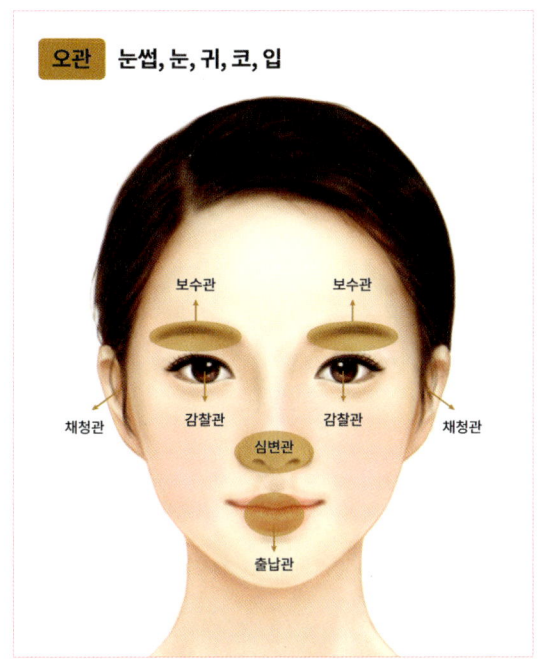

오관의 위치

① 보수관: 눈을 지키는 자리

눈썹은 보수관(保壽官)이라 해서 그 사람의 모든 기운을 담고 있으며 시각을 담당하는 눈을 지키는 자리입니다. 눈썹의 상으로 수명을 포함해 재물과 인간관계, 성격 등을 봅니다.

눈썹은 눈보다 길고 뚜렷한 초승달 모양(신월미)에 눈썹 머리와 꼬리에 숱이 풍성한 것을 가장 선호합니다. 눈썹과 눈 사이인 눈두덩이 넓어서 눈썹이 이마 중앙까지 올라오면 명예가 드높고 오관의 조건을 갖추었다고 봅니다.

눈썹은 숱이 가지런하고 중간에 끊어지지 않아야 합니다. 멋을 내거나 유행을 따르기 위해 일부러 눈썹 가운데를 미는 사람도 있는데, 관상학적으로 눈썹 중간이 끊기는 것은 흉하게 봅니다. 즉, 눈썹 중간이 끊기면 단명하거나 주변 사람으로 인해 사건 사고가 발생하며, 금전적인 피해를 봅니다. 만일 사고로 흉터가 생겨 눈썹이 끊겨 있다면 메이크업으로 채우는 것이 좋습니다.

눈썹이 눈을 덮을 정도로 적당히 길고 부드러우면 심성이 부드럽고 순하며 인간관계가 좋고 인기가 많습니다. 눈썹이 짧으면 성정이 급하고 인간관계에 갈등이 있으며 인복이 없어 일이든 관계든 마무리가 흐지부지합니다. 또는 독자적으로 일을 하는 것이 좋습니다. 하지만 다른 부위의 상이 뛰어나다면 자수성가형으로 강인한 리더십이 있는 눈썹으로 봅니다.

② 감찰관: 옳고 그름을 판단하는 자리

눈은 감찰관(監察官)이라 해서 옳고 그름을 보고 판단할 수 있는 자리입니다. 그 사람이 갖고 있는 기운을 발산하는 곳으로, 눈의 상으로 성격과 재물, 부부 관계, 인간관계, 건강, 수명 등을 봅니다.

눈은 튀어나오면 안 되고 눈 길이가 3~3.3센티미터 이상으로 길고 가늘며, 눈빛은 뚜렷하고 빛나면서 흑백이 분명해야 합니다. 모양이 뛰어나다 해도 흰자위에 붉은 실핏줄이 많거나 실핏줄이 검은 눈동자까지 뻗어 있으면 길함이 흉함으로 바뀝니다. 관상학적으로 중년이 되어 갑자기 눈에 이상이 생기거나 시력이 급격히 나빠진다면 운세가 하락하는 징조이므로 노년을 대비해야 합니다.

③ 심변관: 상함과 온전함을 구별하는 자리

코는 심변관(審辨官)이라 해서 냄새를 맡듯이 상함과 온전함을 심도 있게 구별하는 자리입니다. 코의 상으로 그 사람의 힘과 활동성은 물론이고 재물을 버는 능력과 관리하는 능력, 건강과 부부 관계를 두루 봅니다. 코는 콧대가 굴곡 없이 반듯하고 콧방울이 둥글게 살이 있어야 합니다. 쓸개를 매달아놓은 것처럼 생긴 코를 현담비(懸膽鼻), 대나무를 반으로 쪼개놓은 것처럼 생긴 코를 절통비(截筒鼻)라고 합니다. 이러한 모양의 코에 잡티나 흉터가 없고 밝은 황색으로 빛나면 심변관을 갖춘 것입니다. 요즘은 쓸개가 어떤 모양인지 모르는 사람이 많은데, 현담비는 코 밑이 통통한 물방울 모양으로 삼각형을 이루고 콧대에 힘이 있는 모양이라고 생각하면 됩니다.

④ 출납관: 말로써 마음이 드나드는 자리

입은 출납관(出納官)이라 해서 음식물이 나가고 들어오는 것처럼 마음이 언어의 형태로 드나드는 자리입니다. 자신의 생각을 표현하는 부위이므로 입의 상을 통해 부드럽게 표현하는지 소심하고 냉철하게 표현하는지를 봅니다. 또한, 언변(말재주)과 애정 표현 방식도 알 수 있습니다. 입은 음식 창고이기도 해서 먹을 복을 보기도 합니다.

입술은 두툼하면서 잘 닫혀 있어야 합니다. 항상 입이 벌어져 있으면 비밀을 간직하지 못하는 상입니다. 입술이 크고 두꺼운 사람은 상대를 제압하고 자신의 생각대로 이끄는 능력이 있으며 정이 많습니다. 반면에 입이 작은 사람은 의사 표현에 소극적이고 생각이 많으며 차분하면서 냉철한 면이 있습니다. 입술이 얇은 사람은 냉정하고 비판적인 경향이 있고 포장된 언어보다 사실적인 언어를 정확하게 표현하려 합니다. 그래서 교육, 언론인, 방송인, 분석가, 평론가 등의 직업에 잘 어울립니다.

입술의 크기를 잴 때는 얼굴에서 두 검은 눈동자를 수직으로 내려서 측정합니다. 이때 입술이 그 안에 들어오면 작고, 그 밖으로 나가면 크다고 봅니다. 입술 색은 선홍빛을 띠어야 하며, 입을 열면 크고 입을 닫으면 작아야 완전한 출납관을 갖춘 것입니다.

⑤ 채청관: 소리를 모아 듣는 자리

귀는 채청관(採聽官)이라 해서 소리를 모아 듣는 곳이자 바른 말을 모아 듣는 자리입니다. 귀의 색은 얼굴색보다 밝아야 하고, 모양이 둥글고 윤곽이 분명하며 단단해야 합니다. 귓불(수주)은 도톰하면서 입을 향하거나 위를 향해야 복이 있습니다.

귀의 상을 통해 학업적인 부분, 건강, 수명, 성격 등을 봅니다. 귀는 크기와 상관없이 단단하고 둥글고 도톰해야 건강하고 성격이 야무지며 머리가 총명합니다. 귀가 큰데 얇고 물렁거리면 바쁘기만 하지 결과물이 없습니다. 귀가 작고 귓불이 없으면 체력이 약해서 늦게까지 일하거나 공부하는 것을 힘들어합니다. 귀가 작으면 민첩하고 순간적인 힘이 있고, 순발력이 있습니다. 반대로 귀가 너무 크면 끈기가 있고 인내심은 강하지만 둔하고 게으릅니다.

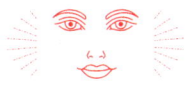

이곳이 밝고 선명해야 좋은 관상이다: 오성

관상학에서 오성(五星)은 얼굴에 있는 다섯 개의 별로 이마, 코, 입, 양쪽 귀를 가리킵니다. 이 부분들은 별처럼 밝아야 하고 선명해야 합니다. 오성은 태양계에 속하는 다섯 개의 별 중 지구와 가까운 오행성, 즉 수성, 금성, 화성, 목성, 토성을 의미합니다. 인간은 우주에 속한 자연의 일부분이기에 인간의 몸과 정신은 우주와 자연을 품고 있습니다. 이러한 이유로 관상학에서는 우주와 자연과 가장 흡사하면서도 자연스럽게 어우러지는 상을 최고로 봅니다.

① **화성=이마**

화성은 이마를 의미합니다. 이마는 하늘을 뜻하니 좁은 것보다 넓어야 하늘의 기운을 최대한 많이 받을 수 있습니다. 따라서 이마는 꺼지지 않고 살짝 튀어나오며 네모반듯해야 합니다. 네모반듯한 형태를 갖췄다면 문장이 뛰어납니다. 과거에는 문장이 뛰어나면 장원급제를 하고 벼슬을 할 수 있었습니다. 이를 현대적인 의미로 풀이하면 일찍이 자신의 분야에서 능력을 발휘해 명예를 얻는 것입니다.

이마가 둥근 모양에 봉긋하며 밝게 빛이 난다면 많은 사람을 거느리는 우두머리가 되며 의식주가 넉넉하고 지위와 재물을 얻습니다. 또한, 지적 능력과 학습 능력이 뛰어나며 부모복이 있고 초년에 학업적 성과를 이룹니다. 하지만 흉터나 점(반점)이 있다면 흠집이 있으니 중간중간 어려움을 겪습니다. 보통 이마가 잘생기면 생명궁인 인당도 잘생기게 됩니다.

이마의 넓이가 좁고 높이가 낮으면 다소 부족한 형태입니다. 주름이 많고 뒤로 넘어간 이마도 미완성의 형태로 봅니다. 이러한 상은 승진하는 데 장애가 많고, 승진해서 높은 직위에 오른다 해도 자리를 길게 지키지 못합니다. 또한, 아들과 인연이 약하며(딸은 문제가 없음) 부모와의 인연도 약합니다. 하지만 아무리 이마와 관골(광대)이 반듯해도 코가 볼품없다면 수명이 줄고 재물이 흩어집니다.

② 토성=코

토성은 코를 의미합니다. '토(土)'는 땅과 산악을 뜻합니다. 즉, 땅에 곡식이 자라고 산에 나무가 자랄 수 있도록 흙이 적절히 두께를 갖추어야 하는 것처럼 코는 적당히 높고 뼈가 드러나지 않게 살집이 도톰히 감싸고 있어야 합니다. 땅이 움푹 파이면 나무와 곡식의 뿌리가 드러나는 꼴이니 두 개의 콧구멍이 드러나지 않아야 합니다. 코는 얼굴의 중심을 잡아주는 부분이므로 한쪽으로 치우침이 없이 곧고 바르게 생겨야 풍족한 삶을 살며 수명도 깁니다.

코가 반듯하지 못하고 준두(콧망울)에 살집이 없으면 콧대가 높게 솟았다 하더라도 콧대가 꺼진 코와 같아서 재물이 주머니에 머무르지 못하고 마음이 넉넉하지 못합니다. 콧대가 너무 높고 살집이 전혀 없이 빈약하면 주변에 사람이 없고 스스로 외로운 삶을 선택하며 성격이 깐깐합니다. 또한, 돈이 항상 미끄러지듯이 새어 나갑니다.

코의 길이가 짧으면 성품이 아이와 같아서 인내심이 약하고 속마음을 그대로 드러내며 싫증을 금방 느낍니다. 특히 남자의 경우 코 길이가 짧으면 재물을 얻는다 해도 빠르게 사라지며 길이가 짧으면서 살집이 너무 많다면 바람둥이입니다. 여자도 코 길이의 영향을 받지만 남자의 경우 작용이 더 큽니다.

건강하게 붉은빛이 돌며 색이 윤택하고 거기에 도톰하게 살집이 있어 둥그런 모양이면 땅이 기름지고 따스한 기운을 갖는 것이니 만물을 소생시키며 결실을 맺습니다. 또한, 머리가 영특하고 현명합니다.

③ 목성과 금성 = 양쪽 귀

목성과 금성은 귀를 의미합니다. 귀는 얼굴 가장자리에 위치한 성곽과 같아서 윤곽이 분명하고 단단해야 합니다.

두 행성은 각각 서쪽과 동쪽에서 빛나는 별이니 양쪽 귀 역시 깨끗하고 빛이 나야 합니다. 금성은 하얀색으로 목성은 붉은색으로 밝습니다. 즉, 귀는 하얗거나 붉은 혈색을 띠어야 합니다. 귀는 무조건 크다고 해서 좋은 것이 아닙니다. 귀는 크기에 상관없이 넓게 트인 이문(耳門, 귓구멍)이 앞으로 향하지 않고 머리 뒤로 향해야 합니다. 또한, 윤곽은 뒤집어지지 않고 귀 윗부분이 뾰족하지 않아야 합니다.

귀가 눈과 눈썹을 지나 높이 떠 있으면 사색적이고 윗사람의 도움을 많이 받으며 머리가 총명합니다. 귀가 눈과 눈썹 밑에 위치하면 행동력이 뛰어나고 자수성가하며 리더십이 뛰어납니다. 귀의 형태가 잘 갖춰진 사람은 목성과 금성이 밝게 삶을 비춰주니 복록이 일찍부터 주어집니다.

만약 양쪽 귀의 위치나 형태가 다르거나 찌그러졌거나 흠이 있으면 모든 복이 감해지는 형상이니 부모에게 보살핌이나 양육을 제대로 받지 못하거나 노년에 건강을 주의해야 합니다. 또한, 학업을 이어가다가 중단되는 일이 생기거나 학교를 입학하는 데 어려움이 생깁니다.

④ 수성=입

수성은 입을 의미합니다. 입은 혀라는 칼을 감싸는 칼집과 같습니다. 또한, 음식과 말이 드나드는 곳이고 수기(水氣, 물의 기운)를 담는 곳이므로 항상 물기가 있어야 합니다. 수기가 밖으로 나가지 않게 막아야 하니 수기를 제압하는 입꼬리가 밑으로 처지지 않고 꼭 다물어져 있어야 합니다. 또한, 입술은 붉은색으로 빛나야 하고 입술 선이 선명해야 길합니다.

사자구(四字口), 즉 입술의 모양이 한자 '사(四)' 모양처럼 네 귀퉁이가 선명하면 성격이 단호하며 무게감이 있으며 부귀를 누리는 상입니다.

빛에 빛을 더하여
귀한 얼굴이 되다: 육요

　육요(六曜)는 오성과 더불어 얼굴의 특정 부위를 여섯 개의 별에 대응시킨 개념입니다. 별은 밝게 빛나는 존재입니다. 따라서 오성과 마찬가지로 육요 역시 모두 색이 맑고 빛이 나며 밝아야 좋습니다. 육요에 해당하는 부위는 양쪽 눈썹과 눈, 미간, 두 눈 사이의 코 뿌리가 시작되는 부분입니다. 즉, 두 눈을 중심으로 한 얼굴의 윗부분 중 관상학적으로 중요한 곳들이지요. 각각의 부위는 나후(왼쪽 눈썹), 계도(오른쪽 눈썹), 자기(미간), 태음(오른쪽 눈), 태양(왼쪽 눈), 월패(산근)라고 부릅니다.

　육요에서 '요(曜)'는 '월, 화, 수, 목, 금, 토, 일'을 뜻하는 '요일(曜日)'과 한자가 똑같습니다. 요일은 북두칠성을 신격화한 성신 신앙인 칠성 신앙에서 비롯된 개념입니다. 칠성 신앙은 인간의 수명과 부귀 및 강우(降雨, 날씨) 등을 관장하는 가신(家神)을 믿는 민간 신앙으로 한국과 중국의 고대 시기에 민간 및 도교 신앙으로 유행했으며, 불교에도 수용됐을 만큼 오랜 전통을 가졌습니다.

① 나후와 계도

　나후(羅睺)와 계도(計都)는 왼쪽 눈썹과 오른쪽 눈썹을 의미합니다. 나후는 태양과 달을 가려 일식이나 월식을 일으킨다고 여겨지는 악마의 이름입니다. 우리에게는 '아수라'라는 명칭으로 더 익숙한데, 이는 불교에서는 나후를 부르는 말입니다. 이쯤에서 나후의 전설을 간단하게 설명해야 할 듯합니다.

힌두 신화에 따르면 본래 신은 불사의 몸이 아니었다고 합니다. 그리하여 신들이 비슈누에게 불사의 몸이 되는 법을 물었고, 비슈누는 감로수를 만들어 마시면 영생한다는 답을 주었습니다. 이후 신들이 힘을 합쳐 어렵사리 감로수를 만들었고 이를 함께 마시는 자리가 마련됐습니다. 그런데 그 자리에 나후라는 악마가 등장해 감로수를 몰래 훔쳐 마시다가 달의 신과 태양의 신에게 발각되고 맙니다. 두 신은 나후의 행태를 비슈누에게 고했고, 비슈누는 나후의 목을 잘라버립니다. 이 일로 달의 신과 태양의 신에게 원한을 갖게 된 나후는 해와 달을 삼키게 됐는데 이 둘을 삼키다 목이 잘리면 내뱉었다가 다시 삼키기를 반복하게 됐습니다. 이러한 배경에서 인도 천문학에서는 나후가 곧 일식과 월식을 의미합니다. 나후와 계도는 일식과 월식을 일으키는 용(龍)으로 용의 머리를 나후, 반대쪽 꼬리를 계도라고 부르며 이를 하나의 별로 봅니다.

관상학에서 양쪽 눈썹이 나후와 계도로 불리게 된 까닭은 눈과 눈썹은 멀리 있어야 길하기 때문입니다. 관상학에서 양쪽 눈은 태양과 달을 의미합니다. 자연에서 태양과 달은 빛이 강하기 때문에 그 무엇으로도 그 빛을 가리기 어렵습니다. 그래서 태양과 달을 삼키는 나후와 계도를 눈썹을 가리키는 의미로 대응한 것입니다.

② 자기

자기(紫氣)는 단어 그대로 자줏빛을 의미합니다. 예로부터 색 중에서도 황제의 색으로 여겨질 만큼 으뜸으로 꼽힌 자주색은 상서로운 기운을 가리킵니다. 관상학에서 자기의 위치는 양쪽 눈썹 사이로 인당(명궁)이라 합니다. 이 부위가 구슬처럼 둥근 것 같으면 반드시 귀한 사람이 되고 하얀색이 은색처럼 빛이 나면 큰 부자로 귀한 사람입니다. 또한, 밝은 황색인 사람은 옷과 음식을 넉넉하게 소유합니다. 자기가 보석처럼 맑고 빛이 난다면 모든 어려움이 전화위복이 되며 학문적으로 성과를 내며 부귀함을 누립니다. 이 부위가 좁거나 주름이 있으면 상서로운 기운이 부족하기에 배우자나 자녀가 힘이 없고 집이나 토지가 줄어들며 수입이 많아도 손해가 많습니다.

③ 태음과 태양

태음(太陰)은 오른쪽 눈으로 달을, 태양(太陽)은 왼쪽 눈으로 해를 의미합니다. 태음과 태양은 흑백이 분명해야 합니다. 또한, 양쪽 눈이 밑으로 처지지 않고 수평으로 바르면서 가늘고 길게 이어지면 귀한 상입니다.

검은 눈동자가 많고 흰자위가 적은 눈이 빛나는 사람은 태어나면서부터 크게 귀함을 누립니다. 반대로 검은빛이 적고 흰자위가 많으며 누렇거나 적색의 빛을 가지면서 꺼진 눈을 가지면 부모에게 불효하며 부부 관계가 원만치 못하고 집과 토지가 흩트러지고 재난이 많습니다.

흰자위가 누런빛을 띠며 붉은 실핏줄이 눈동자를 꿰뚫는 상을 가장 흉하게 보는데 여기에 더해 빛까지 없다면 수명이 길지 못하고 주로 끝이 좋지 못합니다. 갑작스러운 사고나 관재구설수를 조심해야 하지만 만일 눈동자에 빛이 있고 다른 부위가 길하다면 극단적인 문제는 발생하지 않습니다.

④ 월패

월패(月孛)는 양쪽 눈썹 사이인 인당 바로 아래 부위인 산근을 의미합니다. 산근은 혜성을 뜻합니다. 코의 뿌리가 시작되는 부위인 산근은 그 모습이 마치 혜성에 달린 꼬리 같습니다.

월패에 흉터나 주름이 있는 사람은 대개 자손이 좋지 못하고 본인에게도 재난과 나쁜 액이 예정되어 있어 성취하는 바가 없습니다. 또한, 하는 일마다 실패하니 배우자와 자식을 힘들게 합니다. 반대로 이 부위에 흉터와 주름이 없고 빛이 나면 건강도 지키며 명예를 얻고 좋은 배우자를 두게 됩니다.

월패가 좁고 낮으면 재물이 들어오기가 무섭게 빠르게 새어 나가게 되는데 특히 40대에 재물이 깨지고 건강도 힘들고 삶이 고단하므로 무리한 투자나 사업 확장은 금해야 합니다. 만약 월패만 부족하고 다른 부위는 문제가 없다면 갑자기 체력이 저하되거나 재물 손실이 있어도 회복될 수 있습니다.

운명이 담긴 인생의 집: 12궁

얼굴에는 관상을 볼 때 중요한 지점이 모두 12군데가 있습니다. 각 부위는 인생사의 여러 영역이 어떠한지를 알려줍니다. 인생은 나만의 집을 지어 내 이름이 적힌 명패를 다는 과정에 비유할 수 있습니다. 그리하여 이 부위들은 한자로 집을 의미하는 '궁(宮)'을 써서 이름을 붙였습니다. 이들을 한데 모아 12궁이라고 부릅니다.

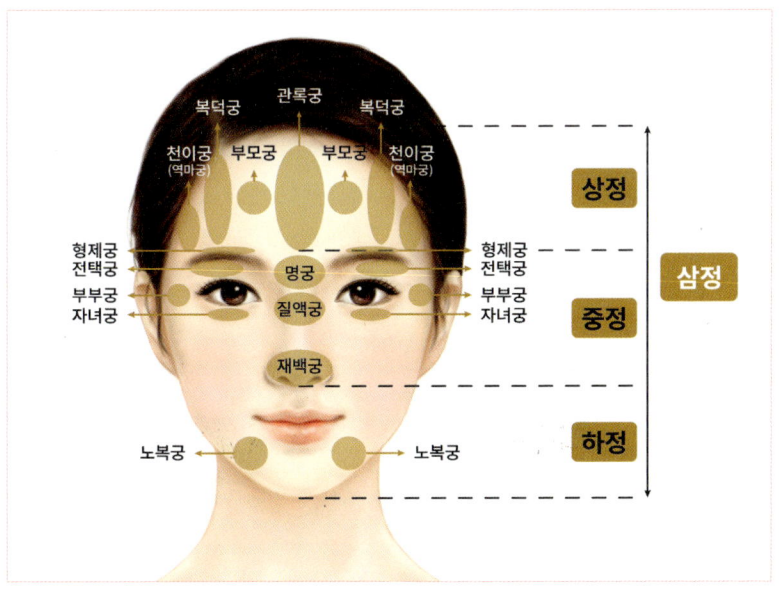

12궁의 위치

12궁의 형태를 보면 어떤 크기의 집을 지을지, 부실한 집을 지을지 아니면 견고한 집을 지을지, 자신의 명패를 만들 수 있을지 없을지, 평생 그 집에서 화목하고 편안할지 고독할지 등 한 사람의 인생사를 예견할 수 있습니다. 그렇기 때문에 12궁만 잘 살펴볼 줄 알아도 기본적인 관상을 볼 수 있습니다. 그만큼 12궁은 관상학의 기본 중 기본이자 핵심입니다.

12궁을 보면 재물의 흐름을 볼 수 있는 코와 아랫사람 복을 볼 수 있는 턱을 제외하고는 모두 이마와 눈 주위, 즉 삼정 중 상정과 중정에 모여 있음을 알 수 있습니다. 이는 인생의 집과 명패가 15세부터 40대 중반 사이에 완성된다는 뜻입니다. 하지만 오늘날에는 평균수명이 길어졌고 현역에서 활발히 활동하는 나이가 60세 이후까지도 이어지므로 인생이 완성되는 나이를 50대 중반까지 넉넉히 잡아도 되지 않을까 싶습니다.

그렇다면 지금부터 12궁에 대해 자세히 알아보겠습니다.

① **명궁**

명궁(命宮)은 좌우 눈썹 사이의 편평한 부분인 미간을 가리키며, 인당(印堂)이라고도 부릅니다.

명궁의 위치

관상학에서 미간은 모든 기운을 받는 자리이자 모든 기운이 집결되는 자리로 항상 밝은 색을 띠어야 합니다. 또한, 흉터는 물론이고 잔털이나 점, 사마귀가 없어야 기운이 모이고 발산하는 데 막힘이 없습니다.

명궁의 넓이는 검지와 중지 두 손가락이 들어갈 정도가 되어야 하고, 구슬처럼 둥근 모양이나 다이아몬드 모양을 최고로 봅니다. 명궁이 좁으면 성격이 외골수이며 융통성이 없어서 일을 어렵게 풀어가거나 일에 막힘이 많습니다. 학문적으로 한 분야를 파고들어 연구하거나 기술직, 개발직에 종사한다면 문제가 없지만, 사업을 하거나 서비스업에 종사한다면 능력을 발휘하기 어렵습니다.

명궁의 기색은 연한 황색이나 연한 붉은빛을 띠며 윤기가 흐르는 것을 가장 좋게 봅니다. 여기서 잠시 색과 기색의 차이에 대해 설명드리겠습니다

색이 전반적으로 넓게 표면에만 두드러지게 보이는 것이라면, 기색은 피부 속에 숨겨져서 은은하게 은근히 우러나옵니다. 가령, 붉은색 조명에서 막바로 쏘아져 나오는 붉은빛은 색입니다. 반면에 그 조명 위에 얇은 한지를 덮었을 때 새어 나오는 은은한 붉은빛은 기색입니다.

• 명궁이 모양과 색을 갖추고 있으면서 눈이 아름다우면 재물뿐만 아니라 사람들의 도움으로 성공하는 관상입니다.

• 명궁에 세로 주름이 있으면 근심과 걱정이 많고 신경질적인 면이 있으며, 특히 재물이나 건강, 부부 관계에서 한 번은 고난이 따릅니다.

• 명궁이 넓으면 이른 나이에 학문에서 성취를 이룹니다.

• 명궁이 넓고 이마에 삼문이 나오면 다른 지방이나 해외에서 기회를 얻고 높은 지위에 오릅니다.

- 명궁이 지나치게 튀어나오면 재주는 많으나 인색합니다.
- 명궁에 井(우물 정)자 주름이 있으면 평범한 상이 아니며 명예가 높습니다. 하지만 미간에 자잘한 주름이 많으면 재물을 탕진합니다.

② 형제궁

형제궁(兄弟宮)은 양쪽 눈썹을 가리킵니다. 오관 중 보수관에 해당합니다.

형제궁의 위치

관상학의 고전인 《마의상법》에 따르면 '눈썹이 길어 눈을 지나면 삼사형제가 풍파 없고, 눈썹이 성기고 빼어나며 털이 단정하면서 초승달처럼 수려하면 형제 모두가 출세하여 함께 화평할 것이다'라고 했습니다.

예전에는 눈썹을 보고 형제운과 성격, 재물복을 판단했습니다. 당시에는 집안에 형제가 여러 명이었고, 형제가 장성한 뒤에도 한 동네에 모여 사는 경우가 많았습니다. 그래서 형제들이 경제적 기반이 잡혀 서로 도우면서 살아가는 것을 복으로 여겼습니다. 하지만 오늘날에는 형제가 많지도 않고 한곳에 모여 살기도 어렵습니다. 그래서 형제궁으로 형제운만 보기보다는 형제와 비슷한 관계 즉 동료, 친구, 사회적으로 맺어진 관계, 대중의 인기 등으로 확대해서 해석합니다.

- 눈썹이 짧고 거칠면 주변 사람들에게서 도움을 받지 못하거나 화합하기 어렵고, 독단적으로 판단하고 행동하다가 실패하는 경우가 많습니다.
- 눈썹이 짧아도 윤기가 있고 가지런하면 복이 있습니다.
- 인기 많은 연예인이나 방송인들을 보면 대체로 눈썹이 수려하고 숱이 적당히 있으며 눈을 덮을 정도로 길이가 긴 경우가 많습니다. 눈썹이 수려하지 않으면 오랜 세월 고생하다가 30대를 넘겨 연기력을 인정을 받아 성공하는 경우가 흔합니다. 만약 눈썹이 바르게 갖춰져 있으면 10~20대에 인기를 얻어 그 인기를 바탕으로 재물을 얻을 수 있습니다. 또한, 언제든 협조자나 귀인이 있고, 수명이 깁니다.
- 눈썹이 곡선을 이루고 윤기가 있고 적당히 눈을 감싸는 길이라면 선량하고 유한 성품이며, 의로운 성품을 가진 경우가 많습니다.
- 눈썹이 너무 길어서 아래로 처지면 유한 성품이 지나쳐서 이성 문제가 발생하거나 나태해지게 됩니다.
- 눈썹이 길어도 처지지 않고 위로 향하면 재주와 전문적인 지식을 발휘하여 성공합니다.
- 눈썹 뼈가 도드라지게 나오면 집요하고 조급한 성미를 가집니다.

③ 전택궁

전택궁(田宅宮)은 눈썹과 눈 사이의 눈두덩을 가리킵니다.

전택궁의 위치

전택궁은 30대, 40대에 이르렀을 때 부부 관계를 보는 자리이며, 토지와 집의 규모도 볼 수 있습니다. 전택궁은 자신의 눈 하나가 들어갈 정도로 넓은 것을 좋게 봅니다. 50세가 넘어가면서 눈썹이 이마로 올라가 전택궁이 넓어질수록 명예가 드높고 많은 토지와 가옥을 지닐 수 있습니다. 《마의상법》에서는 눈과 눈두덩을 함께 아울러 전택궁이라 했습니다.

전택궁이 넓고 흉터 없이 깨끗하면 마음이 여유롭고 넓으며 베푸는 성격입니다. 요즘은 미남의 조건으로 눈두덩이 좁은 것을 선호하는데, 관상학적으로 전택궁이 좁으면 일반적이고 평탄한 부부생활이 어렵고 부부의 인연을 맺기가 어렵습니다. 또한, 이 부위가 꺼지거나 좁거나 지나치게 살이 많고 점과 흉터가 있으며 주름이 많으면 부부간에 이별하거나 주말 부부처럼 헤어져 지내는 시간이 생깁니다. 여기에 다른 부위까지 흉하면 재물이나 토지가 많다 해도 지켜내지 못합니다.

- 눈두덩에 지방이 너무 많아 살이 볼록하게 올라와 있으면 한때 많은 돈을 벌고 부동산을 소유했어도 노년에 없어집니다.
- 눈동자가 검고 뚜렷하며 빛나면 재물복이 있습니다.
- 고양이의 눈처럼 갈색 눈동자가 뚜렷하고 빛나면 사람들에게 사랑받으며 재복이 많습니다.
- 눈동자가 옻칠한 듯 검고 빛나면 하는 일마다 확장 창성하며 문장이 뛰어납니다.
- 흰자위가 많이 보이고 살기가 나오면 성정이 고약하고 수명이 짧습니다.
- 짝눈은 겉으로는 모범적인 모습이지만 속마음은 다를 수 있습니다. 연예인이거나 방송인, 영업을 하는 사람에게는 짝눈이 좋은 작용을 합니다. 여기서 짝눈

이란 한쪽은 쌍꺼풀이 있고 한쪽은 없거나, 두 눈의 크기가 확연하게 다른 것을 말합니다. 인간은 누구나 좌우 얼굴이 조금씩은 비대칭인데 그 정도를 넘어선 경우입니다.

• 양쪽 눈이 짝눈이면서 붉은 실핏줄이 검은 눈동자까지 뻗어 있으면 관재수와 구설수가 발생할 수 있습니다.

• 양쪽 눈이 짝눈이면서 튀어나오면 스스로 자신의 재물을 없애는 상입니다. 튀어나오지 않은 짝눈이라면 재물복이 있습니다.

④ 관록궁

관록궁(官祿宮)은 이마 가운데를 가리킵니다.

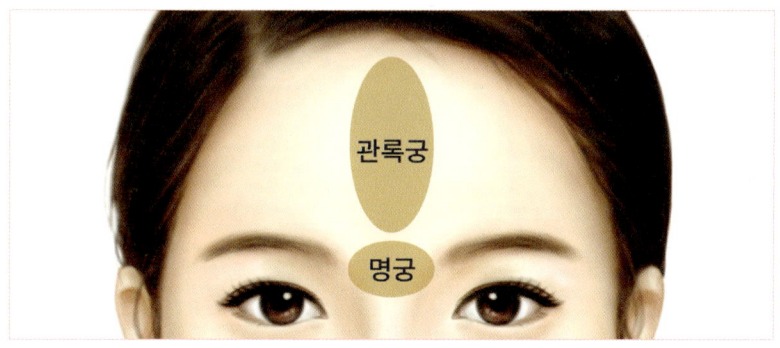

관록궁의 위치

관록궁은 주로 초년운과 부모복, 윗사람복, 조상복, 학업, 명예, 직업을 보는 부위입니다. 관록궁 자리에 뼈가 세로로 봉긋하게 솟아 정수리까지 이어진 것을 복서골(伏犀骨)이라 하는데 이곳이 올라와서 머리 뒷부분까지 이어지면 일생 동안 명예가 따르고 귀한 신분으로 영화를 누립니다. 하지만 이 부분이 꺼지거나 주름이 지면 그 영화를 길게 누릴 수 없습니다.

관록은 어떤 일에 대한 경력을 쌓아 만든 위엄이나 권위를 의미합니다. 옛날에는 과거시험에서 장원급제를 해야만 고위 관직에 나아갈 수 있었으며, 관직을 얻는 것만이 명예로운 일이었기 때문에 어려서부터 공부를 잘해야 했습니다. 즉, 공부를 잘하는 것이 곧 관록이고 직업과 직결됐습니다. 또한, 어떤 집안에서 태어났느냐에 따라 신분이 정해졌고 그에 따라 과거시험을 치를 수 있는 자격이 생겼으므로 관록궁은 부모복을 보는 자리이기도 했습니다. 신분제가 사라지고 직업의 세계가 예전과는 달라진 오늘날에는 공부 말고도 전문 분야에서 능력을 발휘하면서 명성을 얻고 인정받고 대접을 받습니다. 그래서 현대에 들어서는 자신이 가진 전문 분야의 능력이 바로 관록으로 여겨집니다.

• 관록궁이 밝게 빛나면서 흉터 없이 깨끗하면 조직이나 자신의 분야에서 뛰어난 능력을 발휘합니다.
• 관록궁에 주름이나 흉터가 있으면 언제나 뜻밖의 일들이 발생합니다.
• 이마 뼈가 川(내 천)자 모양으로 나오면 이른 나이에 명예와 관직이 높은 자리에 오릅니다. 하지만 주름이 川자 모양으로 생기면 장수하지만, 관재수가 있거나 매사에 어려움이 따릅니다.

⑤ 복덕궁
복덕궁(福德宮)은 양쪽 눈썹의 가운데 윗부분에 위치한 이마 부위를 가리킵니다.
고위 관료나 정치인은 복덕궁이 솟아 있어야 자리를 오랫동안 유지하고 권력을 잡을 수 있습니다. 《마의상법》에서는 '지각(턱)을 당겨 끌어내고 오성(양쪽 귀, 이마, 코, 입)이 서로 도우면 평생 복록

복덕궁의 위치

이 두루 돌아 흐르고, 이마와 지각이 서로 도우면 모름지기 오복이 온전하게 갖추어져 덕을 행할 수 있는 것이다. 이마가 좁고 턱이 모나지 않고 둥글면 초년에 고달프고, 이마가 넓고 턱이 뾰족하면 일이 지체되어 늙어서 보상을 받지 못한다. 미골(눈썹 뼈)이 튀어나와 있고 눈이 앞으로 나오면서 눈썹이 흩어져 있고 눈과 눈썹 사이가 좁고 귀가 위로 올라가 있으면 복이나 덕이란 말을 아예 하지 말아라'고 했습니다.

복덕궁은 직업과 학업, 윗사람 운을 보는 부위입니다. 이마와 턱이 모두 원만하게 둥근 모양이면, 즉 이마가 밝고 봉긋하게 올라와 있으며 턱이 두툼하게 둥근 모양이면 원하는 직업을 갖는 데 어려움이 없으며 조건이 좋은 직장에 입사할 수 있습니다. 또한, 학업에서 원하는 성과를 얻는 합격운이 따르고, 어디를 가든 윗사람에게 공로를 인정받고 도움을 받습니다.

- 복덕궁이 꺼졌거나 뼈가 뾰족하게 나왔다면 하는 일에 어려움이 많아 능력을 발휘하기 힘듭니다.
- 복덕궁이 있다 해도 눈썹 뼈가 튀어나오고 눈이 붕어처럼 나오면서 눈썹이 흩어져 있으면 인복이 없어집니다.

• 복덕궁이 있어도 눈과 눈썹 사이가 좁고 귀가 위로 올라가 있으면 일에서 성공도 복도 찾기 어렵습니다.

⑥ 천이궁

천이궁(遷移宮)은 양쪽 눈썹이 꺾이는 끝부분의 위쪽 이마를 가리킵니다. 천창(天倉) 또는 역마궁(驛馬宮)이라고도 부릅니다.

천이궁의 위치

천이궁은 관자놀이 부위로 활동성의 정도와 활동하는 영역의 넓고 좁음, 일에서의 성공 여부를 보는 자리입니다. 《마의상법》에는 '천이궁이 풍만하게 솟아 밝게 빛나면 아무런 근심이 없고, 이마가 고르고 평평하면 늙도록 공경하며 부러워하고, 역마궁이 완만하면 귀하여 모름지기 사방을 다스리는 벼슬을 할 것이다. 이마가 꺼지거나 낮으면 늙어서도 자신이 소유한 집과 토지가 없고, 눈썹이 이어지면(미간에까지 눈썹이 나 있는 경우) 가정을 깨뜨리고 객지를 떠돈다. 이마와 턱이 한쪽으로 기울면 아홉 번 마음이 변해서 열 번을 옮겨 살게 된다'라고 했습니다.

옛날에는 천이궁이 밝고 반듯한 모양이면 다른 지역으로 승진하여 자리를 옮길 수 있다고 보았습니다. 오늘날에는 천이궁이 좋으면 국내외를 활발히 넘나들며 능력을 발휘하거나 외국과 관련된 일을 하기에 좋고, 독립적이거나 자유로운 직업에서 능력을 발휘한다고 봅니다. 또한, 활동 범위가 크기 때문에 자신의 영역을 넓게 구축하게 된다고도 해석합니다. 요즘은 국가 간의 왕래가 자유로운 시절입니다. 그렇기 때문에 태어나고 자란 고향에 뿌리를 내리고 살기보다는 더 넓은 도시나 다른 나라로 나가는 것을 선호하는 경향이 큽니다.

예전에는 흔히 역마살이라고 부정적으로 보는 관점이 지배적이었지만, 오늘날의 관점에서 역마는 활동하는 데 제약이 없고 자신의 분야를 세계적으로 넓힐 수 있다고 해석하기 때문에 독립적으로 활동하고자 하는 이에게는 날개를 달아주는 격입니다. 그래서 현대에는 역마를 중요시하고 좋은 것으로 봅니다.

이마가 좁거나 꺼지면 과거에는 자기 소유의 집이나 토지가 없다고 했는데, 요즘에는 직업적으로 불안정하고 일에서 운신의 폭이 좁아 이루는 것이 적다고 봅니다.

⑦ 질액궁

질액궁(疾厄宮)은 미간 아래, 즉 양쪽 눈 사이의 코가 시작되는

질액궁의 위치

코 뿌리 부분을 가리킵니다. 산근이라고도 부릅니다.

질액궁이 밝고 빛나면 오복을 갖추고, 연상과 수상(코 중간 부위)이 높고 고르면 새들이 화합하여 지저귀며 조화를 이룬 듯 서로를 지키는 상이라고 봅니다. 여기서 새는 좋은 부부 관계를 뜻합니다.

질액궁이 푹 꺼져 있거나 흉이 있거나 혹은 주름이 어지럽게 있으면 40대 초반이 되면서 병치레를 하게 되거나 체력이 급속도로 저하됩니다. 그렇지 않으면 부부 관계에 어려움이 따르고 재물에 손실이 발생합니다. 또는 일에 막힘이 있고 좌절하게 됩니다. 질액궁이 솟아 있어도 살집이 없이 뼈가 드러나면 이 역시 건강이나 재물에 문제가 생깁니다.

콧대가 휘어져 있으면 평생 수고로움에서 벗어나지 못합니다. 더불어 잿빛이나 푸른빛이 돈다면 재물이 손실되고 직업에 문제가 생기며 건강에 유의해야 합니다. 질액궁이 맑고 빛나면 건강을 갖추었다고 보는데, 여기에 콧대까지 높고 곧으면 재물복까지 있습니다.

⑧ 재백궁

재백궁(財帛宮)은 코끝을 가리킵니다.

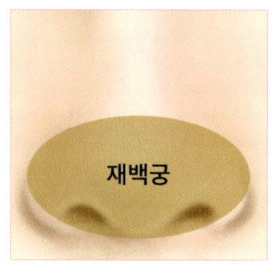

재백궁의 위치

코는 재물운을 보는 자리입니다. 얼굴에서도 오행, 즉 '목, 화, 토, 금, 수'의 기운을 볼 수 있는데, 이마는 화(火), 오른쪽 뺨은 목(木), 왼쪽 뺨은 금(金), 턱은 수(水), 코는 토(土)의 기운이 머무는 곳입니다. 물론 관상을 볼 때는 어느 한 부위만 보고 판단하는 것이 아니라 전반적으로 봐야 하는 만큼 재물복을 볼 때도 코뿐만이 아니라 이마, 눈썹, 눈, 광대, 턱 등 여러 부위를 종합해서 판단해야 합니다. 하지만 재물복을 볼 때는 그중에서도 코를 가장 우선적으로 봅니다. 하지만 코의 상이 아무리 잘났어도 다른 부위가 받쳐주지 못하면 재물복이 줄어들고 길게 유지하지 못합니다.

재물복이 있는 경우도 관상에 따라 그 이유가 다릅니다. 이마가 잘생기면 부모복이 있거나 일찍 성공해서 돈을 법니다. 눈썹과 눈이 잘생기면 주변 사람들의 도움이나 인기로 돈을 법니다. 광대가 잘생기면 자신의 활동을 도와주는 강한 세력을 만나 자수성가로 돈을 벌거나 조직을 움직일 수 있는 힘을 가집니다. 광대는 의욕의 높고 낮음을 볼 수 있는 부위로 의지력과 행동력의 강함과 약함을 조절할 수 있는지를 알려줍니다. 턱이 잘생기면 부동산으로 돈을 벌거나 말년에 재물복이 뛰어납니다.

코 중에서 쓸개를 매달아놓은 모양처럼 코의 시작 부분은 가늘고 코끝은 넓고 두꺼운 현담비와 대나무를 반으로 쪼개 엎어놓은 듯한 콧대에 콧방울이 둥근 절통비는 하늘이 내려주는 재물로 거부가 됩니다.

코끝에 살집이 없이 마르고 뾰족하면 재물이 항상 깨지고, 코끝이 위로 들려 콧구멍이 보이면 재물이 모이지 않습니다. 하지만 콧구멍이 보여도 콧방울이 도톰하고 힘이 있으면 재물이 새어 나가도 그만큼 채워집니다. 콧대가 다소 낮아도 콧방울이 도톰하고 힘이 있으면 오히려 큰돈이 드나들기도 합니다.

그러나 코가 크고 살집이 많은데 콧구멍이 지나치게 작으면 구두쇠의 상으로, 적은 돈에 연연하다가 큰돈을 잃거나 얻지 못합니다. 코 위에 잔주름이 많거나 점이 많거나 코끝이 어두우면 가난하거나 질병으로 고생합니다. 그렇지 않더라도 근심과 의심이 많습니다. 코털이 자라 나오면 비방(구설수)에 오릅니다. 콧방울과 턱이 약하면 쌀통이 빈 형상과 같습니다.

⑨ **자녀궁**

자녀궁(子女宮)은 눈 아랫부분을 가리킵니다. 남녀궁(男女宮)이라고도 부릅니다.

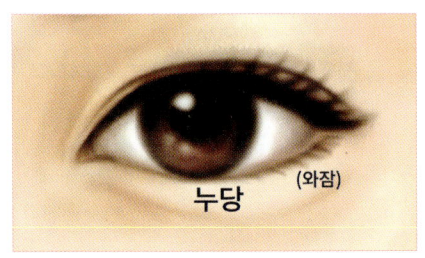

자녀궁의 위치

자녀궁에 살집이 조금 볼록하게 올라와 있으면 애교살이라고 해서 이성에게 인기를 끄는 관상 또는 동안 관상으로 여겨집니다. 애교살은 양쪽 눈 아래에 있기에 누당(淚當)이라고 부르거나 누에 고치가 누워 있는 모양을 닮았다는 의미에서 와잠(臥蠶)이라고도 합니다.

《마의상법》에는 '와잠이 고르고 편평하면 복록이 있는 자손으로 영화롭게 번창하고, 색이 은은하면 모름지기 맑고 귀한 아들과 함께 영위하게 된다. 누당이 꺼지면 남녀가 인연이 없으며, 검은 사마귀나 비뚤어진 주름이 있으면 늙어서까지 자식을 이기려 든다'라고 했습니다.

자녀궁은 생식기와 통하는 부위입니다. 자녀궁이 누에고치 모양처럼 밝고 두툼하고 탄력이 있으면 건강한 아이를 임신할 수 있다고 봅니다. 더불어 힘과 정력을 의미하기에 본능적으로 이성을 끌어당기는 섹시한 매력으로도 봅니다. 따라서 연애운을 볼 때 이 부위가 밝고 윤기가 흐르면 이성운이 좋다고 봅니다. 반면에 자녀궁이 어두우면 연애에 어려움이 있고, 점이나 사마귀가 있으면 이루지 못하는 사랑을 하거나 장거리 연애를 하게 됩니다.

자녀궁이 어둡고 칙칙한 빛이 돌면 수면 장애가 있거나 정신적으로 피로하며 정신이 혼란스러워 판단력이 흐려집니다. 그래서 정력이 떨어진다고 보며, 사업하는 사람은 일을 추진하는 데 막힘이나 손재수가 따릅니다.

⑩ 부부궁

부부궁(夫婦宮)은 양쪽 눈꼬리 부분을 가리킵니다. 처첩궁(妻妾宮)이라고도 합니다. 또는 물고기의 꼬리라는 의미로 어미(魚尾), 간음 여부를 알 수 있는 문이라는 뜻에서 간문(奸門)이라고도 합니다.

부부궁의 위치

눈 주변은 항상 밝고 주름이나 흉이 없어야 부부 관계가 좋고 덕을 볼 수 있습니다. 눈 끝부분이 평평하고 깨끗하면 결혼 후에 배우자로 인해 재물이 늘어납니다. 광대까지 앞을 향해 솟아 있으면 직위가 높아지거나 일을 통해 승승장구합니다. 하지만 눈 끝부분에 기미, 점, 사마귀, 흉이 있으면 갈등과 이혼수, 사별수가 있어서 인연을 맺기가 어렵습니다.

그렇지만 나이가 들면서 눈가에 자연스럽게 생기는 주름과 반점은 무조건 나쁘다고만 볼 수는 없습니다. 눈가에 주름이 3줄 있는데 첫 번째 주름은 위를 향하고, 두 번째 주름이 중앙에 위치하며, 세 번째 주름은 아래로 끊어지지 않고 뚜렷하게 있으면 재물과 인기를 얻을 수 있으며, 부부 사이가 원만하고 좋습니다. 다만, 20~30대에 주름이 끊어지거나 자글자글하게 이어지면 늘 이성 문제가 발생하거나 부부 사이에 갈등이 심해서 해로하기 어렵습니다.

부부궁이 밝지 않고 어둡고 푸르며 검은 사마귀가 있으면 배우자 이외에 애인을 둡니다. 미혼 상태에서 애인이 생겨도 소송이나 구설수가 발생하므로 이러한 경우는 늦게 결혼하는 것이 좋습니다.

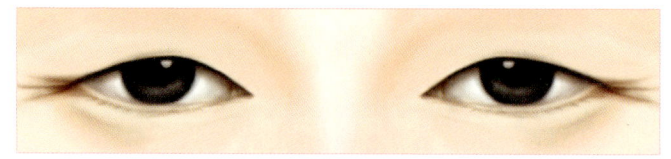

눈가에 생기는 좋은 주름

⑪ 부모궁

부모궁(父母宮)은 양쪽 눈썹 앞머리 위의 이마를 가리킵니다.

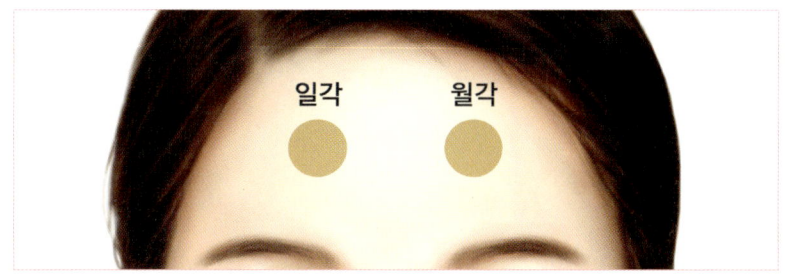

부모궁의 위치

　부모궁 자리의 왼쪽은 일각(日角)으로 아버지를, 오른쪽은 월각(月角)으로 어머니를 의미합니다. 《마의상법》에서는 '부모궁은 모름지기 원만하게 둥글고 높아야 하는 것이 중요하다. 밝고 깨끗하면 부모가 건강하게 오래 살며, 낮거나 꺼지면 어려서 부모를 잃고, 어둡고, 칙칙하면 부모에게 질병이 있고, 왼쪽은 아버지를 힘들게 하고 오른쪽은 어머니를 힘들게 하는 곳이다. 왼쪽에 흉이 있으면 아버지와 인연이 없거나 복이 없으며, 오른쪽에 흉이 있으면 어머니와 인연이 없거나 복이 없다. 양쪽의 기색이 푸르고 검으면 부모에게 후환을 염려해야 하고 구설 시비로 마찰이 생기며, 검거나 하얀빛이면 부모가 사망한다. 붉은색이나 연한 황색이면 부모에게 기쁜 경사가 생긴다'라고 했습니다.

　일각과 월각이 두드러지게 솟은 형상을 용의 뿔과 같다는 의미에서 용각(龍角)이라고 부릅니다. 부모궁이 용각의 형상이면 학자나 관료 또는 전문가로서 이름을 드높입니다. 즉, 이 부위가 봉긋한 둥근 모양이면 명예가 드높고 학문적으로 뜻을 이루며 직위가 높아집니다.

　중국의 관상학 대가인 소통천은 《면상비급》에서 일각과 월각에 복록이 있다고 말했습니다. 부모궁은 나이에 따라 관상 해석이 조금 달라집니다. 아직 부모에게 의지해야 하는 미성년자는 부모궁으로 부모를 살펴볼 수 있지만, 부모의 슬하를 벗어난 성인은 부모보다 자기 자신이 노력해 일군 학문이나 직업에서의 결과나 성공을 주로 봅니다.

⑫ 노복궁

노복궁(奴僕宮)은 양쪽 입술 끝의 아랫부분을 가리킵니다. 노복은 과거에 집에서 종살이를 하던 하인이나 휘하에 있던 부하를 일컫는 단어였습니다. 이를 현대적인 의미로 해석하면 노복궁은 아랫사람, 즉 직원이나 학생, 후배 등을 보는 자리입니다.

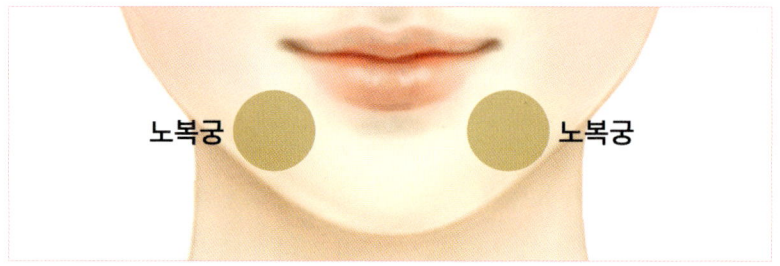

노복궁의 위치

노복궁이 도톰하고 푹 꺼지거나 흉터가 없이 평평하고 고르면 많은 사람을 거느리며, 사람을 관리하는 능력이 탁월하고 그들로부터 존경을 받습니다. 기업을 운영하는 사람, 교육자나 관리자는 노복궁이 발달되어 있어야 좋은 인재를 알아보고 얻으며 관리를 잘합니다.

노복궁이 꺼지거나 뾰족하거나 비뚤어져 있으면 본인이 배신을 하거나 반대로 배신을 당할 수 있습니다. 또한, 조직을 이끄는 데 어려움을 많이 겪으므로 어렸을 때부터 노복궁의 형상을 바로잡아줄 필요가 있습니다. 노복궁이 뾰족하면 조직적으로 일하기보다 혼자서 일하는 편이 잘 맞습니다.

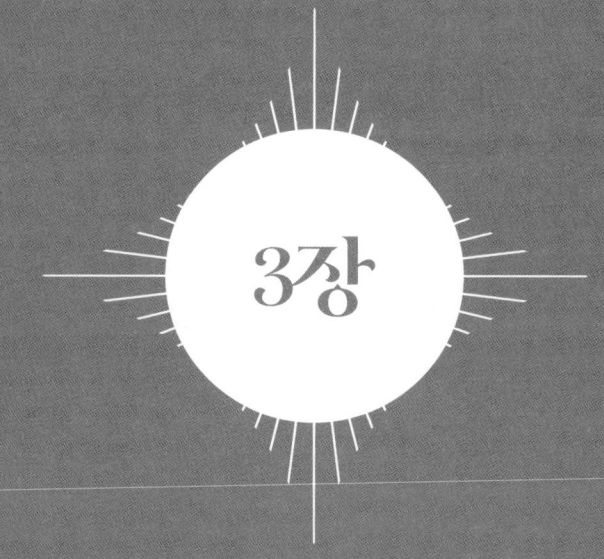

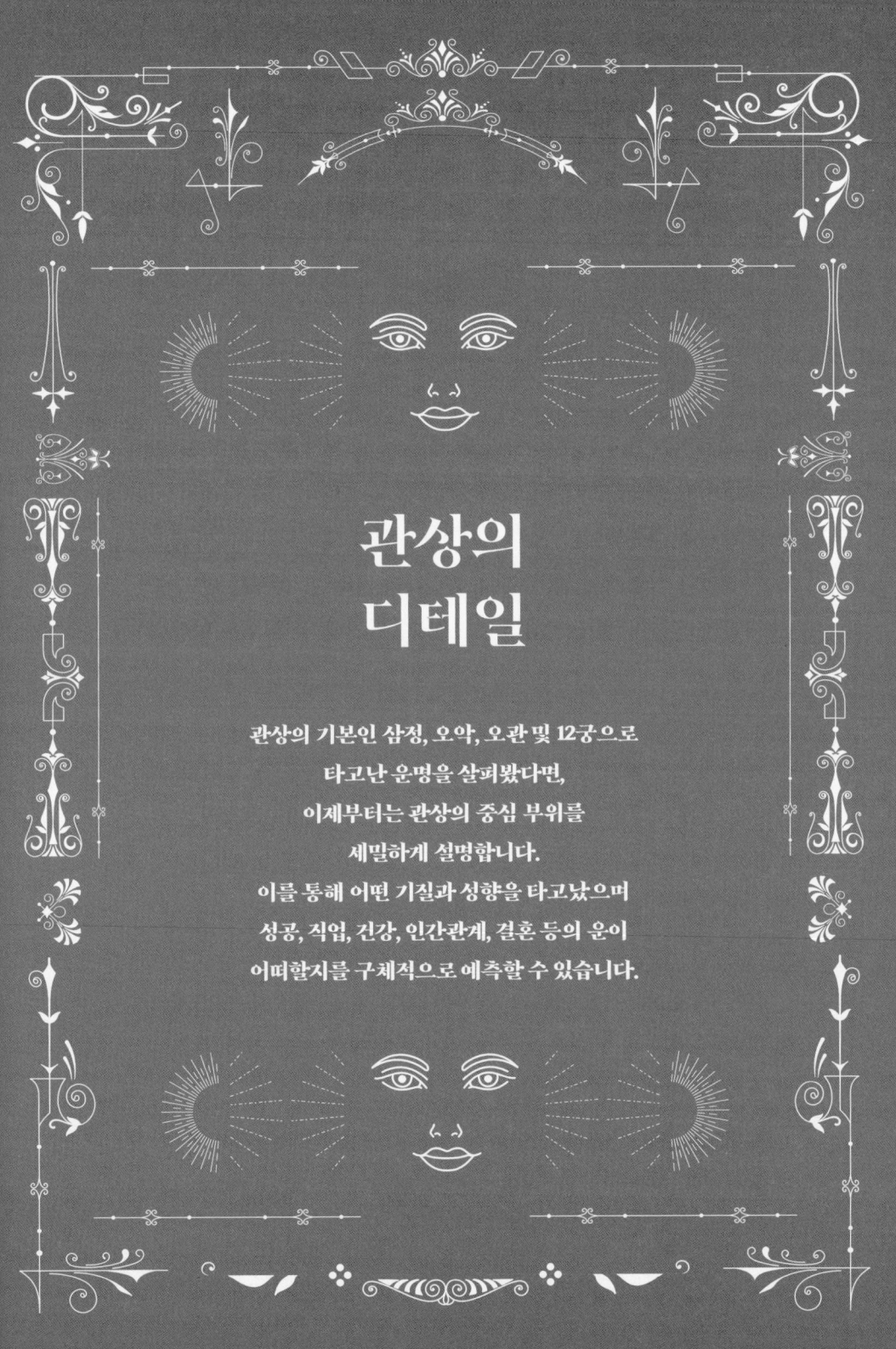

관상의 디테일

관상의 기본인 삼정, 오악, 오관 및 12궁으로
타고난 운명을 살펴봤다면,
이제부터는 관상의 중심 부위를
세밀하게 설명합니다.
이를 통해 어떤 기질과 성향을 타고났으며
성공, 직업, 건강, 인간관계, 결혼 등의 운이
어떠할지를 구체적으로 예측할 수 있습니다.

 # 머리

　관상학에서 머리는 하늘이라고 봅니다. 그래서 하늘을 닮아 높고 둥글어야 하고, 머리뼈가 함몰되지 않고 돌출되어야 하늘의 기운을 받기에 적절합니다. 또한, 머리는 넓어야 합니다. 머리가 좁으면 직업이나 학업에서 늘 막힘이 생깁니다. 일찍이 명예를 얻고 좋은 직업을 갖는다 해도 머리가 좁고 꺼져 있거나 뒤로 누운 형상이면서 한쪽으로 기울어져 있으면 좋은 직업과 명예를 길게 유지하지 못합니다.

　정수리는 둥글게 솟아오른 것이 좋습니다. 정수리가 유난히 뾰족하게 솟아 있다면 명성을 얻고 많은 신도를 거느리는 종교인으로 성공하는 관상입니다. 또한, 정수리가 둥글게 솟아 있으면 전문 지식이나 전문 기술로 이름을 알리거나 성공하는 관상입니다. 하지만 부부 관계는 인연을 맺기 어렵거나 이별수가 있습니다.

　《마의상법》에서는 '머리가 몸에서 제일 높은 곳으로, 100개의 뼈 중에서 가장 우수하고 모든 기운이 만나며 오행을 갖춘다면 가장 으뜸이 된다. 얼굴 길이가 짧으면 둥글고 도톰해야 하고, 얼굴이 길면 네모반듯해야 한다. 정수리가 돌출된 사람은 귀하고, 정수리가 꺼진 사람은 수명이 짧다. 머리 피부가 두꺼워야 하고, 얇으면 신분이 낮고 천하다'라고 했습니다.

머리뼈 양끝은 두각(頭角)이라고 합니다. '재능이나 학식이 뛰어나 두각을 나타낸다'고 할 때의 그 두각입니다. 이 부분이 각지고 살이 있으면 크게 성공하며, 자신의 분야에서 존재감을 드러냅니다.

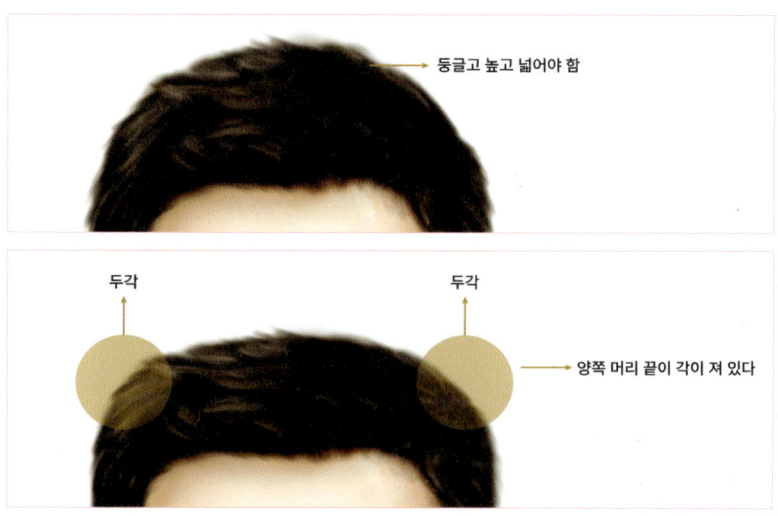

관상학적으로 좋은 머리 모양

- 두각골에 가마가 있으면 노년에 재물이 풍족합니다. 참고로 턱에 가마가 있어도 노년에 부귀합니다.
- 머리의 좌우가 넓으면 임기응변, 대처 능력, 권모술수가 뛰어나지만, 과대 포장을 하거나 허영심이 있습니다.

 # 이마

　이마는 관상학에서 상액(相額)이라고도 하는데, 직위의 높고 낮음을 보는 자리입니다. 이마는 옆에서 봤을 때 뒤로 경사지지 않고 벽처럼 반듯하게 서 있고 윤기가 있어야 명예를 얻습니다. 또한, 간을 엎어놓은 것처럼 봉긋하고 밝은 색을 띠며 윤기가 있어야 두뇌가 우수하고 높은 직위에 오릅니다. 이마가 네모반듯하게 생겨도 귀한 신분으로 오래 장수합니다.

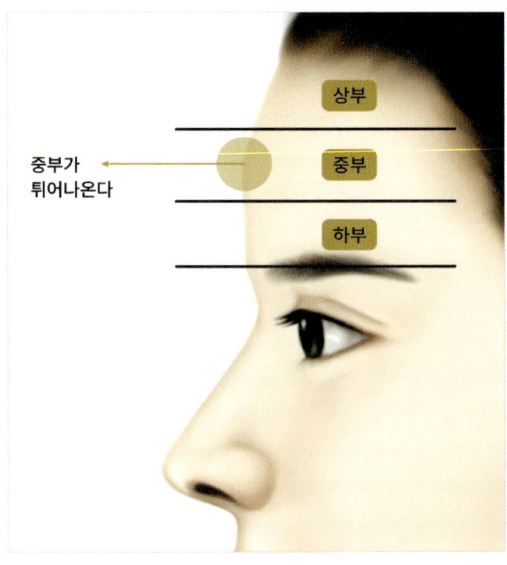

관상학적으로 좋은 이마 모양

• 이마의 헤어 라인 바로 아랫부분인 상부가 튀어나와 있으면 생각이나 느낌을 음성이나 문자로 전달하는 수단과 체계가 뛰어납니다. 즉, 글을 쓰면 작가로서 이름이 나고, 아나운서나 성우, 강사, 말을 위주로 하는 직업으로 나가면 유능한 직업인으로 이름을 얻고 성공합니다.

• 이마의 좌우 윗부분을 변지(邊地)라고 하는데, 여기에 살집이 있으면 귀하고, 중부가 튀어나오면 스스로 성공합니다.

• 이마의 눈썹 뼈가 초승달 모양으로 생기면 높은 직위에 오르고, 얼굴이 원만하게 둥글고 빛나면 용감하고 뛰어난 성품입니다.

• 이마가 좁고 뾰족하면 자식이 없습니다. 여기에서 자식은 아들을 의미합니다. 과거에 딸은 자식으로 보지 않았기 때문입니다. 즉, 현대적으로는 아들을 낳기가 어렵고 딸만 둔다고 봅니다.

• 주름이 흉하게 있거나, 이마가 꺼지면 자식이 있어도 복이 없습니다.

• 이마와 관골이 반듯해도 코(나 자신, 주인을 의미)가 볼품없으면 수명은 길지만, 재물이 흩어집니다.

발제의 모양으로 기질을 알 수 있다

이마 윗부분의 머리카락이 나기 시작하는 헤어 라인을 발제(髮際)라고 부릅니다. 발제의 모양을 보고 타고난 성향과 직업을 판단하기도 합니다.

① 네모 모양

남성적인 이마로 이과 기질이 강합니다. 숫자를 잘 다루고 적극적이며 실무 능력이 뛰어납니다. 또한, 분석적이고 이론적이며 상식적이고 계획적입니다. 논리적이고 객관적이며 감정을 잘 드러내지 않습니다. 실행력과 결단력도 뛰어납니다.

세로로 긴 각진 이마	가로로 긴 각진 이마
사물을 깊게 생각한다. 전문적(이론)이고 기술적이다. 생각이 한결같다.	생각보다 행동이 앞선다. 의리와 인정이 있다. 성격이 급하다. 생각을 폭넓게 한다.

② 둥근 모양

 여성적인 이마로 문과나 예체능 기질이 강합니다. 감성적이고 사물의 본질을 이해하는 능력이 뛰어나며 부드럽고 섬세합니다. 이마가 둥글고 볼록하게 튀어나와 있으면서 높고 넓으면 리더십이 강하고 사업가 기질이 있으며 명예와 직업이 오래 이어집니다. 기술 분야로 진출하면 타고난 아이디어와 감각으로 능력을 발휘합니다.

• 이마에 복덕궁, 천주골, 복서골, 일월각이 모두 솟으면 천자(天子)입니다.
• 이마에 복덕궁, 천주골, 복서골 3개의 뼈가 솟으면 일찍 성공, 명예를 얻습니다.
• 남자는 이마가 좁고 낮으면 직업이 불안정합니다. 또한, 한 여자에게 정착하지 못하고 쉽게 사랑하고 쉽게 식어버립니다.
• 여자는 이마가 좁고 낮으면 순종적이며 온순하고 상냥하지만 감정 기복이 있고 의존적입니다.

③ 3자 모양

예체능 기질이 강합니다. 감수성이 풍부하고 섬세하며 감각적이고, 특히 미적 감각이 뛰어납니다. 한편, 반항심도 있습니다. 여성의 경우에는 여성적이며 부드럽고 사랑을 우선시합니다.

과거에는 이마 가운데의 머리카락이 뾰족하게 나오면 부모와 인연이 없다고 보았습니다. 여성은 남편이나 아버지를 극(剋)한다

M자형(남성)	M자형(여성)
창의성, 조금은 이론적, 손재주가 있다. 예술적 재능, 학문적 재능을 갖고 있다. 두뇌가 명석, 연구가로 성공함.	본심을 감춤. 속내를 입 밖으로 드러내지 않음. 타인 앞에 주눅이 든다. 참을성이 많고 의리가 강함.

고 해서 그 부분의 머리카락을 뽑는 경우가 많고, 남성은 직업이 불안정하고 윗사람에게 불손하다고 보았습니다. 하지만 오늘날에는 프리랜서나 자영업, 독립적인 일을 할 경우 문제가 없습니다.

　3자 이마에서 뾰족하게 내려온 부분을 참차(參差, '참여할 참'과 '다를 차/어긋날 차')라고 부르는데, 참차가 있는 사람은 독립적으로 성공하며 가업이나 종교를 계승하지 않습니다. 현무(玄武, 옆얼굴에서 도드라진 부분)가 뾰족하게 나오면 결단력과 행동력, 오기와 재치가 있습니다. 참차가 있는 여성의 경우에는 모성애가 강합니다. 또한, 아랫사람을 좋아하고 머리가 좋으며 손재주가 뛰어납니다.

④ 톱니 모양

두뇌 회전이 빠른 책략가 타입입니다. 또한, 문과, 이과, 예체능의 기질을 모두 지닌 복합적인 성향입니다. 정신력이 강하고 반항심이 있지만 남다른 창의성이 있어서 남들과 다르게 생각하고 행동합니다. 한편, 직업이 안정적이지 못하고 변동수가 많으며 불안정합니다. 하지만 다양한 일을 동시에 하거나 프리랜서, 독자적으로 활동하는 직업이라면 문제가 없습니다.

이마의 부위별 모양으로도 기질을 알 수 있다

이마를 삼등분 할 때 맨 윗부분은 상부, 가운데는 중부, 맨 아래 눈썹 위까지는 하부에 해당합니다. 상부가 튀어나오면 철학적이며 비교 능력과 논리적인 사고가 뛰어납니다. 중부가 도드라질 경우에는 타고난 운이 강해서 성공 가능성이 큽니다. 추리력과 상식, 기억력이 뛰어납니다. 하부가 도드라질 경우에는 예체능에 재능이 있고 자수성가형이며 지각력과 관찰력이 뛰어납니다.

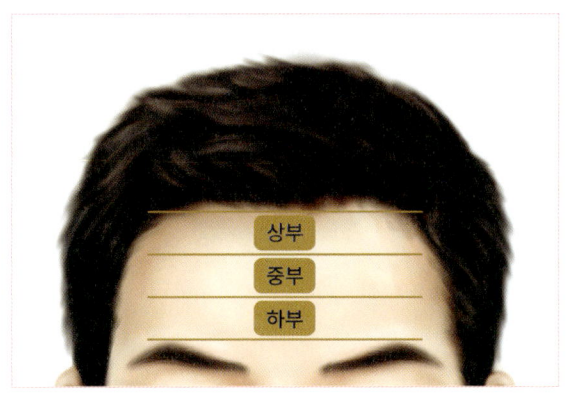

이마의 부위별 명칭

• 이마가 돌출되고 지나치게 넓으면 이지적이고 현명하며 총명하고 신중합

니다. 하지만 여성의 경우에는 무뚝뚝하거나 애교스러움이 부족하다고 봅니다.

- 이마는 나이가 들면서 자연스럽게 벗어지는 것이 좋습니다. 35세 이후에 이마가 벗어지는 것은 운이 좋아지거나 윗사람의 도움을 받음을 의미합니다.
- 나이가 들어서도 머리카락이 빽빽하게 무성하면 오히려 운이 막힙니다.
- 우리의 몸은 자연의 일부고 우리 몸 안에 자연이 들어 있습니다. 관상학에서는 머리카락을 초목으로 봅니다. 또한, 노년을 겨울로 보기 때문에 시간이 지남에 따라 겨울나무가 앙상하게 이파리를 떨어뜨리듯 나이가 들어감에 따라 머리가 벗어지는 것을 자연스러운 형상으로 봅니다. 같은 맥락에서 나이를 먹어도 머리카락이 뻣뻣하고 빽빽하다면 봄의 초목이 겨울을 맞이하는 것과 같아서 때를 알지 못한다고 봅니다.

 # 눈썹

　눈썹은 눈을 보다 아름답고 빛나게 해주는 무늬와 같아서 얼굴을 아름답게 해주는 역할을 합니다. 얼굴 사진에서 눈썹을 한번 가려보면 굉장히 낯설고 어색한 모습임을 알 수 있습니다. 이를 통해 눈썹이 미적으로 얼마나 중요한지 바로 알 수 있습니다. 또한, 눈썹은 그 사람의 감정을 드러내기도 합니다. 가령, 누군가 눈썹을 찡그리고 있다면 기분이 좋은지 나쁜지 곧바로 짐작할 수 있습니다. 레오나르도 다 빈치의 명작 〈모나리자〉 속 여인이 나타내는 감정을 우리가 정확히 알 수 없는 것도 눈썹이 없기 때문입니다.

　2장에서 눈썹은 오관 중 보수관이라 칭한다고 말씀드렸습니다. 보수관은 수명을 관장합니다. 눈이 신(神)을 담당하는 집이라면, 눈썹은 지붕처럼 눈을 지키는 역할을 합니다. 또한, 눈썹은 지혜로움과 어리석음을 구분합니다.

　과거에는 눈썹으로 형제운을 주로 보았다면, 현대에는 동료와 주변 사람, 인간관계를 봅니다. 또한, 재물이나 수명, 성격, 인기도 봅니다. 눈썹이 수려하게 길고 눈을 잘 덮은 상이면 크게 고생하지 않아도 재물이 들어옵니다. 그리고 성품이 부드럽고 주변 사람들과 잘 융화하는 사교적인 성격이라 인기가 있습니다.

- 눈썹은 우선 부드럽고 윤기 있는 수풀처럼 두 눈을 고르게 덮는 모양이 좋습니다. 눈썹은 섬세하고 맑아서 눈썹 사이로 살이 살짝 비칠 정도여야 합니다.
- 여성의 경우는 0.8~1센티미터 정도의 두께가 좋고, 남성의 경우는 1~1.5센티미터 정도의 두께가 좋습니다.
- 눈썹 길이가 빼어나게 긴 사람은 부귀하지만, 길이가 짧아 눈을 덮지 못하면 인간관계나 재물에 문제가 생겨서 삶이 고달픕니다.
- 눈썹 끝이 위를 향하면 성품이 남보다 뛰어나고, 눈썹 끝이 아래로 처지면 무기력하고 형제나 가족에게 무정합니다.
- 두 눈썹 머리가 이어져서 미간에까지 눈썹이 나면 젊은 나이에 건강 문제가 생기거나 하는 일마다 장벽에 부딪히는 등 막힘이 많고, 주변 사람과 화합하지 못합니다.
- 눈썹이 거꾸로 서 있는 사람은 자기중심적인 태도로 가족을 대하거나, 돌발적인 행동이나 강한 말로 상처를 주고 갈등을 일으킬 수 있습니다.
- 눈썹 뼈가 튀어나온 사람은 하고자 하는 일에 거침이 없고, 고집스럽게 자신이 원하는 방향만을 바라보며 행동합니다. 그래서 기술이나 예술, 체육 분야 등 집요하게 파고들어야 하는 직업에서 능력을 발휘합니다.
- 40세가 지나면서 눈썹 가운데에 흰 털이 생기거나 긴 털이 생기면 오래 살지만, 젊은 나이에 그러하면 오히려 건강을 조심해야 합니다.
- 눈썹 가운데에 점이 있으면 예체능 방면으로 재주가 있고 총명하고 영리하며 심성이 착합니다. 하지만 눈썹 앞머리에 점이 있으면 강한 성격입니다.

관상학의 고전에는 눈썹 앞에 사마귀가 있으면 수명이 길지만 벼슬을 못한다 했습니다. 또한, 눈썹 위에 八(여덟 팔)자 주름이 있으면 두 명의 첩이 슬퍼한다 했습니다. 눈썹 위가 누렇고 밝으면 먼 곳에서 좋은 소식이 들리고, 눈썹 위에 붉은색이 3일 이상 지속되면 7월에 소송, 구설수가 있습니다. 눈썹 앞머리가 구불거리면 살인하거나 남의 것을 빼앗는 상입니다. 눈썹이 거칠고 짙으며 거꾸로 나면 성정이 흉악하고 고집이 세며 무디다 했으며, 눈썹이 길어 아래로 실처럼 드리워지면 음란함이 지나쳐 자식이 없다고 했습니다.

길한 눈썹 모양

부드럽고 긴 눈썹은 주위에 사람이 많고 인기가 있어 길하게 봅니다.

① 길고 고운 아치형 눈썹(신월미)

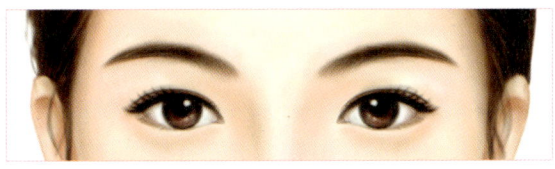

신월미는 초승달처럼 길고 부드러운 아치형 눈썹입니다. 사람들에게 인기가 많고 자신이 돈을 벌지 않아도 저절로 돈이 들어올 정도로 부유하며 귀한 대접을 받습니다. 배우자복도 좋고 항상 귀인이 있습니다.

② 일직선 눈썹(일자미)

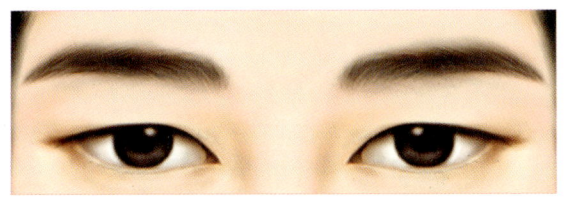

일자미는 관상학의 고전에 따르면 이른 나이에 장원급제를 하는 상입니다. 또한, 품격이 높고 부귀하며 머리가 하얗도록 부부가 해로한다고 적혀 있습니다. 흔히 일자 눈썹이라고 하는 일자미는 외향적이고 끈기와 인내심이 강한 눈썹으로 목표한 것을 반드시 해냅니다.

관상을 볼 때 곡선은 여성적인 것, 직선은 남성적인 것으로 구분합니다. 과거에는 여자는 여자답고 남자는 남자다워야 길하다고 보았습니다. 그래서 남성적인 눈썹인 일자미를 가진 여성은 일부종사하기 힘들다고 보았습니다. 하지만 시대가 바뀌어 요즘에는 오히려 일자미를 동안 눈썹으로 선호하는 추세입니다. 무엇보다 과거와 달리 여성도 밖에서 활발히 활동하는 시대이기 때문에 늦게 결혼하거나 여러 번 연애를 하고 결혼하는 사람들이 많아지면서 일자미에 대한 부정적인 견해도 바뀌고 있습니다.

첨도미 역시 일직선으로 곧은 눈썹인데 일자미와 구분해야 합니다. 첨도미는 선이 가늘고 송곳처럼 뾰족한 눈썹입니다. 눈썹의 두께를 보면 일자미는 0.5센티미터 이상이며, 첨도미는 0.4센티미터 이하입니다. 첨도미는 겉으로 보이는 부드러운 모습 속에 날카로운 칼을 품고 있습니다. 그래서 목표가 있으면 집요하게 파고들며 수단과 방법을 가리지 않습니다.

③ 길이가 짧고 가지런한 눈썹(단촉수미)

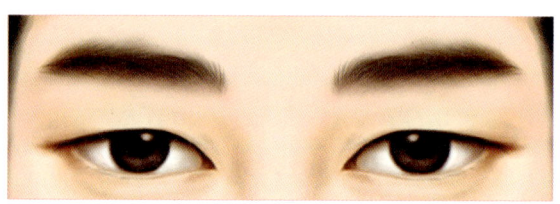

단촉수미는 길이가 짧지만 모양이 끊어지지 않고 이어지며 단정하고 엉킴이 없는 눈썹입니다. 남에게 의지하기보다는 본인의 뛰어난 추진력과 전략 전술을 발휘하여 일을 성공시키고, 일하면서 맺고 끊음이 분명합니다다. 관상학의 고전에는 영웅호걸이며 수명이 길다고 봤습니다. 인자하며 인품이 높으며 자식이 효도합니다.

④ 기러기가 날갯짓하는 3자 모양의 눈썹(용미)

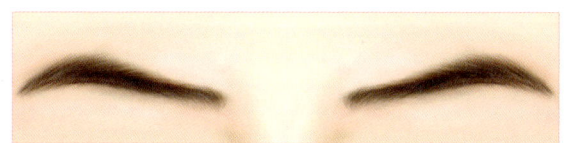

용미는 기러기가 날갯짓하는 모양 또는 기러기가 무리를 지어 날아가는 3자 모양과 비슷한 눈썹입니다. 부귀한 상으로 많은 사람을 거느리거나 많은 이들에게 사랑받으며, 자신의 분야에서 최고의 위치에 오릅니다. 용미를 가진 사람은 다른 부위도 길해야 부귀함이 오래 갑니다.

⑤ 누에고치처럼 두껍고 짙은 눈썹(와잠미)

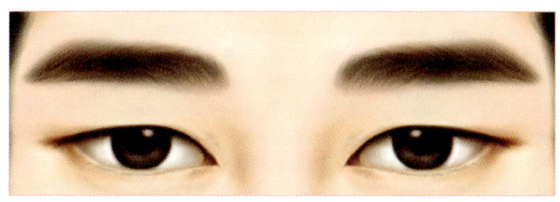

와잠미는 누에고치가 누워 있는 듯이 두껍고 짙은 눈썹입니다. 재주가 좋고 아이디어가 기발합니다. 또한, 신중하게 일을 처리하며 마음가짐이 곧으면서 끈기가 있어서 목표를 이루어냅니다. 하지만 형제나 주변 관계에서는 문제가 발생하거나 외로울 수 있습니다. 이른 나이에 자신의 분야에서 으뜸이 됩니다.

⑥ 앞머리는 고르고 뒷부분은 흩어진 눈썹(전청후소미)

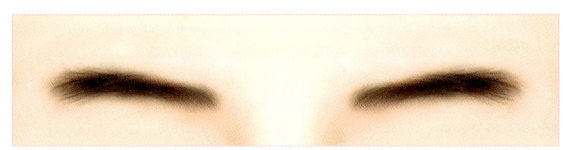

전청후소미는 눈썹 앞머리에서 중간까지는 고르게 나 있지만 끝에 가서 퍼지는 눈썹입니다. 이른 나이에 자신의 분야나 직업에서 성공하고 뛰어난 능력을 발휘해 말년까지도 성공과 명예를 이어가지만, 주변 사람이나 가족과는 화목하지 못하거나 복이 부족한 점이 조금 아쉬운 눈썹입니다.

⑦ 앞머리에 한두 올이 서 있고 전반적으로 짧고 굵은 눈썹(대단촉미)

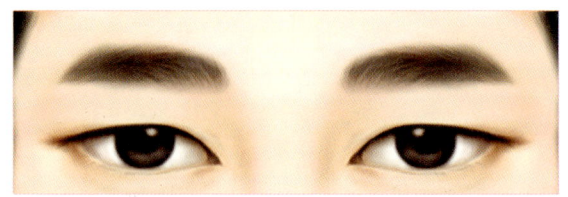

대단촉미는 눈썹이 굵고 짧으면서도 한 올 한 올이 그린 듯 일정하게 곧은 것이 특징입니다. 눈썹 앞머리 몇 개가 서 있고 꼬리 부분은 노란빛을 띱니다. 이렇게 눈썹이 서 있으면 기운이 강하다는 뜻입니다. 남성은 두뇌가 명석하고 배포가 크며 전략가의 면모를 지니고 있습니다. 또한, 형벌을 다스리던 조상이 있었다고 봅니다. 남녀 모두 성품이 검소하고 금은보화가 저절로 쌓입니다. 자식이 준수하고 배우자와 화목하고 인연이 강합니다.

⑧ 길고 완만하게 곡선을 이룬 눈썹(청수미)

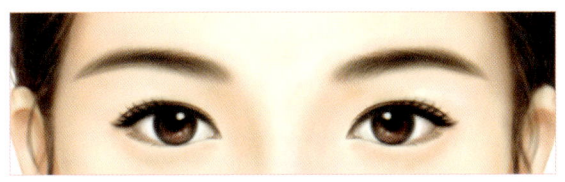

청수미는 옆머리가 나오는 곳까지 완만하고 길게 이어지는 눈썹으로 신월미보다 깁니다. 《마의상법》에 따르면 청수미는 이마 양쪽까지 올라오며 옆머리까지 길다고 적혀 있습니다. 학문으로 길하며 일찍부터 직업운이 좋습니다. 직업으로 명예를 얻고 이른 나이에 이름을 세상에 알립니다. 부귀하고 정이 있습니다.

⑨ 모양이 둥글고 얇고 가벼운 눈썹(경청미)

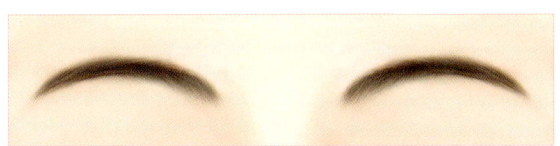

경청미는 용미처럼 새가 날갯짓하는 모양이지만 그보다는 얇은 곡선을 이룹니다. 성격이 유순하고 마음이 한결같고 말이나 행동이 친절하여 주변과 화합을 잘합니다. 어려서부터 귀하고 서로 뜻이 맞아 화목합니다.

⑩ 버드나무 잎처럼 길고 가지런한 눈썹(유엽미)

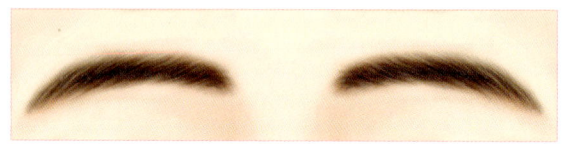

유엽미는 버드나무 잎처럼 길고 거칠게 생긴 눈썹입니다. 짙어서 거칠어 보이지만, 버드나무 잎처럼 가지런해서 맑은 살이 보입니다. 가장 가까운 사이인 배우자에게는 표현력이 부족하고 냉정해 보이지만, 교우 관계나 사회에서의 관계성은 원만하여 인기가 있습니다. 인맥이 좋아 사회적으로 성공합니다.

⑪ 밑으로 처진 눈썹(팔자미)

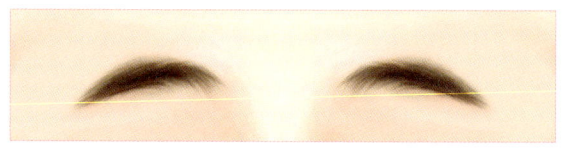

팔자미는 눈썹 끝이 밑으로 처지고 눈썹 길이가 짧은 눈썹입니다. 한마디로 자수성가하는 눈썹입니다. 타산적이고 어떠한 시련이 있어도 다시 일어서는 오뚝이와 같습니다. 수완이 좋아 돈을 벌고 장사나 사업으로 성공을 거둡니다.

⑫ 짧고 거친 눈썹(호미)

호랑이의 눈썹을 닮았다는 의미의 호미는 짧고 거칠며 눈썹 중

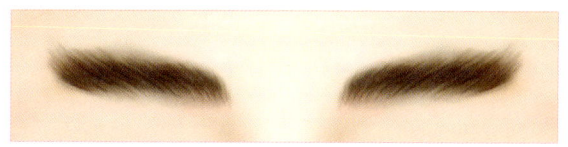

간에 긴 눈썹이 있습니다. 호랑이는 무리를 지어 다니지 않습니다. 그래서 이 눈썹은 독립적으로 자수성가하는 유형입니다. 큰 성공을 거두지만 주변에 가족이 없거나 있어도 없는 것과 같아 고독합니다. 카리스마 넘치는 사람입니다.

⑬ 눈썹이 거칠고 숱이 적으며 눈두덩이 넓은 눈썹(사자미)

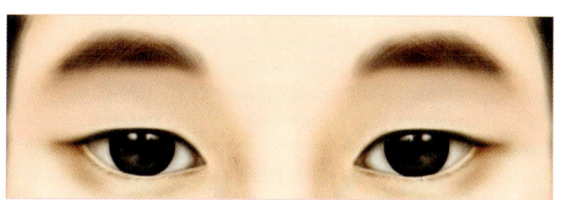

사자의 눈썹을 닮았다는 의미의 사자미는 눈썹이 거칠고 숱이 적으며 눈과 눈썹 사이가 멉니다. 사자미는 호미와 비슷하지만, 눈썹이 이마 위쪽까지 올라온 정도로 위에 붙어 있습니다. 사자는 호랑이와 달리 무리를 지어 생활하고 느긋한 면이 있습니다. 사자미는 조직 속에서 일하며 성급하게 행동하지 않고 묵직합니다. 권위와 명예를 얻을 수 있고, 이것들이 생을 다할 때까지 이어집니다. 정치인 중에 많은 눈썹입니다.

⑭ 일직선이면서 끝으로 가면서 삼각형을 이루는 눈썹(검미)
옛날에 장군들이 들던 큰 칼처럼 일직선이다가 끝으로 가면서

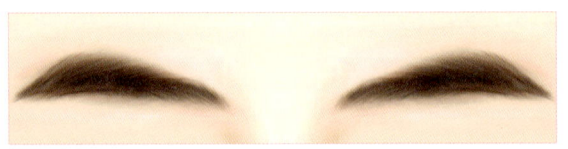

삼각형을 이루는 눈썹입니다. 검미는 강인하고 뚜렷한 인상을 주기 때문에 여성들에게 인기가 많습니다. 그래서 요즘 남자 연예인 중에는 검미 눈썹을 가진 사람들이 많습니다. 검미는 지식과 용기가 있고 행동력이 있으며 강인함을 갖추고 있습니다. 이러한 부분을 잘 활용하여 일한다면 성공하지만, 일을 성급하게 추진하거나 강한 성품만을 내세운다면 용두사미가 될 수 있습니다. 수명이 길고 건강은 타고났습니다.

⑮ 눈썹 끝이 회오리처럼 말린 눈썹(선라미)

눈썹 끝이 회오리나 소라처럼 말린 눈썹입니다. 흔치 않은 귀한 모양으로 크게 성공하는 눈썹입니다. 강직함과 추진력이 뛰어나고 행동에 거침이 없어 혁명가, 운동선수, 군인, 경찰로 능력을 발휘합니다. 과거에 태어났다면 뛰어난 무장의 상입니다. 여성은 모험가, 개척가, 군인 등과 같은 남성적인 직업을 갖는 것이 좋습니다. 그렇게 살지 않고 가정주부의 삶이나 일상적이고 정적인 일을 한다면 거칠고 강한 기운을 감당하지 못해 순탄한 삶을 살기 어렵습니다.

흉한 눈썹 모양

숱이 부족한 눈썹은 주위에 사람이 없다고 여겨져서 흉하게 봅니다.

① 서로 뒤엉킨 눈썹(교가미)

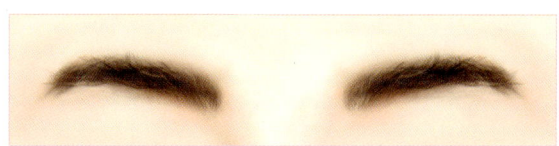

교가미는 뒤엉킨 눈썹입니다. 가족이나 주변과 화합하지 못하고 사람들이 흩어집니다. 또한, 일에 질서가 없어서 나아가지 못하고 막히기만 합니다. 중년과 노년에 관재수가 있습니다.

② 짙고 거칠며 눈을 덮는 눈썹(귀미)

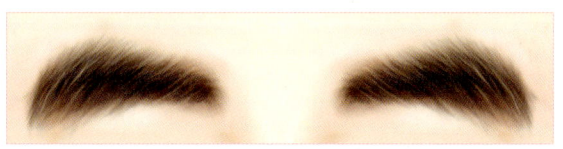

귀미는 귀신같은 눈썹으로 눈썹이 짙고 거칠어서 삽살개처럼 눈을 덮는 눈썹입니다. 마음이 반듯하지 못하고 어둡기에 주변에 사람이 있어도 혼자입니다. 악한 마음이 숨겨져 있어서 속마음을 알 수가 없습니다. 눈두덩이 넓으면 어두운 면이 조금은 줄어들고, 이마와 턱, 눈동자가 뛰어나게 잘생겼다면 오히려 지략과 권모술수가 뛰어나 정치인이나 전문경영인, 전략가로 성공할 수 있습니다. 하지만 이마가 흉하고 코의 형태가 부족하며 턱에 힘이 없거나 뾰족하면 흉함이 깊습니다.

③ 숱이 없는 눈썹(황박미)

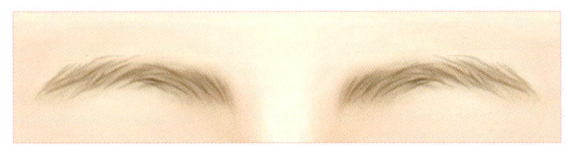

황박미는 눈썹의 길이가 짧고 여기저기 비어 있어서 눈썹 숱이 부족한 눈썹입니다. 주변 사람의 도움을 받지 못합니다. 또한, 강한 이에게는 순종하고 약한 이에게는 강합니다. 일을 하면서도 항상 막힘이 있고 성과가 없습니다. 사람들과도 갈등이 심하고 직업의 이동이 많으며, 투자를 하면 손해를 봅니다. 황박미를 가진 이의 눈빛이 어둡고 흐리면 객지에서 죽는다 했습니다. 하지만 다른 부위가 뛰어나다면 변수가 많은 환경에서 능력을 발휘합니다. 독립적인 성향이 강합니다.

④ 송곳처럼 뾰족하고 치켜 올라간 눈썹(첨도미)

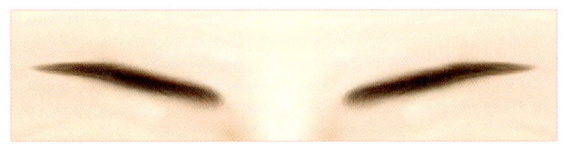

첨도미는 송곳처럼 얇고 날카로우며, 위로 살짝 올라간 눈썹입니다. 이 눈썹의 소유자는 성격이 날카롭습니다. 겉으로는 부드러운 것 같지만 마음속으로 불만이 있거나 의심스럽고 거슬리는 부분을 집요하게 파헤칩니다. 예술, 기술, 전문 분야를 파고든다면 성공합니다. 다만, 관재수를 조심해야 합니다.

⑤ 중간에 끊어진 눈썹(간단미)

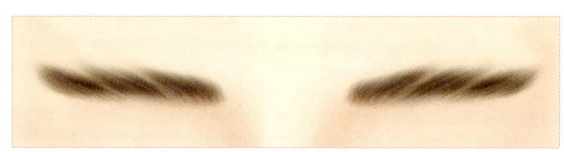

간단미는 중간에서 끊어진 눈썹입니다. 요즘은 일부러 눈썹 중간을 미는 경우가 있지만 관상학의 고전에서는 흉하게 봅니다. 간단미는 실행력과 행동력이 뛰어나지만, 한 가지에 집중하는가 싶다가도 금세 다른 것으로 바꿔버리는 변덕과 산만함이 있습니다. 갑작스러운 사고나 손재수를 조심해야 합니다. 검고 윤기가 있으면 그래도 흉함이 덜합니다. 약간 황색이면 형제와 인연이 약합니다. 재물이 들어와도 손실이 반복되어 먼저 부모에게 손해를 끼치고 나중에는 자식에게 손해를 끼친다 했습니다.

⑥ 빗자루처럼 끝이 벌어진 눈썹(소추미)

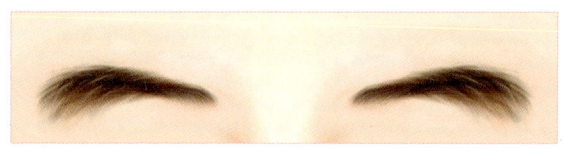

소추미는 빗자루 모양의 눈썹입니다. 앞머리는 고르게 났지만 끝까지 가면서 눈썹이 흩어집니다. 그래서 자식과 재물이 있어도 노년에는 다 없어집니다. 하지만 빗자루처럼 부드럽고 끝이 가지런하게 모양을 제대로 갖춘 소추미는 복록과 장수를 누립니다.

⑦ 제멋대로 흩어지고 벌어진 눈썹(소산미)

소산미는 눈썹이 결대로 정리되지 않고 제멋대로 흩어지고 벌어진 눈썹입니다. 그래서 중간중간 빈 곳이 보입니다. 겉으로는 부유하고 넉넉해 보이지만 실상은 곳간이 비어 있는 모양이라서 재물이 들어온다고 해도 결국에는 다 나가게 됩니다. 한마디로 겉은 화려해 보이나 속은 부족하니 실속이 없습니다.

 # 눈

눈은 사물을 보는 아주 중요한 역할을 하는 동시에 감정이나 심리가 드러나는 곳이기 때문에 마음의 창이라고도 부릅니다. 《마의상법》에서는 눈을 두고 '천지가 아무리 크다 해도 태양과 달에 달려 있으며 그것은 빛이다. 태양과 달이 만물을 살피니 눈이 바로 사람의 몸에서 태양과 달이 된다. 왼쪽 눈은 태양, 오른쪽 눈은 달이다'라고 했습니다.

눈은 태양과 달과 같으므로 눈빛은 뚜렷하고 밝아야 합니다. 또한, 눈이 지나치게 작으면 빛이 안에만 머물게 되어 만물을 제대로 키울 수 없습니다. 반대로 눈이 지나치게 크고 튀어나오면 빛이 너무 강해 만물을 말려버릴 수 있습니다. 코가 아무리 잘났다 해도, 이마가 아무리 뛰어나다 해도 결국 눈에 모든 게 달려 있다고 해도 과언이 아닙니다. 현대 의학을 동원하여 골격과 이목구비를 인위적으로 바꾼다고 해도 절대 바꿀 수 없는 것이 바로 눈에서 나오는 빛입니다.

요즘은 미용을 위해 서클 렌즈를 많이 착용합니다. 눈동자가 흐릿하고 눈빛이 흉한 사람은 서클 렌즈가 좋은 보완 수단이 되지만 눈빛이 맑고 깊이가 있는 사람은 오히려 운을 막을 수 있습니다.

- 눈의 길이가 5센티미터 이상이면 문자를 기록하는 힘이 있고 도인으로서 세속을 초탈합니다.
- 남자는 왼쪽 눈이 작으면 공처가이고, 여자는 오른쪽 눈이 작으면 남편 위주로 생활합니다.
- 눈이 가늘고 길면 배짱이 두둑하고 일을 성공적으로 추진합니다.
- 눈의 검은자위가 짙고 윤이 나면 총명하고, 학문이나 학업으로 큰 성과를 이룹니다. 하지만 윤기가 없이 검기만 하면 바람둥이상입니다.
- 흰자위가 노르스름하고 검은 눈동자가 붉은 기운을 띠면 주변에 사람이 없습니다.
- 작은 눈에 흰자위가 많으면 소송으로 한 번은 고난을 겪거나 재물을 잃게 됩니다.
- 눈에 노란 기운이 있으면서 실핏줄이 많은 것을 관상학적으로 가장 안 좋게 보는데 일생 동안 되는 일이 없다고 합니다.
- 나이를 먹으면서 눈가의 주름이 길게 이어진다면 이 또한 귀하게 봅니다.
- 눈과 눈 주변은 30대에 크게 영향을 끼칩니다. 눈의 생김새가 부족하다면 30대를 넘기고 결혼하기를 권합니다.
- 왼쪽 눈 밑은 삼양(三陽), 오른쪽 눈 밑은 삼음(三陰)이라 합니다.
- 눈 밑은 자녀를 보는 자리인데 이곳에 주름이 있거나 점이나 흉터가 있으면 아이를 갖기 어렵거나 낳아도 제대로 키우기 힘듭니다. 이런 경우에는 1명 정도를 낳아 집착하지 않고 키우면 문제가 없습니다.
- 눈 밑에 살이 적당히 있으면서 탄력이 있으면 좋지만, 지나치게 많아서 처지면 오히려 이성 문제로 불미스러운 문제가 생기거나 자식으로 인한 어려움이 따르며 고독합니다.
- 눈 주변 전체(눈꺼풀, 눈 밑, 눈 옆 부위 등)가 주름과 점으로 지저분하면 한 사람에게 만족하지 못합니다. 다만, 결혼 전에 다양한 연애 경험이 있었거나 어려움

을 겪었다면 결혼 후에는 괜찮을 수도 있습니다.

• 왼쪽 눈꼬리 끝에서 살짝 위에 점이 있으면 사람들에게 귀한 대접을 받습니다.

• 눈두덩에 살이 많아 튀어나오면 성정이 강하여 부부간에 불화가 있고, 서로가 서로를 힘들게 만듭니다.

• 쌍꺼풀이 여러 겹이고 눈이 꺼져 있으며 기색이 어두우면 여러 사람을 만나도 외롭고, 진정한 배우자를 얻지 못합니다.

• 눈 앞머리에 흉터가 있거나 주름이 지면 재물이 없어집니다. 다만, 40세 이후에 생기는 주름은 괜찮습니다.

• 눈꼬리가 이마를 향해 치켜 올라가면 집념이 강하고 끈기가 강해 목표한 바를 이룹니다. 하지만 눈꼬리가 밑으로 처지면 부부가 서로 이별합니다.

• 눈두덩이 꺼져 있으면 돈이 있다가도 사라져버리고, 남편이나 자식과 인연이 적어 평생 고독하고 힘겨운 일이 많습니다.

• 눈에서 흰 부분이 세 군데가 보이면 삼백안이라고 합니다. 삼백안은 크게 두 종류입니다. 하삼백안은 이기적이고 이상이 높고 열정적이며 예술과 방송 분야에서 능력을 발휘합니다. 상삼백안은 상대를 누르는 성정으로 질투심과 이기심이 강하고 비밀이 많으며 상대방의 단점을 파고듭니다. 눈에서 흰 부분이 네 군데 보이는 사백안은 사납고 고독하며 주변 사람과 갈등이 심합니다. 사방에서 흰 부분이 보이니 재물이 흩어집니다. 사백안인 여자는 남자를 힘들게 하고 사백안인 남자는 큰 눈일 경우 재물이 비어 안착할 곳이 없어 고독합니다.

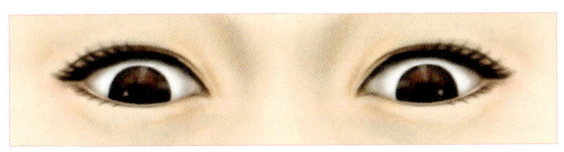

상삼백안

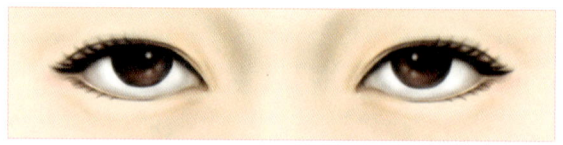

하삼백안

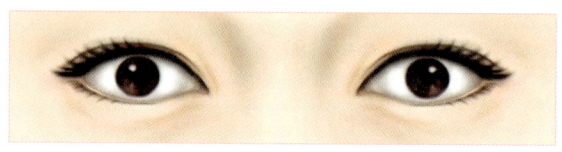

사백안

길한 눈 모양

관상학적으로 좋은 눈은 보통 사람들에게서는 찾아보기가 어렵습니다. 귀한 눈을 갖고 있다면 그 사람은 이미 특별한 위치에 있거나 일반적이지 않은 존재가 될 가능성을 갖고 있는 사람입니다. 눈과 눈빛은 선천적으로 타고나는 부분이 많기 때문에 성형으로 바꾼다 해도 완벽하게 만들어내기가 어렵습니다. 하지만 후천적인 본인의 의지와 노력으로 눈빛은 바꿀 수 있습니다. 눈빛이 바뀌면 그 사람에게서 풍기는 이미지가 달라지면서 인상이 바뀝니다. 유리알처럼 반짝이는 눈은 귀한 눈이지만 그 빛이 살짝 감춰져야 합니다. 눈빛이 코팅된 것처럼 너무 반짝이면 오히려 독이 됩니다.

① 쌍꺼풀이 없이 눈동자가 크고 동그란 눈(용안)

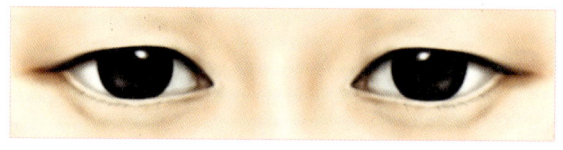

용안은 용의 눈이라는 뜻으로 쌍꺼풀이 없으며 눈이 동그랗고 부리부리하면서 긴 눈입니다. 보통 3.3센티미터 정도의 길이를 가진 눈이 이상적이고 귀한 눈인데, 용안은 눈의 길이가 3.3센티미터 이상입니다. 용안을 가진 사람은 특정 분야에서 두각을 나타내며, 그 분야에서 성공하고 오랫동안 최고의 권력을 누립니다. 용안을 지닌 사람은 높은 벼슬에 오르고 지극히 귀하다 했습니다. 눈동자의 흑백이 분명하면 정신력이 강합니다.

② 쌍꺼풀이 크고 둥글며 속눈썹이 처진 눈(우안)

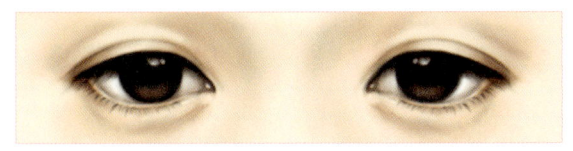

우안은 소의 눈이라는 뜻으로 쌍꺼풀이 크게 있고 둥글며 긴 속눈썹이 아래를 향하고 있어서 우수에 젖은 듯 보이는 눈입니다. 관찰력이 뛰어나서 일에 실패가 없고 큰 부자가 되는 상입니다. 눈이 너무 크면 그 빛이 강해 주변에 돈과 사람이 없을 수 있지만, 우안은 속눈썹이 아래로 드리우면서 그 빛을 조절해줍니다.

③ 쌍꺼풀이 없이 가늘고 긴 눈(봉안)

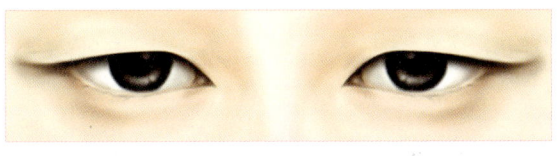

봉안은 상상 속의 동물인 봉황의 눈을 닮은 눈입니다. 참고로 봉

은 수컷 봉황, 황은 암컷 봉황을 가리킵니다. 봉안은 쌍꺼풀이 없고 눈매가 가늘고 깁니다. 총명하고 지혜로우며 크게 성공하는 상입니다. 상서로움을 상징하는 봉황처럼 자신의 분야에서 뚜렷하게 두각을 나타내며 귀한 대접을 받고, 그 명성이 생이 끝날 때까지 이어집니다. 연예인 중에는 봉안이 많습니다. 가늘고 긴 눈매는 속마음을 쉽게 드러내지 않습니다. 반면에 둥글고 큰 눈은 속마음을 감추질 못합니다.

④ 쌍꺼풀이 뚜렷하며 크고 긴 눈(공작안)

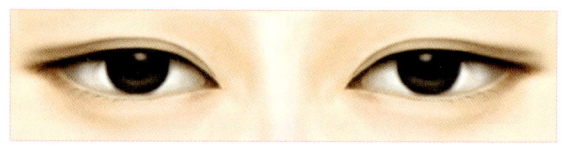

공작안은 쌍꺼풀이 뚜렷해서 눈이 커 보이면서 눈의 길이가 봉안처럼 긴 눈입니다. 봉안과 모양은 같지만 쌍꺼풀이 있는 점이 다릅니다. 공작안은 자신의 속마음을 쉽게 드러내지 않습니다. 그래서 일견 차가운 것 같지만 속정이 깊습니다. 또한, 통찰력이 뛰어나고 대성하는 상입니다. 하지만 흰자위가 지나치게 푸른빛이 돌면 오히려 냉혹할 정도로 매몰차고 상대를 해치는 흉한 작용을 합니다. 공작안을 가진 사람은 부부가 순하고 화평하며 부귀합니다.

⑤ 거북처럼 눈꺼풀이 두툼하면서 주름이 많은 눈(구안)

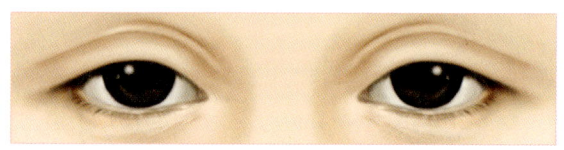

구안은 거북의 눈이라는 뜻으로 눈꺼풀이 약간 두툼하면서 주름진 눈입니다. 의식주가 풍부하고 수명이 길며 건강합니다. 사방이 풍족하고 자손 대대로 이어집니다. 겉으로 쉽게 드러나지 않는 숨겨진 기질이 강하며 지모가 뛰어난 전략가입니다.

⑥ 눈의 앞뒤가 뾰족하고 길면서 쌍꺼풀이 뚜렷한 눈(명봉안)

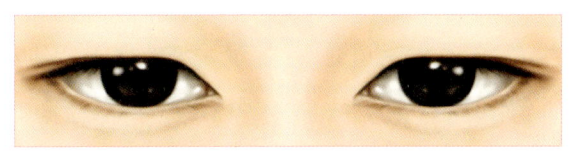

명봉안은 울고 있는 봉황의 눈이라는 뜻으로 봉안과 비슷하게 길고 가늘며 눈에 힘이 들어가 있는 눈입니다. 의로움이 있고 자신의 속마음을 드러내지 않습니다. 눈을 부릅뜨고 흘겨도 매섭지 않고 눈을 치켜떠도 흉하지 않습니다. 현명하고 덕망이 높아서 이름을 세상에 드러냅니다. 과단성이 있으며 중년에 귀인을 만나 집안을 일으켜 가문을 빛냅니다.

⑦ 눈 앞머리와 끝이 뾰족하고 중간은 둥글며 쌍꺼풀진 눈(상안)

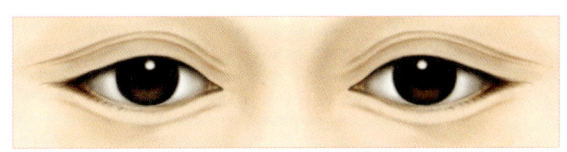

상안은 코끼리의 눈이라는 뜻으로 눈 앞머리가 뾰족하면서 둥글고 쌍꺼풀이 여러 겹 있는 눈입니다. 성격이 인자하고 온화합니다. 가볍지 않고 묵직하며 삶을 즐길 줄 압니다. 부귀가 초년에 있지 않고 중년에 이르러 들어오며 생을 마칠 때까지 이어집니다.

⑧ 고양이처럼 눈꼬리가 올라가고 투명한 갈색 눈(묘목)

묘목은 고양이의 눈이라는 뜻으로 눈동자가 투명한 갈색이며 눈꼬리가 살짝 올라간 눈입니다. 여기에 얼굴이 둥글면 도화의 상으로 연예인들 중에 특히 이런 관상이 많습니다. 착하고 순수하며 사랑스럽습니다. 능력이 뛰어난 배우자를 만나고 많은 사람들에게 인기를 누립니다.

⑨ 흑백이 분명하고 쌍꺼풀 앞머리가 꺾여 각진 눈(서봉안)

서봉안은 상서로운 봉황의 눈이라는 뜻으로 쌍꺼풀 앞머리가 둥글지 않고 꺾여서 각진 모양의 눈입니다. 귀한 대접을 받으며 부드럽고 온화한 이미지에 강인함을 갖고 있습니다. 길고 가는 눈매에 눈동자의 흑백이 분명합니다. 가늘게 눈을 뜨고 있는 모양이 웃음 짓는 듯 따뜻한 눈빛입니다. 지혜롭고 부와 귀를 받을 수 있으며, 부귀를 누릴 수도 있습니다. 성품이 온화하고 공명정대합니다. 정치인이나 관료라면 정치적으로 기복이 있을 수 있지만 거목이 될 수 있습니다. 존경과 귀한 대접을 받으며 그 복을 생이 끝날 때까지 누립니다.

⑩ 눈이 작고 앞부분이 각진 삼각형 눈(사안)

사안은 사자의 눈이라는 뜻으로 눈매가 삼각형인 눈입니다. 사자는 호랑이와 달리 무리를 지어 생활합니다. 사안은 조직 내에서 크게 명예를 얻으며 정계나 경제계에서 성공하는 상입니다. 우두머리의 상으로 리더십이 있고 중후하며 인자합니다.

⑪ 검은 눈동자에 금색 테두리가 있고 한 겹의 쌍꺼풀이 길게 있는 눈(안목)

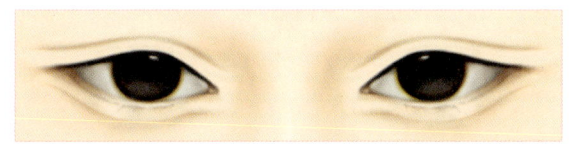

안목은 기러기의 눈이라는 뜻으로 검은 눈동자가 마치 색을 칠한 것처럼 진하고 금색 테두리가 있으며 쌍꺼풀이 길게 한 줄 있는 눈입니다. 관상학에서는 '관인팔법'이라고 해서 사람의 상을 여덟 개의 유형으로 나누어 보는 이론이 있는데, 안목은 후중지상(厚重之相)이라 하여 재물과 인연이 많은 상이라고 봅니다. 즉, 후덕하고 온화해 보이며, 따뜻한 성품에 단정하고 묵직하며 의롭습니다.

⑫ 쌍꺼풀이 없이 작고 긴 눈(난안)

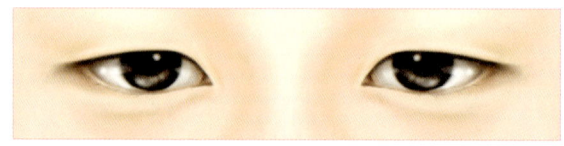

난안은 난새의 눈이라는 뜻입니다. 난새는 봉황의 한 종류이자 상서로운 새인 길조로 봉황의 새끼라고도 합니다. 난안은 봉안보다 눈이 작고 쌍꺼풀이 없는 눈입니다. 난안은 봉안처럼 귀하고 총명하며 권력을 가질 수 있습니다. 하지만 정계와 인연을 맺으면 좋지 않은 일에 휘말릴 수 있으므로 자신의 일에만 집중하는 것이 좋습니다.

⑬ 쌍꺼풀이 없고 눈꼬리가 살짝 올라간 눈(학안)

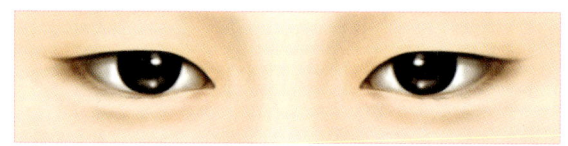

학안은 학의 눈이라는 뜻으로 쌍꺼풀이 없고 눈꼬리가 위로 살짝 올라간 눈입니다. 정열적이며 의욕이 강하고 외향적인 상입니다. 난안과 비슷하지만 눈꼬리가 쏘아보는 듯한 눈매이며 눈자위의 흑백이 분명합니다. 의롭고 강인한 기운으로 성공합니다.

⑭ 눈동자가 검고 눈이 직사각이면서 둥글게 긴 눈(녹목)

녹목은 사슴의 눈이라는 뜻으로 눈동자가 검고 형태가 사각이면서 둥글게 긴 눈입니다. 녹목을 가진 사람은 걸음걸이가 가볍고

행동이 재빠릅니다. 성격이 급하고 성품이 강하지만 겉으로 드러내지 않고 의로움을 행하며 강직하고 부귀합니다. 남자 연예인 중에는 봉안과 더불어 녹목이 많습니다. 적극적이고 남성적인 행동과 부드러운 말투를 지니고 있어 여성들에게 인기가 많은 눈매입니다.

⑮ 쌍꺼풀이 두껍고 동그란 눈(작안)

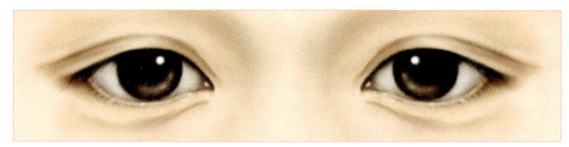

작안은 까치의 눈이라는 뜻으로 쌍꺼풀이 두꺼우면서 눈매가 동그란 눈입니다. 작안을 가진 사람은 타인에게 믿음을 주며 심성이 착하고 성실합니다. 어려서는 사람들을 사귀는 데 순하고 낯을 가리며 소심한 것 같지만 30세가 넘어가면서는 일로 능력을 발휘하며 두각을 나타냅니다. 아이디어가 좋고 창의성이 뛰어납니다.

⑯ 눈두덩이 꺼지지 않고 쌍꺼풀이 여러 겹이며 흑백이 분명한 눈(아안)

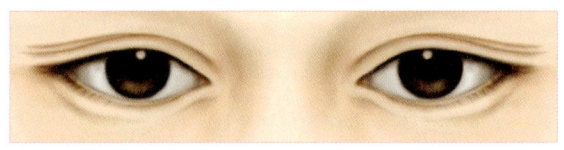

아안은 거위의 눈이라는 뜻으로 눈두덩이 오목하지 않고 여러 겹의 쌍꺼풀이 밑으로 처지지 않고 위를 향하며 눈자위의 흑백이 분명하고 검은 눈동자가 큰 눈입니다. 아안을 가진 사람은 행동이 가볍지 않고 묵직하며 어떠한 상황에서도 흔들림이 없습니다. 또한, 선한 마음으로 사람들을 대합니다. 건강하며 수명도 깁니다.

⑰ 눈두덩이 둥글게 튀어나온 눈(하목)

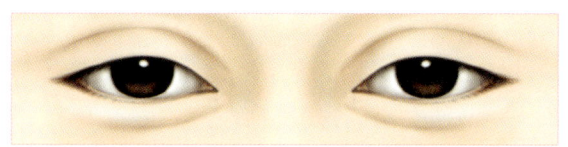

하목은 두꺼비의 눈이라는 뜻으로 눈두덩이 둥글게 튀어나온 눈입니다. 하목을 가진 사람은 지혜와 전략이 저절로 솟아나며 자제력이 뛰어납니다. 어떤 어려움이 있어도 당황하거나 서두르지 않고 일을 처리하며 속임수를 쓰지 않고 바르게 성공합니다.

⑱ 눈썹 앞머리가 둥글며 눈썹이 짙고 쌍꺼풀이 져 큰 눈(복서안)

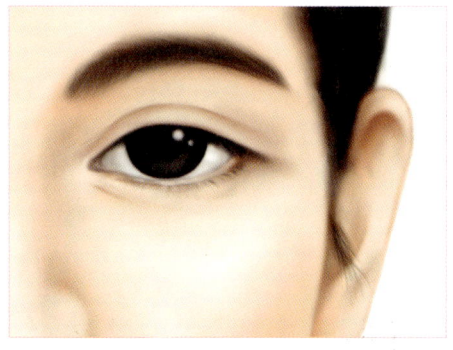

복서안은 엎드려 있는 무소의 눈이라는 뜻으로 눈썹 앞머리가

둥글고 눈이 크며 눈썹이 짙고 귀 안에 털이 나 있는 눈입니다. 복서안을 가진 사람은 체격이 두껍고 큰 편입니다. 성정이 자비롭고 맑고 순수하며 믿음직스럽고 책임감이 강합니다. 높은 직위에 오르며 어진 공무원이 됩니다.

⑲ 쌍꺼풀이 뚜렷하고 둥근 눈(원앙안)

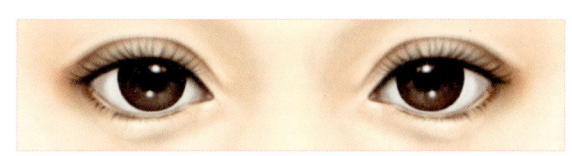

원앙안은 원앙새의 눈이라는 뜻으로 동그란 모양의 눈입니다. 쌍꺼풀이 크고 동그란 도화의 눈입니다. 유순하고 감수성이 풍부하지만 감정에 치우칠 수 있습니다. 여자 연예인 중에는 원앙안이 많습니다. 《마의상법》에서는 원앙안을 음란하다고 표현했지만 저는 이를 자유로운 연애관을 가진 것으로 봅니다. 요즘은 과거와 달리 연애가 자유롭고 이성에게 인기가 많은 것이 장점으로 여겨지는 시대이므로 원앙안을 지닌 사람이 방송 분야로 진출하면 성공합니다. 일찍 결혼하면 결혼 후에 연애운이 활발해질 수 있으므로 결혼 전에 연애를 많이 하는 것이 좋습니다.

흉한 눈 모양

흑백의 경계가 흐릿해서 끝이 좋지 않은 눈은 흉하게 봅니다.

① 눈두덩이 꺼져 있고 쌍꺼풀이 많은 눈(원목)
원목은 원숭이의 눈이라는 뜻으로 눈두덩이 꺼져 있고 쌍꺼풀

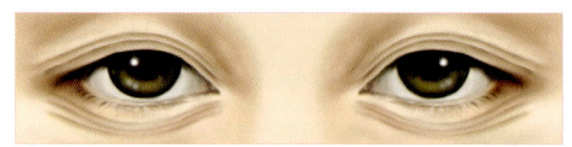

이 많으며 눈동자에 노란 기가 있는 눈입니다. 관상학에서는 눈두덩이나 눈꺼풀이 꺼져 있고 좌우 눈 사이가 좁으며 위아래로 주름이 많은 것을 흉하게 봅니다. 부귀는 따르지만 누구를 만나도 인연이 길게 가지 못하는 고독한 상입니다.

② 짝눈(음양안)

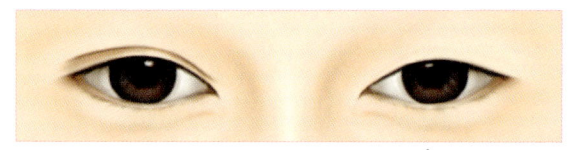

좌우 양쪽 눈이 다른 짝눈을 음양안이라고 합니다. 《마의상법》에서는 '음양안을 가진 사람은 부귀하나 속임수가 많다. 양쪽 눈이 크고 작으니 짝이 맞지 않아 싫어한다. 정신에서 내뿜는 광채가 바르지 못한 사람이다. 마음과 행동과 말이 일치하지 않고 성실하지 않으며, 겉으로는 검소하나 속은 간교함으로 재물을 쌓는다'라고 했습니다. 즉, 부귀함은 누리지만 겉과 속이 다르거나 말과 행동이 다릅니다.

사실 사람은 누구나 어느 정도 짝눈입니다. 음양안은 좌우 양쪽 눈의 모양이 확연히 다른 것을 지칭합니다. 가령, 한쪽은 쌍꺼풀이 있고 한쪽은 없는 경우, 양쪽 눈 크기가 2배 가까이 차이가 나는 경우 등이 여기에 속합니다. 다른 인생을 살아봐야 하는 연기자이거나 겉과 속을 다르게 표현해야 하는 정치인, 상상력을 발휘해서 창작물을 만드는 작가나 예술가들이 짝눈이면 크게 성공합니다.

③ 흰자위와 검은 눈동자의 경계가 흐릿한 눈(저안)

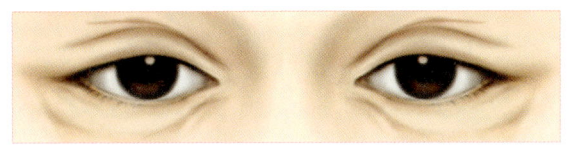

저안은 돼지의 눈이라는 뜻으로 흰자위와 검은 눈동자의 경계가 흐릿하며 눈 주위에 살이 많고 처져서 주름이 진 눈입니다. 저안을 가진 사람은 성격이 거칠고 과격합니다. 부귀함을 누릴 수는 있지만 전반적인 상이 흉하면 구설수나 관재수가 따릅니다.

④ 둥근 눈동자에 붉은 실핏줄이 드러나고 붉은 점이 박혀 있는 눈(사안)

사안은 뱀의 눈이라는 뜻으로 눈동자가 붉은빛을 띠며 실핏줄이 붉은 점처럼 드러나는 눈입니다. 사안을 가진 사람은 간사하고 이중적입니다. 윤리를 어기며 부모를 공격하는 자식입니다.

⑤ 눈동자가 노란색이고 작고 둥근 눈(합안)

합안은 집비둘기의 눈이라는 뜻으로 눈이 작고 동그라며 눈동

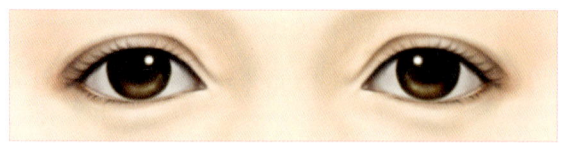

자 색이 노란 눈입니다. 합안을 가진 사람은 불안하고 공허함을 지니고 있어 배우자가 옆에 있어도 만족하지 못하고 다른 이성을 찾아다니고 항상 우울해합니다.

⑥ 눈동자가 노란색이고 고개를 내리고 위로 치켜든 눈(낭목)

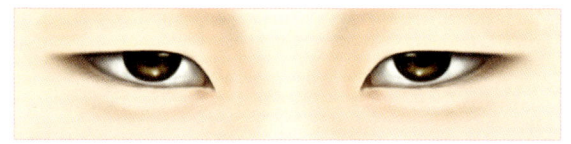

낭목은 이리의 눈이라는 뜻으로 눈동자가 노랗고 사람을 볼 때 고개를 숙이고 눈만 위로 치켜뜨듯이 보는 눈입니다. 낭목을 가진 사람은 정신이 두 갈래로 겹치듯이 정신없이 살아가고, 욕심만 많아서 제대로 판단하지 못합니다. 인생을 평범하게 시작한다 해도 점차 거칠고 어지럽게 살다가 생을 마감하게 됩니다.

⑦ 잿빛 눈동자에 노란 기가 있는 사백안(양안)

말을 할 때의 양안(왼쪽)과 침묵할 때의 양안(오른쪽)

양안은 양의 눈이라는 뜻으로 사백안입니다. 양안은 잿빛 눈동자에 노란 기가 섞여 있고, 굵은 실핏줄 주위에 자잘한 실핏줄이 흩어져 있는 눈입니다. 양안을 지닌 사람은 성정이 흉악하고 난폭하며 중년 이후로 운이 하락합니다.

⑧ 물고기처럼 둥글고 튀어나온 눈(어안)

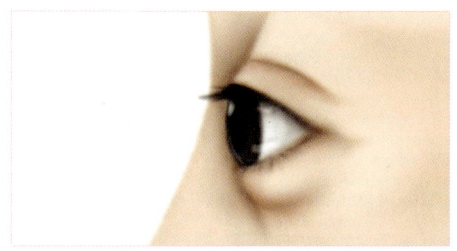

어안은 물고기의 눈이라는 뜻으로 둥글고 튀어나온 눈입니다. 얼굴에는 물기를 담고 있어야 하는 부위가 모두 네 군데(눈, 코, 귀, 입) 있는데, 눈은 그중 하나이므로 오목하게 물이 담기는 모양이어야 합니다. 이런 관점에서 눈이 튀어나오는 것은 물을 흘려버리는 것과 같아서 재물이나 명예나 건강이나 모든 것을 얻었다 해도 유지하기 어렵습니다. 또한, 애초에 얻을 수가 없기도 합니다.

⑨ 쌍꺼풀 앞머리가 꺾여 각지고 눈동자에 눈물이 고여 있는 눈(마안)

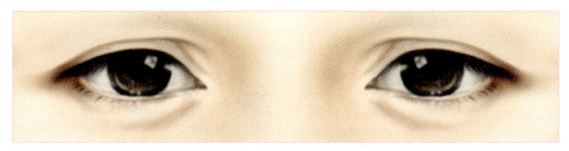

마안은 말의 눈이라는 뜻으로 눈이 마름모처럼 각지고 눈에 물

기가 고여 있으며 살이 처져 있는 눈입니다. 마안을 가진 사람은 바쁘게 열심히 살지만 항상 가난합니다. 남성은 아내와 이별수가 있어 해로하기 어렵고 자식이 있어도 홀로 있는 것이나 마찬가지입니다. 슬픈 빛이 드러나는 눈입니다.

⑩ 붉은 눈동자에 노란 기가 섞여 있는 눈(자고목)

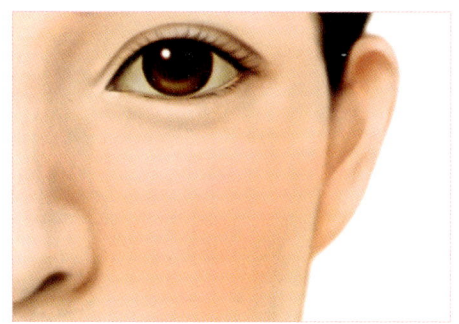

자고목은 따오기의 눈이라는 뜻으로 눈동자가 붉은색이거나 흰 자위에 노란색이 섞여 있는 눈입니다. 자고목을 가진 사람은 얼굴이 항상 붉고 체격이 작으며 귀도 작은 편입니다. 항상 고개를 흔들고 떨구며 다니므로 운세에 막힘이 많습니다.

⑪ 검은 눈동자가 튀어나온 눈(해목)

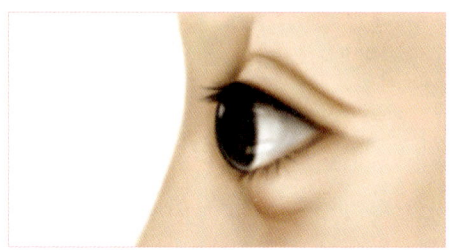

해목은 바닷게의 눈이라는 뜻으로 검은 눈동자가 튀어나온 눈입니다. 해목을 가진 사람은 부모와 인연이 약하고 성품이 여유롭지 못하며 사납습니다. 또한, 융통성이 없고 완고합니다. 돈이 많고 지위가 높아도 볼품없는 모습입니다. 물가에서 살게 되고 물을 좋아합니다.

 # 코

코는 자신을 상징하며 사회적 행동력을 볼 수 있는 곳입니다. 또한, 중년의 운을 좌우하는 부위이자 사회적인 성공과 재물과 부귀함을 볼 수 있는 자리입니다. 남녀 모두 코로 배우자의 복과 관계성을 보기도 합니다.

코가 지나치게 높으면 자기중심적이며 독단적이어서 조직적으로 일하기 힘듭니다. 이런 상을 가진 사람은 자신이 독립적으로 일하거나 우두머리가 되어야 하는데, 광대가 솟지 않으면 주변에서 도와주는 협력자가 없으므로 추진만 할 뿐 일을 마무리하지 못하고 어려움이 많습니다. 반대로 콧대가 지나치게 낮으면 주변 환경이나 사람들에게 쉽게 휘둘리며 줏대가 없습니다. 의지가 약하니 의존적입니다. 코의 길이가 짧으면 마음은 아이처럼 단순하고 착하지만, 뒷심이 약합니다.

• 코는 오행 중에서 토의 기운과 연결되는 곳이므로 폐, 위, 대장 질환을 볼 수 있습니다. 여자는 자궁 질환을 보기도 합니다.
• 코로 수명을 보기도 하는데, 콧대 중앙 부위가 높고 단단하면 오래 살고 콧대 중앙 부위가 꺼져 있고 굴곡이 있으면 수명이 짧습니다.
• 콧대가 너무 높고 날카롭거나 콧구멍이 보이고 콧대가 없으면 호흡기나 위

나 대장에 질환이 있습니다.

- 콧대는 너무 높아도 또 너무 낮아도 배우자복이 없습니다. 콧대가 너무 높으면 나도 잘났지만 배우자도 잘났기 때문에 서로 갈등이 심하고 인연을 만나기도 어렵습니다. 콧대가 낮으면 배우자복이 부족하거나 상대가 만족스럽지 않습니다.
- 미간 아래 코가 시작되는 부분인 산근은 건강을 좌우합니다.
- 코끝에 살집이 있는 사람은 성격이 유순하고, 코끝이 날카롭고 좁은 사람은 자신에게는 너그럽고 타인에게는 인색하며 이기적이고 자기중심적이어서 주변에 사람이 없습니다. 재물 또한 관리가 어렵습니다.
- 코에 검은 점이 많으면 일에 막힘이 많고 잔병치레가 잦습니다.
- 가장 안 좋게 보는 경우는 콧대가 휘거나 뼈가 튀어나온 코입니다.

길한 코 모양

콧대가 반듯하고 코끝에 살집이 있는 코를 길하게 봅니다.

① 콧대가 굵고 곧으며, 콧구멍이 대각선으로 들린 코(용비)

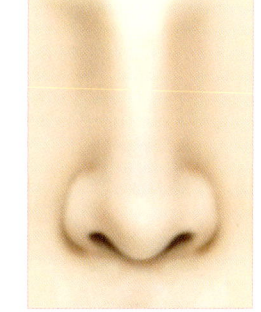

용비는 상상 속의 동물인 용의 코라는 뜻으로 콧대가 굵고 곧으면서도 코끝이 멧돼지처럼 약간 들려 있습니다. 《마의상법》에서는 '중국의 전설로 전해지는 왕조 때부터 귀한 신분이다'라고 표현했을 만큼 존귀한 상입니다. 전문 분야에 재능이 있어서 능력을 발휘하고 죽을 때까지 명성과 부귀를 누립니다.

② 코의 시작 부분이 낮고 코끝이 마늘 모양인 코(산비)

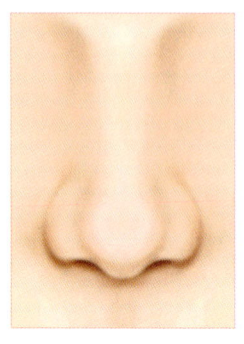

산비는 마늘 모양을 닮은 코입니다. 어떤 일을 시작할 때 처음은 미흡해도 끝에는 성공하고 재물을 많이 거두어들입니다. 성격이 독하지 않고 주변 사람과 교류를 잘합니다. 중년에 가정이 더욱 안정되며 번창하고 말년이 되면서 부족함 없이 편안합니다.

③ 콧구멍이 보이지 않고 콧대가 솟고 살집이 있으면서 둥근 코(사자비)

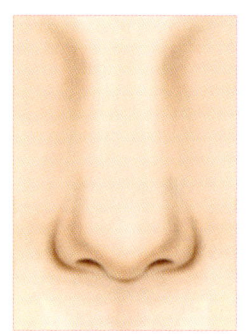

사자비는 사자의 코를 닮아 사자비라고 합니다. 사자비는 콧대가 두드러지지 않고 살집이 있으며 콧방울도 없는 듯 보입니다. 코가 반듯하고 산근이 높지 않으면서도 두툼합니다. 남성적인 코로 강한 기세를 갖고 있습니다. 부자의 상이며 명예가 드높습니다. 하지만 콧대가 울퉁불퉁하거나 검은빛 또는 푸른빛이 도는 경우에는 부자에 명예가 드높다고 해도 길게 유지하지 못합니다.

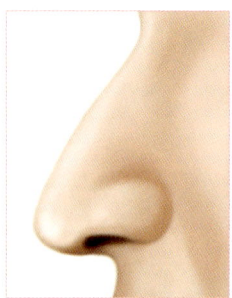

④ 코가 크고 콧대가 곧으며 콧구멍이 경사진 코(호양비)

호양비는 호양(면양)의 코라는 뜻으로 코가 크고 콧대가 곧으며 살이 두툼하게 올라와 있는 코입니다. 중국 서진 시대에 항

해와 무역으로 큰 부자가 되어 중국은 물론 우리나라에서도 부자의 대명사로 불렸던 석숭과 비교될 정도로 재물복이 많은 코입니다. 부부 사이에도 복이 있고 뜻한 바를 중년에 크게 이룹니다.

⑤ 쓸개를 매달아놓은 것 같은 물방울 모양의 코(현담비)

현담비는 쓸개를 매달아놓은 것 같은 물방울 모양의 코입니다. 큰 부자들은 현담비를 갖고 있습니다. 현담비의 모양을 갖추고 있지만 크기가 작으면 부귀가 잠시 머무를 뿐입니다.

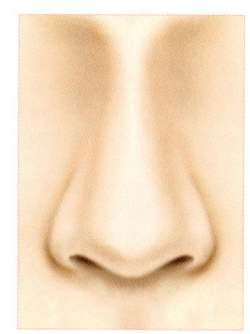

⑥ 이마에서부터 콧대가 곧게 이어지는 코(복서비)

복서비는 무소가 엎드려 있는 모양의 코라는 뜻으로 이마에서부터 콧대가 일직선으로 이어져 있습니다. 그 모습이 마치 그리스인의 코와 비슷합니다. 그리스인들의 코는 그들이 조각한 조각상만큼은 아니지만 콧대가 곧고 높습니다. 이들은 철학과 예술에서 커다란 성취를 남겼습니다. 이처럼 복서비는 남다른 재주와 기술로 성공하며 흉한 운이 와도 길함으로 바뀌는 강한 운세를 갖고 있습니다.

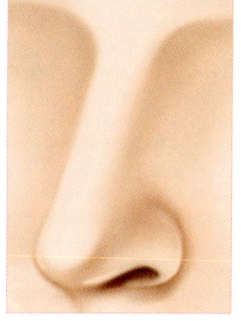

⑦ 코의 시작 부분이 낮고 코끝이 둥글고 살집이 있으며 넓은 코(우비)

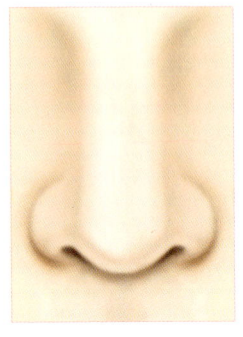

우비는 소의 코라는 뜻으로 콧대가 그다지 높지 않고 낮으면서 코끝이 퍼지듯이 넓고 살집이 풍성합니다. 일견 사슴의 코를 닮았지만 코의 시작 부분이 낮은 것이 특징입니다. 큰 부자의 상이며 사물과 사람을 두루 잘 받아들입니다.

⑧ 콧대가 대나무를 반으로 쪼개놓은 모양이고 콧방울이 둥근 코(절통비)

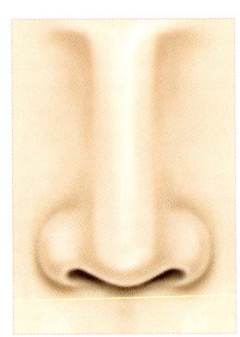

절통비는 반으로 쪼갠 대나무를 엎어놓은 듯한 콧대에 콧방울이 둥글게 달려 있는 코입니다. 코의 시작 부분이 낮은 것 같으면서도 코끝으로 가면서 올라와 있습니다. 현담비와 더불어 큰 재물을 얻는 상입니다. 크기가 작은 절통비는 큰 부는 아니지만 중간 정도의 부는 이루게 됩니다.

⑨ 눈썹과 눈 사이가 좁고 콧대가 굵으며 살집이 있는 코(성비)

성비는 성성이의 코라는 뜻인데 성성이는 중국의 상상 속 동물로 코가 고릴라와 비슷한 형태이지만 콧대가 굵습니다. 성비를 가진 사람은 눈썹과 눈이 가깝고 머리카락이나 털이 거칩니다. 또한, 얼굴이 넓고 입술이 나왔으며 몸이 두껍고 넓습니다. 사람의 그릇됨이 크고 덕이 높으며 부귀를 누립니다.

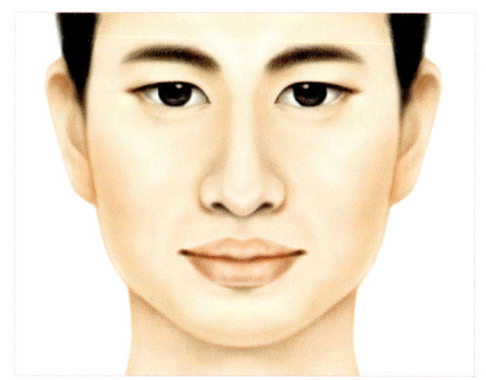

⑩ 콧대가 가지런하고 코끝에 살집이 있으며 넓은 코(녹비)

녹비는 사슴의 코라는 뜻으로 코끝에 살집이 있고 넓으며 우비처럼 낮은 듯 콧대가 가지런하고 둥글며 콧구멍이 보이지 않는 코입니다. 성격이 급하고 티가 나도록 분주하게 일하지만 사람 됨됨이가 유하고 마음은 여유로우며 의리가 있습니다. 부부 관계도 좋고 부자로 살며 중년에 크게 발달합니다.

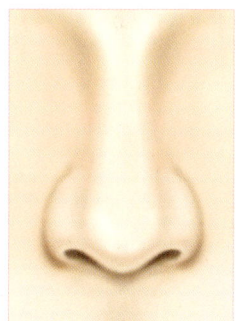

⑪ 코끝이 풍성하면서 길게 나온 코(성낭비)

성낭비는 작은 주머니에 물건을 담은 것처럼 코끝이 풍성하면서 살짝 길게 나온 코입니다. 부귀하고 중년에 더욱 발전하며 명예가 드높고 인기가 많아져서 재물이 늘어납니다.

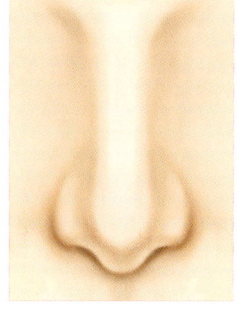

흉한 코 모양

콧등의 뼈가 튀어나와 중년에 흉함이 있는 코를 흉하게 봅니다.

① 콧대의 뼈가 튀어나오고 콧구멍이 보이는 코(구비)

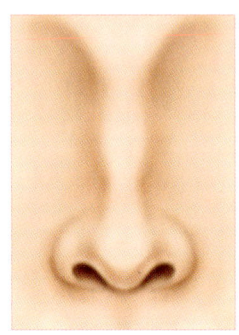

구비는 개의 코라는 뜻으로 콧대에 살이 없어서 뼈가 울퉁불퉁 튀어나와 있고 콧구멍이 훤히 보이는 코입니다. 쥐가 곳간의 곡식을 훔쳐가듯이 개가 음식을 탐하는 모양새입니다. 의리를 이용해 상대의 것을 가로챕니다.

② 코끝이 갈고리처럼 뾰족한 코(응취비)

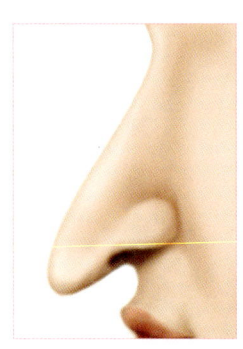

응취비는 매의 부리 모양인 코라는 뜻으로 코끝이 갈고리처럼 뾰족하게 생긴 코입니다. 또한, 살이 없고 작은 콧방울이 콧대에 바짝 붙어 있습니다. 응취비를 가진 사람은 성질이 모질고 간사하며 욕심이 많습니다. 마무리가 좋지 않고 부귀함이 오래가질 못합니다. 하지만 눈썹과 눈이 귀하고 선한 모양이라면 흉한 작용이 줄어듭니다.

③ 콧대가 높게 일어서고 코의 시작 부분이 가늘고 작은 코(즉어비)

즉어비는 붕어의 코라는 뜻으로 콧대가 물고기의 등처럼 높게 일어나 있고 코의 시작 부분이 작고 가늘며 콧방울이 늘어진 코입니다. 즉어비를 가진 사람은 심성이 곱지 않고 부모가 재물을 남겨준다 해도 모두 깨집니다. 즉어비에 눈동자에 흰자위가 더 많으면 가족과 정이 없습니다. 일생 동안 혼자 먹고살 음식도 없는 삶을 삽니다.

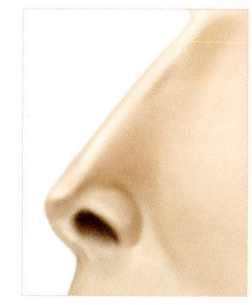

④ 콧대가 3번 굽고 튀어나온 코(삼만삼곡비)

삼만삼곡비는 콧대가 3번 굽고 튀어나온 코로 관상학적으로 가장 흉하게 보는 코입니다. 다른 부위가 길하면 한 번 정도만 힘든 상황을 겪고 나중에는 괜찮을 수도 있습니다. 하지만 다른 부위까지 흉하면 중년에 패함과 흉함이 끊이지 않고 질병이나 재물 또는 배우자 때문에 크게 고생합니다.

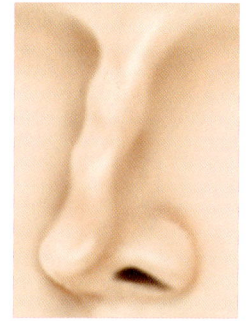

⑤ 콧날이 날카롭고 콧대가 높은 코(검봉비)

검봉비는 즉어비와 비슷한 모양이지만 즉어비보다 콧날이 더 날카롭고 콧대가 높은 코입니다. 검봉비를 가진 사람은 가족들과 불화하고 자식을 꺾으려고 하기에 자식과도 갈등이 심합니다. 속임수나 얕은꾀로 일을 성공시키려 하니 제 꾀에 제가 넘어가게 됩니다.

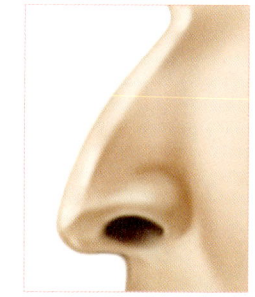

⑥ 코의 형태가 없이 콧구멍만 있는 코(편요비)

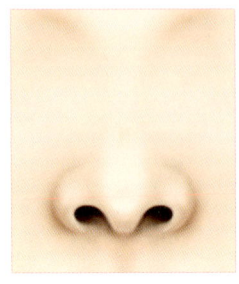

편요비는 코의 형태가 거의 없고 콧구멍만 있는 코입니다. 편요비를 가진 사람은 일평생 운이 없이 가난하며 궁색하고 이루는 것이 적습니다. 육친이 있어도 의지할 수 없으며 수명도 짧습니다.

⑦ 콧대가 둥글고 길면서 콧구멍이 훤히 드러나는 코(노조비)

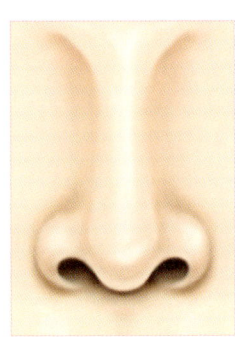

노조비는 옛날 집의 부뚜막처럼 콧구멍이 훤히 드러나고 콧대가 연통처럼 긴 코입니다. 한때는 큰돈을 벌어도 결국에는 다 흩어집니다.

⑧ 콧구멍이 작고 입이 뾰족하며 한쪽으로 몰려 있는 코(원비)

원비는 원숭이의 코라는 뜻으로 콧구멍이 작고 입이 뾰족하며 한쪽으로 몰려 있는 코입니다. 원비를 가진 사람은 가볍게 행동하고 침착하지 못합니다. 또한, 성급하고 인품이 낮습니다. 중년에 재물로 크게 실패하고 질병이 생기거나 육친의 정이 없어 외롭고 고독합니다.

 # 입

　입은 음식물을 먹는 곳이기도 하지만 생각이 입안에 모여 있다가 말의 형태로 나가는 문이기도 합니다. 그래서 입의 상을 통해 언변과 어휘력을 봅니다. 입의 기운이 강하거나 힘이 있으면 언변으로 능력을 발휘합니다. 옛말에도 '옳은 말과 바른말은 상을 받지만, 그른 말과 삐뚤어진 말은 벌을 받는다'는 말이 있습니다. 입은 말로 생기는 복도 보지만 문제가 발생하는 구설수나 먹을 복도 봅니다. 오늘날에는 입술로 애정도와 언변을 주로 봅니다.

　과거에는 입이 나오고 말을 할 때 입에 힘이 있는 사람은 가난하고 고독하다고 했습니다. 하지만 현대에는 표현력이 좋고 말에 강단이 있어서 말하는 직업으로 성공한다고 봅니다. 입술이나 입가에 점이 있는 사람은 이성에게 인기가 있고 먹는 것을 좋아하지만 항상 구설수가 따릅니다. 하지만 연예인이나 방송인처럼 말하는 직업, 사람들의 입에 많이 오르내리는 직업을 선택한다면 괜찮습니다.

　입술 양 끝을 구각(口角) 또는 해각(海角)이라고 하는데, 여기가 밑으로 처지면 말끝이 흐리고 약합니다. 그래서 처음은 창대하지만 끝이 미흡합니다. 말소리는 끝에 힘이 있어서 시작과 끝이 한결같고 음성에 울림이 있어야 원하는 결실을 얻을 수 있습니다.

　한편, 혀는 칼날과 같고 입술은 칼날을 지키는 칼집과 같습니다.

칼집이 약하고 허술하면 칼날이 쉽게 비어져 나와 사람을 상하게 만듭니다. 따라서 입술은 크기와 상관없이 위아래 입술의 균형이 잘 맞아야 합니다. 입술이 도톰하더라도 벌어져 있으면 칼집에 빈틈이 있는 것이니 이 또한 칼을 담을 수 없어 좋지 않습니다.

- 큰 입은 대범하고 솔직하며 외향적이고 적극적으로 표현합니다.
- 작은 입은 내성적이고 소심하며, 세심하고 정확합니다. 하지만 표현력이 부족합니다. 작은 입이어도 입술 선이 보이지 않을 정도로 얇은 입은 냉철하고 비판적이며, 예리하고 날카롭습니다. 정치인이나 언론인, 평론가 등은 대부분 입술이 얇습니다.
- 입꼬리가 올라가면 자신의 목표를 쉽게 성취하며, 직위가 높아지고 재물이 떨어지지 않습니다.
- 입술은 화장을 한 것처럼 붉은색을 띠는 것이 좋습니다. 자주색이나 푸른색이 돌면 재물에 문제가 생기거나 자식을 낳아도 본인이 키우기 힘들거나 아파서 걱정을 하게 되고 자식 때문에 한 번은 어려움이 발생합니다.
- 두꺼운 입술은 표현력이 좋고 성격이 따뜻하고 정이 많으며, 진중하고 깊이 신뢰할 만합니다.

혀의 관상도 있다

관상학에서는 혀의 관상도 봅니다. 이를 두고 상설(相舌)이라고 합니다. 관상법에 의하면 혀는 붉은 심장과 같아야 으뜸이며, 침으로 젖어 있어야 합니다. 몸에 머무는 신(神)으로 생각과 마음을 대표해서 배와 노가 되어 그 마음과 생각을 외부로 전달합니다.

- 혀는 단정하고 길고 크면 최고로 잘생긴 상입니다.

- 혀가 너무 길고 좁으면 사람을 속이고 도적질을 한다고 봅니다.
- 대머리인데 혀가 짧으면 일이 순조롭지 못하고, 혀가 크고 얇으면 엉터리로 말이 많습니다.
- 혀가 뾰족하고 작으면 탐욕스럽습니다.
- 혀가 길어 코까지 가면 왕의 시중을 드는 품계에 이른다 했으며 색이 주사처럼 붉으면 귀해서 벼슬을 하는 상입니다. 혀의 색이 간장처럼 검으면 천하고 재처럼 허연 사람은 가난합니다.
- 혀 위에 곧은 주름이 서로 교차하면 기운이 고상하고 귀하며 혀에 주름이 둘러 있으면 지극히 귀한 상입니다. 대개의 보통 사람들은 혀에 주름이 없습니다.
- 입안에 작은 구슬이 있는 것처럼 혀가 그득한 모양에 말이 고운 사람은 지극히 부자가 되는 상입니다.
- 혀 위에 검은 점이 있으면 거짓이 있는 사람입니다.
- 혀가 입에 비해 작고 짧으면 가난합니다.
- 혀의 모양은 모가 난 듯해야 하고 권위 있는 혀는 감춰져 있습니다.

길한 입 모양

양쪽 입꼬리가 올라가 목표를 쉽게 이루는 입을 길하게 봅니다.

① 입술 선이 뚜렷한 사자 모양의 입(사자구)

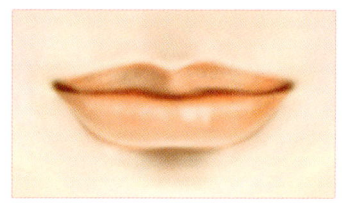

사자구는 입꼬리가 살짝 올라가 四(넉 사)자 모양을 지닌 입입니다. 사자구를 가진 사람은 말에 힘이 있고 묵직하며 온화하고 일

처리가 뛰어납니다. 또한, 부귀와 장수를 누립니다.

② 네모반듯한 모양의 입(방구)

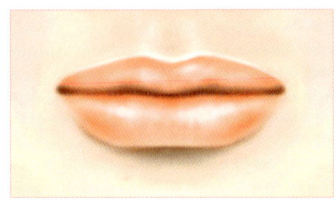

방구는 사방(四方)이 네모반듯한 모양의 입입니다. 방구를 가진 사람은 붉은빛이 곧게 나오며 묵직함이 있습니다. 또한, 곧은 심성에 육친의 덕이 있으며 부귀함을 누립니다. 말을 하거나 웃을 때 치아가 드러나지 않습니다.

③ 입꼬리가 초승달처럼 올라간 입(앙월구)

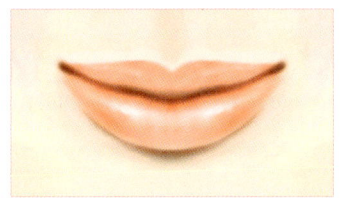

앙월구는 입꼬리가 초승달(앙월)처럼 올라간 입입니다. 앙월구를 가진 사람은 부와 관직과 학식을 두루 갖추게 됩니다. 가지런하고 하얀 치아까지 겸비했다면 그 격이 더욱 높아집니다. 성품이 강건하며 승부욕이 있습니다. 총명하고 일처리가 능숙하고 뛰어나며 부귀영화를 누립니다.

④ 휘어진 활모양의 입(만궁구)

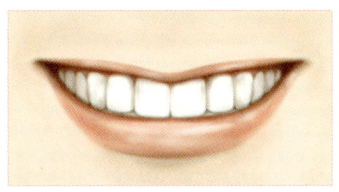

만궁구는 팽팽하게 당긴 활을 닮은 입이라는 뜻으로 웃을 때 하트 모양이 됩니다. 입을 닫았을 때는 상현달 모양으로 위를 향해 있고 도톰하며 입술 색이 붉습니다. 특별히 총명하고 이름이 드높아지며 중년 이후에는 복이 저절로 들어와 부귀함을 누립니다.

⑤ 크고 두툼하며 붉은 입(앵도구)

앵도구는 우리가 흔히 '앵두 같다'고 말하는 입술로 입이 크고 두툼하며 앵두나 복숭아처럼 붉은색을 띠는 입술입니다. 또한, 치아가 고르고 틈이 없이 빽빽합니다. 앵도구를 가진 사람은 의롭고 선량하며 단정합니다. 중간은 가는 부귀한 상입니다. 여성의 경우에는 귀한 남편을 만나며 애정이 풍부하고 사랑을 받습니다.

⑥ 위아래 입술이 두껍고 입술 주름이 적은 입(우구)

우구는 소의 입이라는 뜻으로 입이 크고 두툼하며 입술의 주름이 적고 팽팽한 입입니다. 우구를 가진 사람은 장수하며 긍정적이고 남다른 아이디어와 재치가 있고 사람됨이 믿음직스럽고 강직합

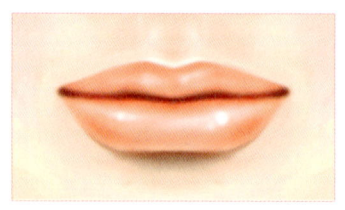

니다. 또한, 부귀를 겸하고 있고 수명도 깁니다. 착한 심성으로 사람의 마음을 움직일 수 있으며, 유머 감각이 있어서 영업이나 서비스업, 상담가, 강연자로서 능력을 발휘하기도 합니다. 두터운 입은 믿음을 주며 곧은 성품을 지니고 있습니다. 금전운이 뛰어나므로 많은 돈이 저절로 들어옵니다.

⑦ 위아래 입술이 얇고 긴 입(후구)

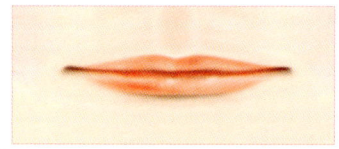

후구는 원숭이의 입이라는 뜻으로 대나무를 쪼갠 것처럼 위아래가 얇고 긴 모양의 입입니다. 평생 의식주가 충족되어 많은 돈을 벌며 부귀를 누리지만 인색한 부분이 있습니다.

⑧ 크고 각진 입(용구)

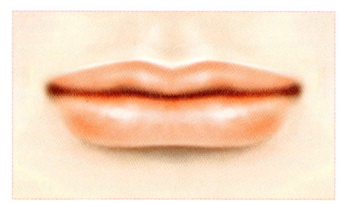

용구는 용의 입이라는 뜻으로 입이 크면서 각이 져 있습니다. 사

자구와 비슷하지만 입이 더 크고 각이 졌습니다. 용구를 가진 사람은 크게 귀하며 높은 지위에 오르며 한마디의 말로 사람들을 제압하고 이끌어갑니다. 쉽게 말해 우두머리의 상입니다.

⑨ 크고 넓은 입(호구)

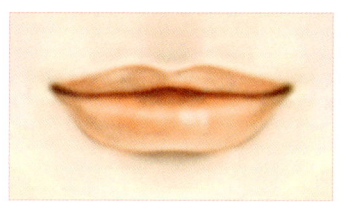

호구는 호랑이의 입이라는 뜻으로 크고 넓으며 윗입술 가운데 부위가 오목하게 들어간 입입니다. 호구를 가진 사람은 커다란 조직을 이끄는 힘과 어떤 어려움이 닥쳐도 문제를 해결하는 능력이 있습니다. 강한 기세로 밀어붙이는 힘도 있습니다. 명예가 드높으며 거부의 상입니다. 다만, 말에 힘이 있다 보니 강한 표현으로 인한 구설수가 따르므로 말을 할 때 무거움이 있어야 합니다.

흉한 입 모양
입술 위에 주름이 자글거려 말년에 고독한 입을 흉하게 봅니다.

① 아랫입술이 보이지 않을 정도로 윗입술이 크고 두꺼운 입(저구)

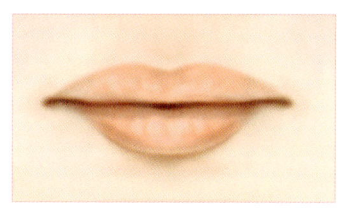

저구는 돼지의 입이라는 뜻으로 아랫입술이 보이지 않을 정도로 윗입술이 크고 두꺼운 입술입니다. 또는 윗입술을 지탱하기 어려울 정도로 아랫입술이 작고 얇고 뾰족합니다. 저구를 가진 사람은 지혜롭게 표현하지 못하고 둔하며 성정이 격합니다. 육친의 정이 없고 작은 부를 누리더라도 말년에 건강을 조심해야 합니다.

② 바람을 부는 것처럼 앞으로 나온 입(취화구)

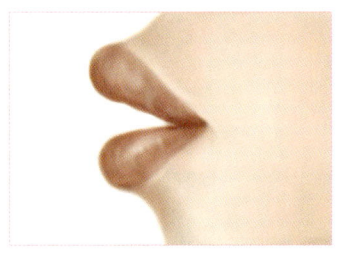

취화구는 불을 붙이기 위해 입으로 바람을 부는 모양의 입술입니다. 입이 항상 벌어져 있으면 먹을거리를 담지 못하고 흘리게 됩니다. 말로 인해 항상 문제가 따르고 사람과 화합하지 못하며 외롭습니다. 코가 잘생겼거나 눈이 귀하면 중간 정도의 부귀를 누립니다. 이마와 코 부위가 귀해서 부족한 입을 보완한다면 격이 달라집니다. 이런 경우에는 오히려 입을 가지고 하는 직업으로 크게 성공하고 큰 부귀를 누립니다.

③ 입술 위에 주름이 있는 입(추문구)

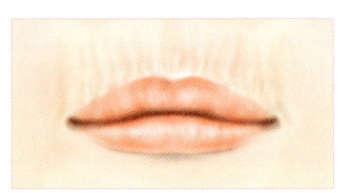

추문구는 입술 위에 주름이 있습니다. 추문구를 가진 사람은 마치 장례식장에서 상주가 곡을 하듯이 혼자서 우는 소리를 냅니다. 사람과 화합하지 못하고 건강이나 재물과 관련된 문제가 많이 생깁니다. 초년부터 고생을 해서 중년에 이르러 살림이 나아진다고 해도 청년 시절에는 없던 추문구가 중년에 발달할 경우 늙어서 고독합니다. 즉, 의지할 가족이 없으니 늙어서도 일을 해야 합니다. 이런 사람은 기술을 익히는 것이 좋습니다. 그렇지 않으면 늙어서도 고단한 육체적인 일을 합니다.

④ 양쪽 입꼬리가 처지고 구각이 두툼한 입(점어구)

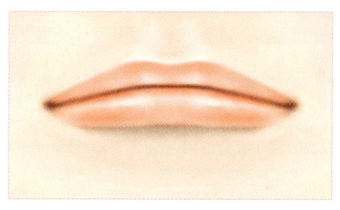

점어구는 메기의 입이라는 뜻으로 입술 양 끝이 밑으로 처져 있고 양쪽 입꼬리가 두툼한 입술입니다. 관상학의 고전에 따르면 점어구를 가진 사람은 올빼미처럼 박복하다고 했습니다. 동양에서는 올빼미가 어미를 잡아먹는 흉조로 부모에게 불효한다고 보았기 때문입니다. 주변 사람과 인연이 약하여 홀로 지내는 고독한 상입니다.

⑤ 위아래 입술이 얇고 뾰족한 입(양구)

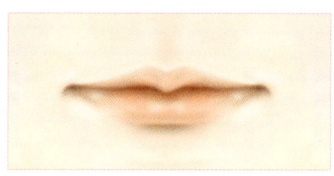

양구는 양의 입이라는 뜻으로 입의 크기가 작으면서 위아래 입술이 얇고 뾰족하며 긴 수염이 없고 드문드문 있어도 그 수염이 거칠고 날카로운 입술입니다. 양구를 가진 사람은 노년에 실패가 많고, 사업을 한다면 재물에 문제가 발생합니다. 육친의 정이 없이 고독합니다.

⑥ 입술 선이 흐릿하고 입술 끝이 처진 입(복선구)

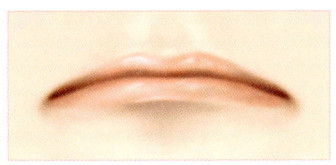

복선구는 배가 뒤집힌 것 같은 입술이라는 뜻으로 입술 선이 뚜렷하지 않고 흐릿하며 입술 끝이 밑으로 처져 있고 붉은 기가 전혀 없이 입술 색이 피부색과 같은 입술입니다. 복선구를 가진 사람은 일이 막히고 지체되는 경우가 많습니다. 말투는 처음에는 힘이 있지만 끝이 흐립니다. 처음에는 큰일을 이룰 것처럼 보이지만 마무리가 없으니 허무합니다.

귀

관상학의 대가 진희이는 《신상전편》에서 "귀는 뇌를 통해 심장을 맡고 신장을 살펴 헤아린다. 신장의 기운이 왕성하면 정신이 맑아 총명하고, 신장의 기운이 모자라면 정신이 어둡고 흐리다"라고 말했습니다. 즉, 귀가 어두우면 건강에 문제가 생깁니다. 가령, 귀가 시커먼 색이면 중병에 걸릴 수 있습니다.

- 귀는 크기가 중요하지 않습니다. 작아도 두껍고 단단한 것이 중요합니다.
- 귀가 눈보다 위에 있으면서 길면 장수하고, 윤곽이 분명하면 영리하고 총명합니다.
- 귀가 눈보다 아래에 있으면 행동력이 뛰어나며 스스로 운을 만들어냅니다.
- 귀가 살찌면 경제적으로 도와주는 사람들이 있어 어려움이 없지만, 귀가 크기만 하고 힘이 없으면 고생만 할 뿐 얻는 것이 없습니다.
- 귀에 검은 점이나 사마귀가 있으면 귀한 자식을 낳습니다.
- 귓구멍이 넓으면 지혜가 깊고 도량이 넓지만, 귓구멍이 작으면 융통성이 적고 응용력이 부족해 학업으로 성과를 내기 어렵습니다.
- 귀는 얼굴보다 희어야 귀하고, 붉은색을 띠면 취업이나 승진을 합니다.
- 귀가 얇으면서 정면을 향해 있는 것을 가장 흉하게 보는데, 모든 풍파를 다 겪습니다.

- 귀는 뒤를 향해 머리 쪽에 붙는 게 좋고, 양쪽의 위치가 다르면 모든 일에 진행이 더디고 지체됩니다.
- 귀가 얼음같이 굳으면 부모가 장수합니다.
- 귀가 붉은데 입술까지 붉으면 귀함이 더욱 두드러집니다.

상법에서는 마주 보아 귀가 보이지 않으면 귀한 가문의 자손이며 마주 보아 턱이 보이지 않으면 즉, 턱이 뾰족하고 턱뼈가 보이지 않으면 매우 좋지 않다고 했습니다. 뒤쪽에서 봤을 때 턱과 귀가 보인다면 성정이 독합니다.

귀로 부귀함을 논하는 데는 한계가 있습니다. 옛말에 '귀 잘생긴 거지는 있어도 코 잘생긴 거지는 없다'고 했습니다.《마의상법》에서도 '귀는 귀하지 않아도 눈이 귀하면 귀한 사람이고, 천한 사람 중에도 귀는 귀하지만 눈이 귀하지 않은 사람이 있다'라고 했습니다. 사람의 상을 보려면 기색을 먼저 보고 그 다음으로 모양을 봐야 합니다. 따라서 귀의 모양만으로 재물과 직위의 높고 낮음을 보는 것은 어렵습니다. 귀로는 0~14세까지 부모나 도움을 주는 사람의 복과 수명, 성품과 학업을 보는 것이 정확합니다.

윤(輪)은 말려 있는 귀의 가장자리(귓바퀴)입니다. 곽(廓)은 귀의 중간 부분에 튀어나온 물렁뼈입니다. 명문(命門)은 귓구멍 앞부분입니다. 귓불을 수주(垂珠)라고 합니다.

- 귀 윗부분이 뾰족하면 마음이 사납고, 아랫부분이 뾰족하면 주변 사람과 인연이 약합니다.
- 귀 윗부분이 뾰족한 사람은 전투력과 싸움을 필요로 하는 직업이나 짧은 시간 안에 승부를 내야 하는 직업에서 능력을 발휘합니다.

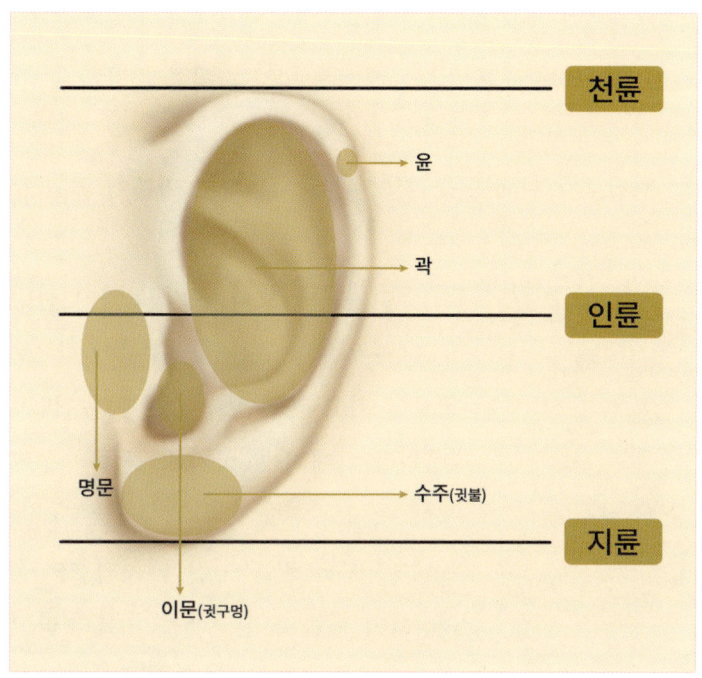

귀의 각 부분 명칭

• 귀가 작은 사람은 민첩하고 순발력이 뛰어나고 단기 기억력이 뛰어나며 생각보다 행동을 먼저 하는데, 뒷심이 약하고 체력이 약한 것이 단점입니다.

• 귀가 큰 사람은 장수하고 체력이 좋으며 차분하고 기억력이 좋습니다. 또한, 생각이 깊고 끈기가 있습니다. 다만, 게으르고 느린 것이 단점입니다.

• 수주의 모양이 구슬처럼 동그랗고 도톰하면 귀가 작다고 해도 수명이 짧지 않고 도와주는 사람들이 있으며 지구력이 있습니다. 수주가 없으면 수명이 짧습니다.

길한 귀 모양

크고 단단하며 귓불이 두툼하여 장수하는 귀를 길하게 봅니다.

① 눈썹보다 위에 있고 귀의 윗부분은 작고 귓불이 넓고 큰 귀 (금이)

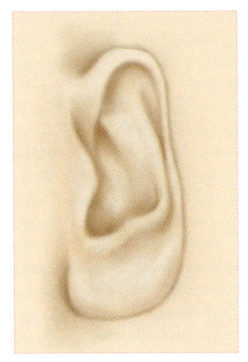

금이는 눈썹보다 손가락 마디 하나 정도 위에 위치하고 귀의 윗부분이 작으며 얼굴보다 희고 귓불이 넓고 두툼한 귀입니다. 《마의상법》에서는 '국가에 공을 세우고 직무에 충실하여 조정과 백성으로부터 이름이 높아 부와 귀를 누린다. 처와 자식을 형(刑)하여 힘들고 말년에는 외롭다'라고 했습니다. 금이를 가진 사람은 사회적으로 명성을 얻고 정치적으로 성공을 거두지만 주변 사람을 힘들게 하고 노년에 주변 사람과 인연이 없어 외롭습니다. 또는 스스로가 외로움을 만들기도 합니다.

② 눈썹보다 위에 있고 모양이 둥글며 귓불이 도톰한 귀(수이)

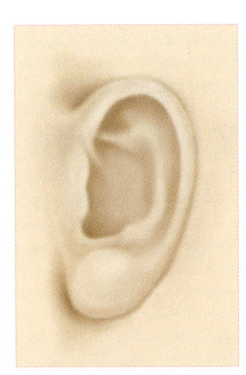

수이는 눈썹보다 위에 있고 둥근 모양에 귓불도 도톰하고 힘이 있는 귀입니다. 내곽과 귓구멍이 작아도 귀의 색이 얼굴보다 밝으며 귀가 정면을 향하지 않고 뒤쪽으로 머리 가까이에 붙어 있습니다. 수이를 가진 사람은 공무원, 관직, 교육자, 외교관 등으로 이름을 드높입니다.

③ 귀 뒤쪽에 살집이 있고 귓불이 길게 내려오는 귀(수견이)

수견이는 귀의 뒤쪽에 살집이 있고 귓불이 부처님 귀처럼 길게 늘어져 있는 귀입니다. 눈썹과 같은 위치에 있고 머리는 둥글고 이마가 넓습니다. 수견이를 가진 사람은 성격이 어질고 중년 이후에 더욱 지위가 높아지며 명예를 얻습니다.

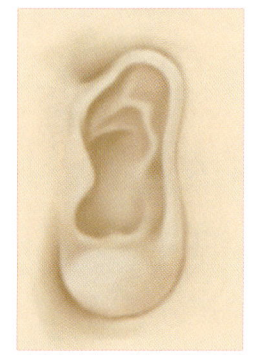

④ 머리 옆에 달라붙은 귀(첩뇌이)

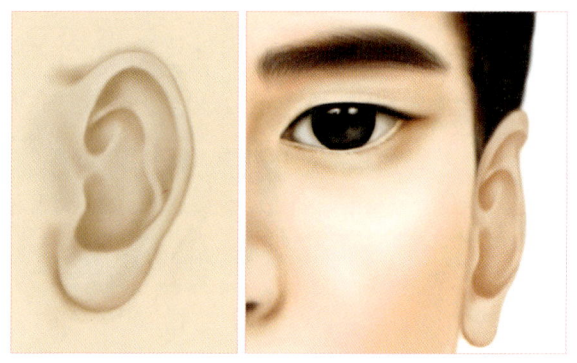

첩뇌이를 옆에서 본 모습(왼쪽)과 앞에서 본 모습(오른쪽)

첩뇌이는 윤곽이 단단하고 분명하며 뒤로 바짝 붙어 있는 귀입니다. 관상을 볼 때는 귀보다 눈이나 눈썹을 더 비중 있게 보지만 유일하게 첩뇌이의 경우에는 눈이나 눈썹보다 귀의 상을 더 중요하게 봅니다. 첩뇌이를 가진 사람은 직위가 높고 부유하며 이름이 후세까지 널리 퍼지며 배우자복이 뛰어납니다.

⑤ 두껍고 단단한 네모 모양의 귀(토이)

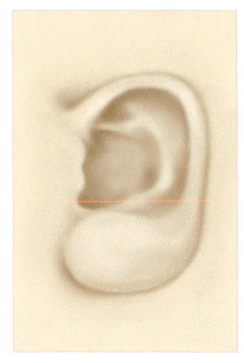

토이는 네모꼴로 윤곽이 분명하고 반듯하며 힘이 있고 도톰한 귀입니다. 토이를 가진 사람은 신뢰가 두텁고 책임감이 강합니다. 또한, 상사의 신임을 얻어 늦게까지 일합니다. 다만, 처음에 일을 시작할 때는 속도가 더딥니다.

⑥ 모양이 둥글고 뒤를 향해 있는 귀(기자이)

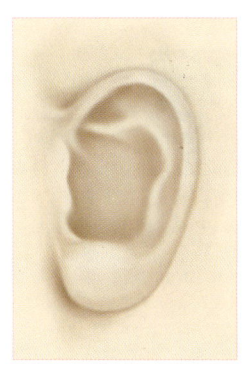

기자이는 수이와 비슷하지만 바둑알처럼 더 동그란 편이고 수이보다 크기는 작은 귀입니다. 눈썹 위에 위치하며 뒤를 향해 머리 쪽에 바짝 붙어 있습니다. 기자이를 가진 사람은 큰 부자나 신분이 높은 사람이 됩니다. 상속을 받더라도 스스로 가업을 키우는 능력이 큽니다.

⑦ 윤곽이 작고 귀의 모양이 전체적으로 부족한 귀(호이)

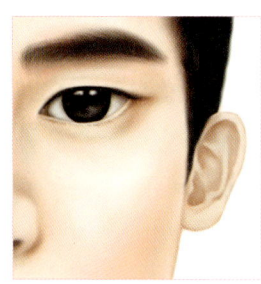

호이는 호랑이의 귀라는 뜻으로 얼굴에 비해 지나치게 작은 볼품없는 귀입니다. 호이를 가진 사람은 타고난 삶이 평탄하거나 순조롭지 못하지만 전략과 전술에 능하고 위엄이 있습니다. 타고난 능력이 있기에 스스로의 힘으로 명예와 부귀를 얻습니다.

흉한 귀 모양

얇고 귓불이 없어 뒷심이 약한 귀를 흉하게 봅니다.

① 내곽이 없어 평평하고 귓불의 앞뒤가 얇은 귀(저이)

저이는 돼지의 귀라는 뜻으로 물렁뼈인 곽이 없어 평평하고 비록 두툼하기는 하지만 귓불의 앞뒤가 얇은 귀입니다. 젊어서는 부귀영화를 누린다 해도 중년으로 가면서 관재수가 발생하고 노년의 삶이 비참하기에 가장 흉하게 보는 상입니다. 노년에 건강은 물론이고 주변과의 마찰을 주의해야 합니다. 다른 부위가 잘생기고 귀만 흉하다면 크게 문제가 없습니다.

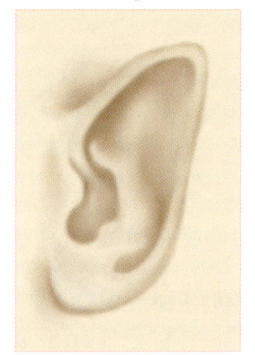

② 길면서 둥글게 잘 말려 있고 곽이 뒤집어진 귀(목이)

귀는 윤과 곽이 둥글게 잘 말려 있고 힘이 있으며 수주가 도톰한 모양을 좋게 봅니다. 하지만 목이는 윤은 있지만 곽이 뒤집혀 있습니다. 목이를 가진 사람은 학문적으로 이루는 바가 있으니 재물을 추구하기보다는 공부나 지식을 통해 명예를 얻는 것이 좋습니다.

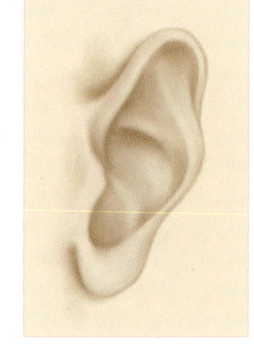

③ 눈썹보다 한참 아래에 있고 윤곽이 퍼져 있는 귀(저반이)

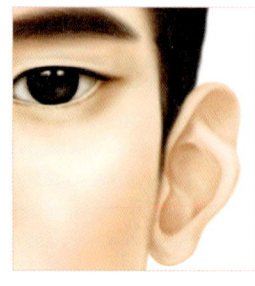

저반이는 눈썹보다 한참 아래에 위치하며 윤이 퍼져 있고 곽이 뒤집어진 귀입니다. 이는 곧 아무리 많은 재물이 있어도 없어진다는 뜻입니다. 관상학의 고전에는 '귀는 눈썹보다 손가락 마디 하나의 위에 있거나 같아야 좋다'고 적혀 있습니다. 하지만 현대에는 해석을 달리합니다. 귀가 눈썹보다 위에 있으면 윗사람이나 부모의 도움으로 성공하는데, 눈썹보다 아래에 있어도 윤곽이 잘 말려 있고 귓불이 도톰하고 단단하면 자수성가로 성공하는 관상입니다. 그러나 저반이는 눈썹 아래에 위치하면서 윤곽의 형태가 다 퍼지고 뒤집혀 있기에 일에서 성과를 내기는 어렵습니다.

④ 윤은 있지만 곽이 뒤집어지고 귓불이 작은 귀(화이)

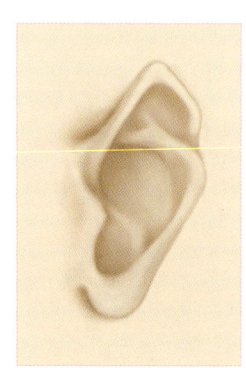

화이는 윤은 있지만 곽이 뒤집어져 있고 귀의 윗부분이 뾰족하며 귓불이 거의 없는 귀입니다. 목이와 비슷하지만 목이가 화이보다 좌우 폭이 좁고 길이가 깁니다. 화이를 가진 사람은 자녀와의 인연이 약하기 때문에 노년이 외롭습니다. 코의 시작 부분과 눈 밑부분이 깨끗하고 도톰하면 수명이 깁니다.

⑤ 곽이 지나치게 튀어나오고 얇은 귀(개화이)

개화이는 두께가 얇고 곽이 지나치게 튀어나온 귀입니다. 저반이처럼 펼쳐졌지만 눈썹 아래에 위치하지는 않습니다. 개화이를 가진 사람은 귀한 재물을 가진 부자라고 해도 결국은 파산하고 고생하므로 사업이나 투자는 신중해야 합니다. 하지만 다른 부위가 잘생겼다면 실패가 있어도 회복됩니다. 일의 마무리가 약합니다.

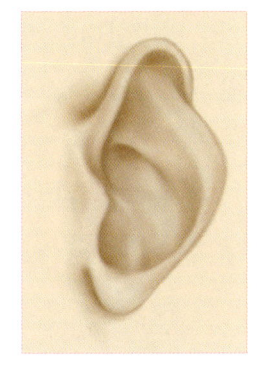

⑥ **윤곽이 정면을 향해 활짝 펼쳐진 부채 모양의 귀(선풍이)**

선풍이는 윤곽이 활짝 펼쳐진 부채 모양의 귀입니다. 정면에서 보면 형태가 다 보일 정도로 앞을 향해 있는 것이 특징입니다. 선풍이를 가진 사람은 어려서는 복을 누리지만 중년부터 모든 풍파를 겪게 됩니다. 그러므로 주변에 휘둘리지 말고 자신이 갖고 있는 것들을 지켜야 합니다. 귀가 두툼하고 윤곽이 잘 갖춰진 선풍이라면 재주가 많고 영리합니다.

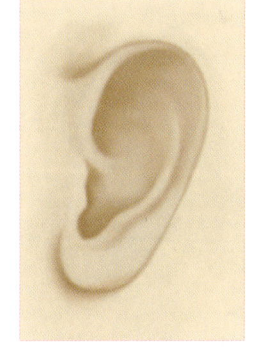

⑦ **귓불이 뾰족하게 좁아지는 귀(전우이)**

전우이는 귀의 윗부분이 다른 귀보다 손가락 마디 하나 정도 더 길고 귓불이 화살대의 깃털처럼 경사진 모양의 귀입니다. 전우이를 가진 사람은 능력이 뛰어나 많은 부를 쌓지만 인복이 부족해 자수성가합니다. 배우자와 자녀가 있어도 없는 것과 마찬가

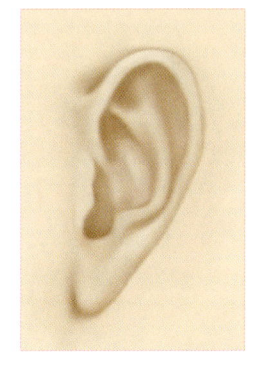

지로 쓸쓸합니다. 동분서주하여 바쁘게 생활하지만 주변의 도움을 받지 못합니다. 남에게 아쉬운 소리를 못하고 낯을 가립니다.

⑧ 윗부분이 뾰족하면서 퍼져 있는 귀(서이)

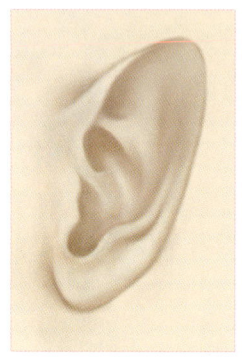

서이는 쥐의 귀라는 뜻으로 윗부분이 뾰족하면서 퍼져 있는 귀입니다. 서이를 가진 사람이 어질지 못하고 남의 것을 탐내면 노년에 관재수를 면하지 못합니다. 따라서 욕심을 줄이는 것이 좋고 사소한 일에 집착과 집요함을 없애야 합니다.

⑨ 귀의 형태는 있지만 힘이 없고 말랑거리는 귀(여이)

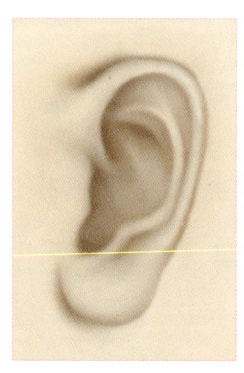

여이는 당나귀의 귀라는 뜻으로 귀의 윤곽이 모두 있고 두껍지만 귓불까지 전체적으로 너무 물렁거려 힘이 없는 귀입니다. 또한, 귀의 색이 얼굴보다 어둡습니다. 여이를 가진 사람은 항상 바쁘고 일복이 많아 하는 일은 많지만 결과가 적고 지체되는 일들이 많습니다.

 # 옆얼굴

관상학의 고전인 《마의상법》에는 다음과 같은 구절이 있습니다.

'얼굴의 모든 부위가 신기하게 몸속 내장과 기운이 연결되어 있고, 천지인 삼재(하늘, 사람, 땅) 모양으로 이루어져 있다. 한 몸에서 얻음과 잃음이 사람에 따라 얼굴에 정해져 있다. 얼굴의 오악(남악-이마, 동악과 서악-광대, 중악-코, 북악-턱)과 사독(제독-코, 회독-입, 하독-눈, 강독-귀)은 서로서로 도와야 하고, 삼정(상정, 중정, 하정)에 속하는 모든 부위는 풍성하고 융성하게 꽉 차 있어야 한다. 모양이 안정되고 정신이 고요하고 기운이 화평한 사람은 부와 귀의 바탕이 이루어져 있다. 만약 반듯하지 못하여 기울어지거나 꺼지거나 어두운 색은 윤택하지 못하다. 아주 못생긴 기운을 가진 사람은 신분이 낮고 가난하다.'

완벽하게 보이는 좋은 관상에도 부족함이 존재하고, 완벽하게 흉한 관상에도 귀격이 존재합니다. 관상을 볼 때는 앞모양뿐만 아니라 옆모양도 중요합니다. 옆얼굴의 형태는 크게 다음의 세 종류로 나뉩니다.

① 볼록형: 활동적이고 적극적이다

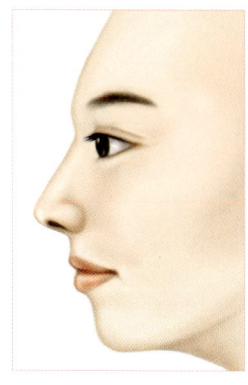

볼록형은 상정, 중정, 하정 중에서 중정이 튀어나온 경우입니다. 외향적이고 활동적이며 적극적입니다. 힘과 강한 신념이 있어서 행동을 먼저 합니다. 시작은 강하지만 마무리가 약하기 때문에 지구력과 치밀한 기획력이 필요합니다. 감정을 감추지 못하고 바로 표현하고 성격이 급합니다. 요즘에는 동안 관상으로 알려졌습니다.

② 오목형: 내성적이고 논리적이다

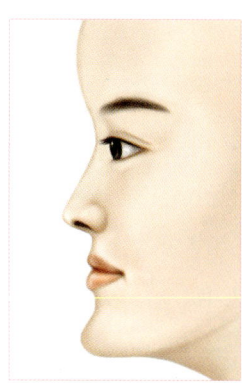

오목형은 상정과 하정이 튀어나오고 중정이 들어간 경우입니다. 내성적이고 소극적이고 정적입니다. 한편, 논리적이고 신중한 면도 있습니다. 머리가 좋고 사고력이 풍부합니다. 실천력과 행동력이 약한 것은 단점입니다. 시작은 어렵지만 일단 시작하면 끝을 보는 집요한 성격으로 감정을 드러내지 않습니다.

③ 직선형: 상황에 따라 양면적이다

직선형은 상정, 중정, 하정이 일직선을 이루는 경우로 가장 이상적인 옆얼굴입니다. 상황이나 본인의 직위에 따라 외향적일 때도 있고 내성적일 때도 있습니다. 생각이 분명하고 분별력이 뛰어나며 안정적이고 이성적이며 논리적입니다. 시작과 끝이 모두 강하고 주변에 흔들리지 않으며 감정을 잘 조절합니다. 끈기와 인내심이 강합니다.

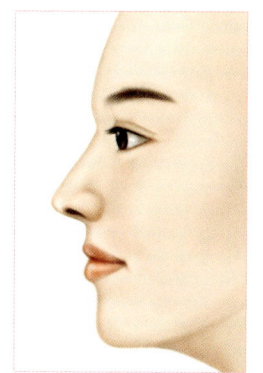

 # 골격

피부는 오행 중에서 토(土)에 해당합니다. 뼈는 땅속에 묻힌 금석과 같아서 옆으로 튀어나오지 않고 거칠지 않으며 둥글어야 합니다. 마른 사람도 뼈가 튀어나오지 않아야 하고, 살찐 사람은 뼈가 파묻힐 정도로 살이 찌면 안 됩니다. 뼈와 살은 균형을 이루어야 좋습니다. 어깨와 몸통이 좁은 사람은 가난하거나 일에서 일찍 좌절을 경험합니다. 대표적인 골격의 종류는 다음과 같습니다.

① 일각과 월각: 볼록하게 솟아야 길하다

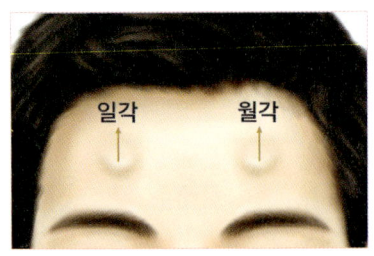

《마의상법》에서는 '왼쪽 일각과 오른쪽 월각이 바르게 솟아 일어나면 금성골을 이루니 지위가 삼공에 이른다'라고 했습니다. 일각과 월각이 볼록하게 솟아 있으면 용의 뿔이라 해서 용각이라 부르는데 직위가 높고 이름을 세상에 널리 알리는 상입니다. 하지만 일각과 월각이 나왔다고 무조건 좋은 것만은 아닙니다. 관자놀이 부분이 꺼지거나 지나치게 튀어나온 일월각은 흉상입니다. 또한, 붉은 힘줄이 두드러지게 튀어나오면 소송과 관재수를 조심해야 합니다.

② 천주골과 복서골: 川(내 천)자를 이루면 성공한다

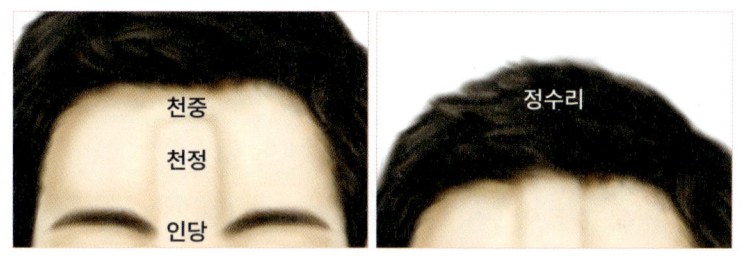

천주골(왼쪽)과 복서골(오른쪽)

천주골(天株骨)은 인당, 즉 미간에서부터 뼈가 위로 솟아 이마 위 헤어 라인까지 이어지는 것입니다. 복서골(伏犀骨)은 미간에서부터 정수리까지 뼈가 솟아 있는 것입니다. 둘 다 나이가 들수록 직위가 높아지고 이름을 널리 드높이는 상입니다. 천주골과 복덕궁의 뼈가 세로로 복서골까지 올라와 川자를 이루면 일찍 성공해 이름을 드높입니다.

③ 관골: 앞쪽으로 튀어나온 광대가 길하다

관골(顴骨)은 우리가 흔히 광대뼈라 부르는, 광대가 앞으로 튀어나온 곳을 말합니다. 이 부분이 탁월하게 일어나서 얼굴을 살려주면 권세를 누립니다. 관골이 앞쪽으로 적당히 나오면 행동력이 강하고 조직을 구성하고 협조를 받으면서 일을 크게 성취합니다. 광대뼈가 두드러진 사람은 일복이 많습니다. 광대가 있으면 권세가

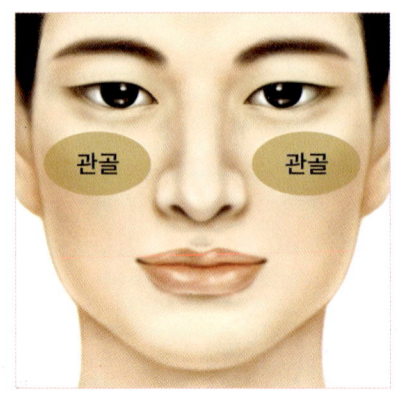

있고 세력을 움직이며 광대가 없으면 세력이 없으니 단독으로 움직입니다. 광대가 앞으로 나오면 추진력과 공격력이 뛰어납니다. 광대가 앞으로 나오면서 입 옆에 살이 없어 볼이 꺼지면 성정이 강하고 신뢰를 중요시하며 냉정합니다. 관골이 크고 코가 크면 아랫사람이 성장하지 못합니다.

④ 용골과 호골: 용골은 길고 호골은 짧아야 길하다

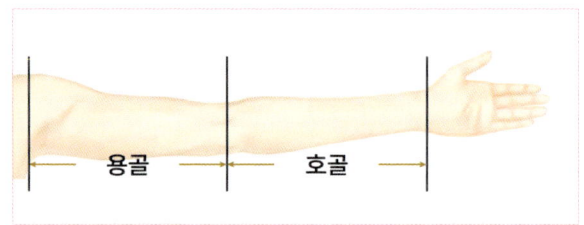

용골(龍骨)은 어깨에서 팔꿈치에 이르는 뼈이고, 호골(虎骨)은 팔꿈치에서 손목에 이르는 뼈입니다. 용골이 길고 굵으면 좋은 주군의 상입니다. 호골은 용골보다 가늘고 짧아야 최고의 위치에 오릅니다. 호골이 길면 주군을 누르는 상이므로 높게 오르지 못하고 성공에 한계가 있습니다.

⑤ 역마골: 국내보다 국외에서 활동한다

역마골(驛馬骨)은 광대 옆쪽의 뼈가 이마까지 솟아 있는 것입니다. 역마골이 있으면 국내보다 외국에서 성공하거나 해외를 무대로 활약하며 국내에서도 활동 영역이 큽니다.

⑥ 거오골: 전문 분야에서 명성을 얻는다

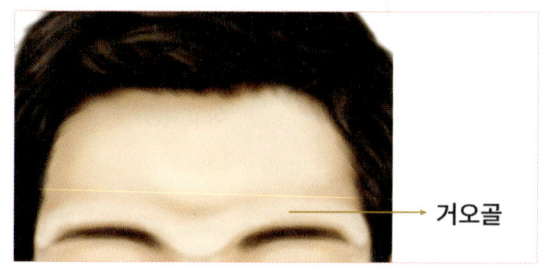

거오골(巨鰲骨)은 이마 양쪽 가장자리에서 눈썹 위로 둥글게 올라온 뼈입니다. 이 부위가 둥글게 솟아 있으면 전문 분야에서 빛을 발하고 이름을 드높이며 성공합니다.

다음은 《마의상법》에서 다루어지지는 않았지만, 다른 상법들에

나오는 골격에 대한 내용입니다.

- 귀 뒤의 수골과 뒤통수에 튀어나온 부분인 옥침골은 수명을 관장합니다.
- 턱 양 끝의 시골은 살이 도톰하게 감싸고 있거나 뼈가 둥글어야 합니다.
- 시골이 뾰족하게 튀어나오거나 각이 넓고 살이 없으면 부동산 복이나 본인의 수명은 좋지만, 말년에 고독한 관상입니다.
- 뼈는 금석이나 바위와 같아서 단단하고 둥글어야 합니다.
- 뼈를 감싸고 있는 피부보다 강해서 튀어나오거나 각이 지면 돌산 위에 씨를 뿌리는 것과 마찬가지입니다.
- 남자의 경우에는 결후(울대뼈)가 많이 나오면 고집이 셉니다. 남자가 결후가 없으면 의지가 약하고 발전이 없습니다.
- 살이 쪘는데도 결후가 많이 나오면 장애가 많고 시작이 있지만 마무리가 없습니다.
- 여자는 결후가 없어야 합니다. 여자의 경우 결후가 있으면 자아가 강해서 고독한 상입니다.
- 여자의 경우 어깨뼈가 올라와 있으면 남편의 기를 누릅니다.
- 등에 살이 없이 뼈가 드러나면 가난하고 고독합니다. 등에 살이 있다 해도 가슴에 살이 없으면 노년에 곤궁합니다.
- 얼굴이든 몸이든 뼈가 두드러지는 경우는 일이 막히고 곤궁함이 있습니다.

 # 인중

코와 윗입술 사이에 오목하게 골이 진 곳이 인중(人中)입니다. 인중은 우리 몸의 기운이 흐르는 도랑과 같아서 막히지 않고 트여서 물이 잘 흘러야 합니다. 깊지 않고 얕거나 좁거나 막히면 물이 잘 흐르지 못합니다.

인중의 넓고 좁음으로 자식의 수, 인중의 길고 짧음으로 수명의 길고 짧음을 알 수 있습니다. 인중은 길어야 하고, 가운데는 깊고 바깥쪽은 넓어야 하며, 곧고 기울어지지 않아야 하고, 또 너무 넓게 퍼지지 않아야 합니다. 좁은 인중을 가진 사람은 의식(衣食)이 부족하고, 특히 바늘처럼 가늘게 생기면 자손이 끊깁니다. 가령, 고 김수환 추기경은 좁은 인중에 속하는데 종교인이었기에 의식의 부족과 자손이 없는 것이 전혀 문제가 되지 않았던 것입니다.

- 인중이 없는 것처럼 보일 만큼 평평한 사람은 재해로 막혀서 앞으로 나아가지 못합니다.
- 인중의 위가 좁고 아래가 넓은 사람은 많은 자손을 거느리고 수명이 길며 다복합니다.
- 인중의 위가 넓고 아래가 좁은 사람은 자녀의 수명이 짧거나 자녀를 일찍 독립시킬 수 있습니다. 자녀가 없다면 50대부터 본인의 건강을 주의해야 합니다.

- 인중의 위아래가 함께 좁고 가운데가 넓으면 자녀가 질병으로 괴로워하며, 자녀가 하고자 하는 일을 이루기 어렵습니다.
- 인중의 위에 검은 점이 있으면 아들이 있고, 인중의 아래에 점이 있으면 딸이 있으며, 가운데에 점이 있으면 혼인은 쉽게 해도 아이를 낳기가 어렵거나 낳아도 기르기 어렵습니다.
- 인중의 양쪽에 점이 있는 사람은 쌍둥이를 낳습니다.

인중은 중정과 하정을 잇는 길목입니다. 즉, 중년에서 노년으로 넘어가는 문입니다. 이 부분이 막히지 않고 얕지도 않고 도랑처럼 파여 있지만 골이 너무 깊지 않아야 합니다. 과거에는 자녀의 수가 많아야 가문의 대를 이을 수 있고, 말년에 의지할 수 있는 건강한 자식이 많아야 부양을 받을 수 있다고 보았습니다.

하지만 요즘에는 자녀의 수가 많지 않고 자녀가 있어도 부모가 자녀에게 의지하거나 의존하지 않기 때문에 과거처럼 인중으로 노년의 의식주복과 자녀복으로 보기가 어렵습니다. 자식을 일부러 낳지 않는 경우도 있고 맞벌이를 하느라 보육기관이나 다른 사람의 도움으로 아이를 키우기도 하기 때문입니다. 그러다 보니 오늘날에는 인중이 흉하다고 해도 별문제가 되지 않습니다. 현대 관상학에서는 인중으로 건강과 장수의 유무를 보는 것이 마땅합니다.

자녀의 건강과 복의 유무를 보려면 인중과 누당(눈 밑)과 턱 등을 고루 살펴보고 간명해야 합니다. 인중에 어두운 기운과 붉은 반점이 생기면 자궁과 비뇨기과 질환을 주의해야 합니다. 가로 주름이 있으면 우리 몸의 도랑에 문제가 발생하는 것과 같습니다. 또한, 그러한 인중을 가진 사람은 믿을 수 없거나 마음이 간사합니다.

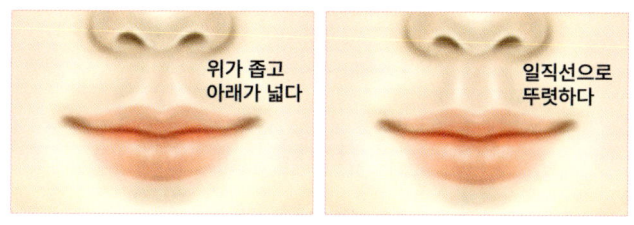

자녀복이 좋은 인중

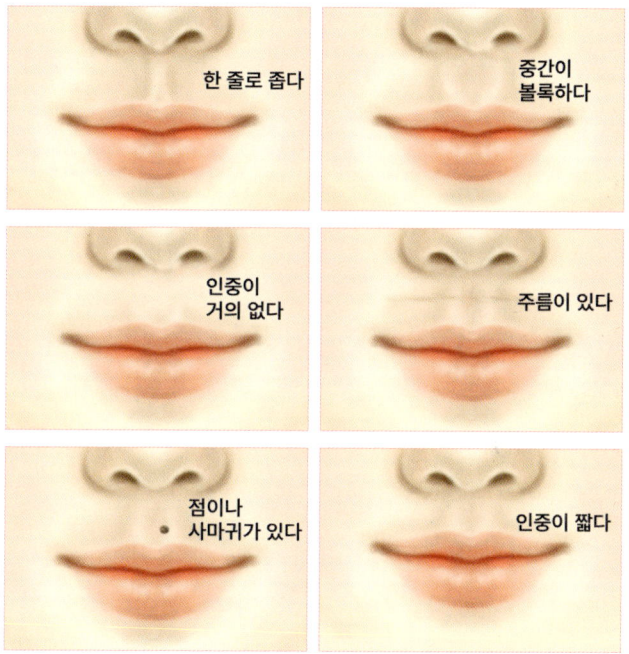

자녀복이 나쁜 인중

 # 치아

　관상학에서는 치아로 수명과 학업, 내실을 봅니다. 치아가 고르고 단단하며 윤기 있는 흰빛이면 장수하는 상이고 학업으로 배운 바를 잘 이어갈 수 있습니다. 치아가 고르지 않고 약하며 틈이 생기면 가정에 신경 쓸 일이 많거나 새어 나가는 재물이 있고 수명이 짧습니다.

　치아는 음식을 고루 섭취할 수 있도록 도와주는 부위입니다. 그래서 수명과 연관이 깊습니다. 노년에 치아가 빠지지 않고 튼실하면 장수하는 상입니다. 어려서 치아가 튼튼하고 고르면 음식을 잘 씹어 뇌에 영양을 충분히 공급할 수 있으므로 학업에도 도움이 됩니다. 또한, 치아가 고르면서 흰빛이면 말이 정직하고 곧은 사람이라 신뢰할 만하다고 보았습니다. 하지만 예능인의 경우는 치아가 불규칙하면 오히려 엉뚱한 말과 순발력 있는 임기응변으로 자기 분야에서 능력을 발휘합니다.

　《마의상법》에서는 '38개의 치아를 가진 사람은 왕후이고, 36개는 높은 벼슬을 하며, 32개는 복록이 있어 삶의 질이 중간은 간다. 30개는 평범하고, 28개는 하층 부류의 가난한 무리이다. 치아가 푸르면 수명이 짧고, 위가 넓고 아래가 뾰족하면 고기를 즐겨 먹고 성정이 거칠다. 위가 좁고 아래가 넓어 가운데가 트이면 성격이 제멋대로이다. 말을 할 때 치아가 보이지 않아야 복이 새어 나가지 않아 부유하다'라고 했습니다.

다음은 관상서 중 하나인 《면상비급》을 참고하여 대표적으로 좋은 치아와 나쁜 치아를 분류하고 현대적으로 해석한 것입니다.

길한 치아 모양

빈틈이 없고 고르며 단단한 치아를 길하게 봅니다.

① 단단하고 고른 치아(금석아)

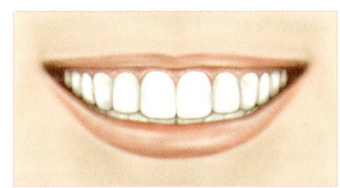

금석아는 치아가 틈이 없이 고르고 단단한 치아입니다. 금석아를 가진 사람은 부귀와 복록을 누리며 말이 바르며 학문으로 이룸이 크고 문장이 뛰어납니다.

② 촘촘하고 윤기 있는 치아(유자아)

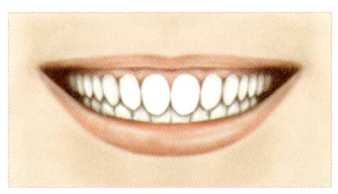

유자아는 치아 사이가 벌어지지 않고 석류알처럼 촘촘하며 윤기 있는 치아입니다. 유자아를 가진 사람은 뛰어나게 총명하고 학자로 명성이 드높아집니다.

③ 안쪽으로 살짝 들어간 치아(궁내아)

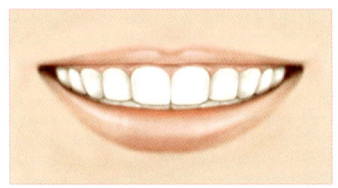

궁내아는 치아가 입안으로 살짝 들어가 있는 치아입니다. 치아의 개수가 적어도 의식주복이 있습니다.

흉한 치아 모양

치아가 지나치게 뾰족하거나 틈이 있으면 흉하게 봅니다.

① 작고 뾰족한 치아(어아)

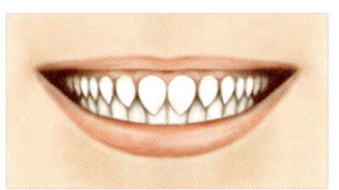

어아는 물고기의 이빨이라는 뜻으로 치아가 작고 뾰족하며 아래쪽이 벌어진 치아입니다. 어아를 가진 사람은 매사에 수고로움이 많지만 결실은 약합니다.

② 짧고 네모난 치아(단질아)

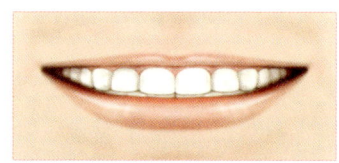

단질아는 다른 치아보다 길이가 짧고 촘촘하며 네모난 치아입니다. 단질아를 가진 사람은 변덕이 있어 수시로 말을 바꾸며 변명과 잔꾀가 많습니다.

③ 바깥으로 벌어진 치아(외피아)

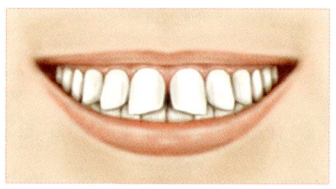

외피아는 가운데 치아 사이가 벌어지고 바깥쪽으로 틀어진 치아입니다. 외피아를 가진 사람은 재물이 들어와도 나가는 것이 더 많아 항상 쪼들립니다.

④ 뿌리가 보이는 치아(노근아)

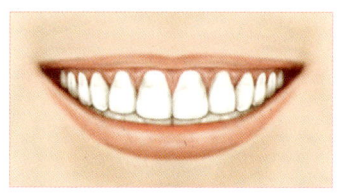

노근아는 뿌리가 드러난 치아입니다. 중년 이후가 되면 잇몸이 내려앉아서 뿌리가 드러나게 됩니다. 치아는 음식을 씹어 영양을 공급하는 중요한 부위이므로 뿌리가 드러나면 치아가 부실해져 영양 공급이 되지 않고 결국 오래 살지 못합니다.

이외에도 흉한 치아 관상은 다음과 같습니다.

• 호아

호랑이처럼 앞니는 적당한 크기로 반듯하지만 송곳니만 유난히 큰 치아입니다. 귀하긴 하지만 육친과 인연이 없습니다.

• 천수아

모양은 반듯하지만 길이가 유난히 긴 치아입니다. 다른 사람보다 노력을 더 해야만 원하는 것을 얻을 수 있지만 수명은 깁니다.

• 구아

개의 이빨처럼 사납게 생긴 치아입니다. 간사하고 교활하며 매우 흉합니다.

 # 점

점은 다른 부위와는 달리 관상서마다 해석이 조금씩 다릅니다. 다음은 여러 관상서에서 점에 관해 언급한 내용입니다.

'이마에서 턱 끝까지 반듯하고 상서로운 기운을 갖추고 있다 해도 흑자(검은 점)가 있으면 자세히 살펴야 한다. 도와주는 점도 있지만 방해하는 점도 있다. 흑점은 모든 기혈이 쌓여 이루어진 것으로 방해하는 점도 있다. 흑점은 모든 기혈이 쌓여 이루어진 것으로 부족한 사람에게 생기는 모양이다. 정신이 피로하고 지친 듯 보이면 색깔이 윤택하지 못하고 고르지 못하여 탁한 모양이 된다. 일을 해도 최선을 다하지 못하게 하는 일마다 막히고 일찍 꺾이게 된다.'

_《마의상법》

'큰 것을 반이라 하고, 작은 것을 점이라 한다. 마른 사람이나 젊은 사람은 반점이 있으면 안 좋고, 작은 점은 있어도 문제가 없으며, 노인에게는 반점이나 점이 있어도 상관없다.'

_명나라 관상가 원충철의《유장상법》

'점은 무릇 산에 나무숲이 자라고 땅에 풀무지가 생기는 것처럼 생겨야 한다. 산의 바탕이 훌륭하면 나무가 훌륭하게 자라 맑고 아름다움을 과시하며, 더러운 흙이 쌓여 나쁜 언덕이 생기면 나무가 아닌 더러움만 쌓인다.'

_관상학의 대가 진희이의 《신상전편》

또한, 《유장상법》과 《신상전편》에서는 점은 공통적으로 언덕처럼 봉긋이 올라와야 하고, 동그란 형태를 지니면서 점 위에 털이 있어야 좋다고 보았습니다. 또한, 칠흑처럼 짙은 흑색에 윤기가 있어야 하고, 붉은색은 진하게 붉고 단단해야 좋은 점이라고 했습니다.

점은 크기나 모양보다 위치가 중요하다

무엇보다 이 세 권의 관상서가 점에 관해 공통적으로 말하는 내용이 있습니다. 바로 '얼굴에 드러나는 점 중에 좋은 점은 없고, 몸에 숨겨져 있는 점 중에 흉한 점은 없다'는 것입니다. 이처럼 점은 모양과 크기를 논하기 전에 어느 위치에 있는가에 따라 좋음과 나쁨을 따질 수 있습니다.

한편, 점을 해석할 때는 과거에는 안 좋게 보던 점을 요즘은 좋은 점으로 보는 경우도 있기에 부위에 따라 신중하게 접근할 필요가 있습니다. 가령, 과거에는 눈 아래에 난 점을 '자식으로 인해 눈물 흘릴 일이 많다'고 봐서 눈물점이라 부르며 꺼렸습니다. 하지만 요즘에는 사람들에게 인기가 많은 도화점에 해당합니다. 광대에 있는 점도 예전에는 하는 일마다 막힘이 있고 재물이 깨진다고 봤지만 이 또한 현대에는 도화점으로 여겨 일부러 만드는 경우도 있습니다.

과거와 오늘날의 해석이 매우 달라진 가장 대표적인 경우가 코의 점입니다. 과거에는 재물이 나가는 점이라 꺼렸지만, 요즘에는 이성에게 인기를 끄는 도화점이나 연예계와 방송계로 진출하는 경우에는 돈을 버는 점으로 여겨집니다. 하지만 일반적인 수입으로 생활하는 사람이라면 지출을 감당하기 어렵거나 본인이 아낀다고 해도 남이 내 돈을 쓰게 됩니다.

이런 예는 또 있습니다. 옛날에는 남자가 입술에 점이 있으면 술과 고기를 즐겨 먹는다고 했지만 현대에는 미식가의 점이라고 할 수 있습니다. 만일 아랫입술에 점이 있으면 이성에게 인기가 있고 연애를 잘합니다. 입가 주변의 점도 과거에는 먹을 복은 있지만 구설수가 따르거나 음식으로 탈이 생기고 입술 밑에 있는 점은 물로 인해 어려움이 있다고 보았습니다. 하지만 요즘에는 입을 가지고 하는 직업이라면 도움이 된다고 해석합니다.

다음은 부위별로 점의 의미를 현대적으로 해석한 것을 그림으로 정리한 것입니다.

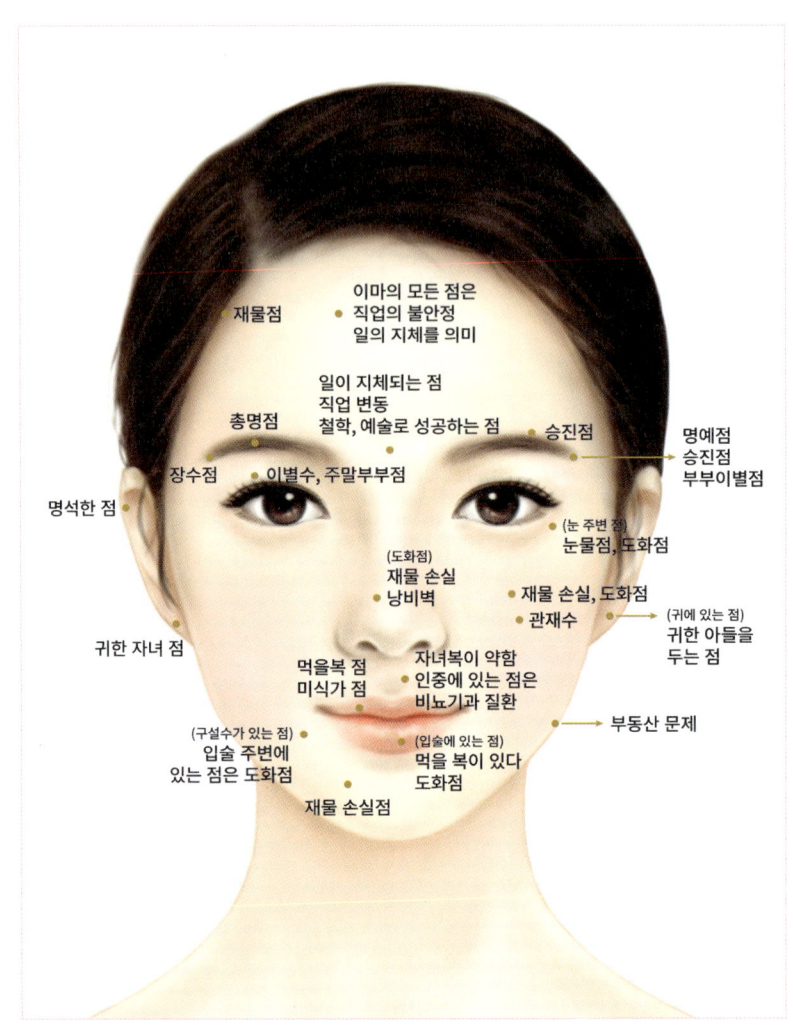

각 점의 위치와 의미

 # 주름

주름은 나이가 듦에 따른 자연스러운 노화 현상입니다. 그러므로 주름을 무조건 나쁘다고 볼 수는 없습니다. 주름은 후천적으로 만들어진 것으로 그 사람이 살아온 삶의 흔적이자 인생의 기록입니다. 중년에 생기기 시작한 주름은 보기에도 자연스럽고, 그 주름으로 더 높은 직위에 오르는지 여부나 더 많은 성공을 거두는지 여부를 알 수 있습니다.

이마에 있는 대부분의 주름은 높은 직위에 오르거나 이름을 드높이게 되는 귀한 주름입니다. 반대로 이마 주름 중에서 끊김이 많거나 구불구불한 주름은 안 좋은 주름입니다. 눈썹 위의 잔주름은 일복이 많은 사람에게 생기고 노고가 많은 주름입니다.

주름은 젊어서 습관적으로 짓는 표정이나 행동으로 만들어집니다. 주름은 운이 갑자기 좋아졌다거나 나빠졌다고 해서 만들어지지 않습니다. 따라서 평소 긍정적으로 생각하면서 습관적으로 밝은 표정을 짓는다면 귀하고 좋은 주름이 만들어질 것입니다. 반면에 부정적으로 생각하면서 습관적으로 어두운 표정을 짓거나 얼굴을 찡그린다면 흉하고 안 좋은 주름이 만들어질 것입니다. 관상은 유전적으로 타고난 골격의 영향을 받습니다. 하지만 자신의 마음과 행동으로 만들어지는 형태가 후천적인 삶에 더 영향력을 미칩니다.

대표적인 이마 주름의 종류

① 전자 주름(田자 주름)

田(밭 전)자 모양 주름이 이마에 진하지 않고 끊기거나 구불거리지 않게 생기면 노년의 삶이 부유합니다. 작은 田자 모양도 해당됩니다.

② 을자 주름(乙자 주름)

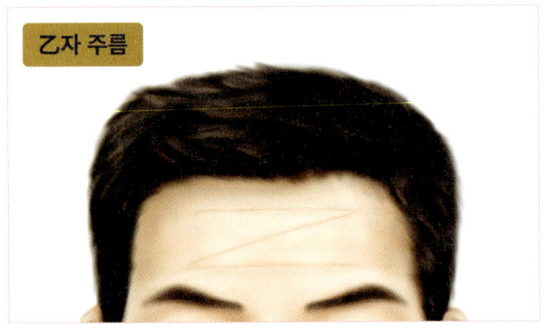

乙(둘째 을)자 모양 주름이 이마에 곧게 생기면 높은 직위에 올라 사람들이 칭송합니다. 하지만 제대로 모양을 갖추지 않으면 노고가 많은 삶입니다.

③ 십자 주름(十자 주름)

십자 모양 주름이 이마에 생기면 명예가 높아지고 중년 이후에 좋은 일과 경사가 많이 생깁니다.

④ 대자 주름(大자 주름)

大(큰 대)자 모양 주름이 이마에 생기면 자신의 분야에서 가장 높은 위치에 오릅니다. 사람들에게 봉사하는 마음으로 행동하면 더욱 존경받으며 이름을 널리 알리게 됩니다. 다만, 진한 대자 주름은 오히려 명예와 직업에 어려움이 많아집니다. 대자 주름은 연하게 있어야 하고 진하면 주변 사람으로 인한 우환이 끊이지 않습니다.

⑤ 대중일문

대중일문은 이마 맨 위에서 인당(미간)까지 일직선으로 내려오는 주름입니다. 대중일문이 있는 경우에도 직위가 높아집니다. 대중일문과 비슷하게 생긴 주름이 현침문입니다. 차이점이 있다면 현침문은 대중일문보다는 길이가 짧고 인당에만 있습니다. 현침문이 있는 사람은 의지가 강하고 자기만의 재주가 있으며 모든 일을 열심히 합니다. 전문 분야에 권위가 있지만 일상에서는 불만과 잔소리가 많고 매사에 꼼꼼합니다. 고향을 떠나 성공합니다.

⑥ 팔자 주름

이마에 팔자 주름이 생기면 모든 사람이 그의 이름을 알게 되고,

직위와 명예가 가장 높이 올라갑니다. 하지만 팔자가 넓게 생기면 안 되고 눈썹 앞부분에 위치해야 합니다.

⑦ 삼자 주름과 언월문

이마에 삼자 주름이 분명하면 장수합니다. 이마에 가로 주름이 한 줄로 분명히 있으면 직업으로 명예를 얻으며 존경을 받습니다. 다만, 이 경우에는 주름이 눈썹보다 길면 안 됩니다. 세 줄이 구불거리거나 끊어지지 않고 선명하면 눈썹보다 길어도 재주와 학식과 문장으로 성공합니다. 다만, 고독한 상입니다. 언월문(偃月紋)이라고 해서 초승달이 누워 있는 모양의 주름이 이마에 한 줄로 있다면 이 또한 명예와 존경을 얻습니다.

이마 주름의 수와 모양
① 이마에 가로로 난 3개의 주름
천문(天紋)
천문은 3개의 주름 중 가장 위에 난 주름입니다. 하늘 또는 사람의 정신적 본질, 이상을 향한 태도, 윗사람과의 관계를 나타냅니다. 천문이 선명하면 이상적이지만 비현실적입니다. 철학, 예술, 심리학자 등의 직업으로 성공합니다.

인문(人紋)

인문은 3개의 주름 중 가운데에 난 주름입니다. 인격, 자아의 힘, 본인의 재산, 건강을 나타냅니다. 인문만 선명하면 지도자가 될 기질이 있습니다. 기질을 적절히 사용하면 따르는 사람들을 하나로 이끌 수 있는 카리스마를 지닙니다. 3개 주름이 다 있으면서 인문만 더 선명한 경우는 침착하고 학자적 기질을 가진 인물입니다. 스스로 연구, 노력하며 사회적 지위와 명성을 얻습니다.

지문(地紋)

지문은 3개의 주름 중 맨 아래에 난 주름입니다. 아랫사람과의 관계, 자손과의 관계, 가정, 명예를 나타냅니다. 맨 아래 주름이 선명하면 대체적으로 물질적으로 안정적이고 정신적인 일보다는 육체적인 일과 일상적인 일을 무난하게 처리합니다. 위에 2개의 주름은 직선이지만 지문만 눈썹을 감싸듯이 곡선을 이룬 사람은 여러 가지 일과 장사에 흥미가 있습니다. 자신의 재능과 수완을 돈으로 연결시키는 특별한 재능이 있습니다.

② 이마에 난 하나의 끊어지지 않는 주름

꾸준한 건강과 지속적인 생명력을 뜻합니다. 불규칙하면서 짧으면 직업이 있고 생활은 안정적이지만 사업을 하면 망하거나 육친과 인연이 없거나 병약합니다. 초년에 주름이 짧게 불규칙하게 있다면 즐거움이 없습니다.

③ 이마에 가로로 난 4개의 주름(약간의 짧은 선도 포함)

이마에 4개의 주름이 있으면 다방면에 재주가 많습니다. 또한, 창의력이 풍부하고 선견지명이 탁월하며 사회적으로 두각을 나타냅니다.

④ 이마 주름이 2개만 있는 경우

완고하고 고집이 있는 사람으로 아랫사람과 후배를 길러내는 소질이 있습니다. 아랫사람 덕으로 본인의 위치도 상승합니다.

⑤ 이마 주름이 여러 개인 경우

인생이 평탄치 않았음을 알 수 있습니다. 젊은 사람은 고난의 청춘을 보내지만 중년 이후에 기회가 옵니다.

⑥ 주름이 이마 가운데로 처진 경우

경험이나 직감을 통해 업무 능력을 올립니다. 특별한 재능으로 재산을 불립니다.

⑦ 이마 아래쪽으로 주름이 많은 경우

인생에 변화와 기복이 많습니다. 뭐든지 체험하고 실천하려는 경향이 있습니다. 체험을 통해 얻은 지식을 일이나 장사에 연결시키는 능력이 있습니다.

⑧ 이마에 끊어진 주름이 겹치거나 주름이 많은 경우

과거에 고생했고 주변 사람과 마찰이 끊이질 않습니다. 상부에 이런 주름이 있으면 윗사람으로 인해, 중부에 있으면 배우자로 인해, 하부에 있으면 자식과의 문제가 생깁니다.

⑨ 이마 주름이 지문으로 1개만 있는 경우

체력과 기가 왕성합니다. 한 계단씩 성공하는 사람입니다. 이런 주름은 육체노동을 하는 사람에게 주로 볼 수 있습니다. 발이 넓고 서민적이며 인기가 많습니다.

⑩ 이마 위에 곡선이 진 주름

대귀한 주름이지만 이마 위에 X자 주름이 있으면 관재수와 사고를 조심해야 합니다. 이별수가 있습니다. 장수하지만 인생이 수고롭습니다.

⑪ 이마 위에 井자 주름

귀한 주름이지만 눈 밑에 있으면 자살 가능성이 큽니다. 눈 밑에 井자 주름이 있으면 고독을 주관하며 다른 부위가 흉하다면 일생 관재수가 따릅니다.

미간 주름

① 검난문

검난문은 미간에서 이마 가운데를 향해 생긴 비스듬한 주름입니다. 왼쪽에 있으면 투쟁심이 강하고 타인에게 상처를 입힙니다. 공격을 주로 하는 운동선수나 투쟁이나 싸움을 하는 역할을 자주 맡는 배우인 경우에도 검난문이 만들어집니다. 오른쪽에 있으면 겁이 많고 타인에게 공격을 받습니다. 미간 양쪽에 있으면 사색가입니다.

② 경업문

경업문은 눈썹을 위에서부터 둘러싼 모양의 주름입니다. 관상학의 고전에서는 부업을 가지는 주름으로 봅니다. 본인이 가지고 있는 지식이나 아이디어, 특수 기술을 돈벌이로 연결시키는 재능이 있으나 약간 탐욕적입니다.

③ 양쪽 눈썹 사이에 난 두 개의 평행한 세로 주름

이런 주름이 얕게 있다면 간 기능이 좋습니다. 하지만 이곳에 주름이 깊게 패어 있다면 간에 약간의 문제와 울혈이 있을 가능성이 높습니다. 불규칙한 과민성 발작, 울컥 치미는 분노로 고통을 받습니다.

④ 눈썹 사이에 3개의 줄이 얕게 있는 경우

심한 좌절, 분노, 부적절한 식습관, 술로 인한 간 문제를 겪습니다. 만약 이런 주름이 깊다면 사고 위험에 처합니다.

⑤ 눈썹 사이에 주름이 1개일 경우

성격과 의리가 강하지만 중년에 간 질환을 주의해야 합니다.

눈썹과 눈 주변 주름

① 눈썹 아래쪽이 움푹 들어가 주름이 생긴 경우

부모 자식 사이의 인연이 적어 일찍부터 독립해야 하고 함께 살면 갈등이 있습니다.

② 눈 끝에 주름 하나가 길게 위쪽으로 올라갈 경우(어미문)

주변의 시선을 집중적으로 받고 부하나 후배에게 깊은 신뢰를 얻습니다. 배우자운도 좋지만 애인이 생기기 쉽습니다.

③ 쌍꺼풀을 말하는데 쌍꺼풀이 시작하는 부분이 떨어져 있는 경우(중조문)

조숙하고 성에 일찍 눈을 떠 여성의 경우 이른 나이에 다양한 연애 경험을 합니다. 하지만 결혼은 인연이 약하므로 늦게 하는 편이 좋습니다.

④ 눈 아래 부위에 비교적 긴 주름(누당문)

남녀 모두 아이와 인연이 적어 주름이 길면 길수록 함께 살기가 어렵습니다.

⑤ 눈 아래 부위에 이중선이 나오는 주름(이중 누당문)

상부의 주름은 자녀운을, 하부의 주름은 부하운을 의미합니다.

⑥ 눈 끝에 사선으로 주름이 있는 경우

남성은 왼쪽, 여성은 오른쪽에 이런 주름이 있으면 교통사고에 주의해야 합니다.

입 주변 주름

① 법령선에 방상선 주름이 있는 경우

코끝 양 옆에서 입꼬리 주변까지 내려오는 선인 법령선 주위의 주름으로 일반적으로 나이가 많은 사람들에게 나타나는 주름입니다. 이런 주름이 있으면 우애가 깊은 자녀를 두고 자녀들이 노년에 도움을 줍니다.

② 아랫입술과 턱 사이에 가로로 주름이 생긴 경우
미각이 뛰어나고 노년에 가정운이 좋습니다. 노년복도 좋습니다.

③ 입꼬리에서 나타나는 아래로 처지는 주름
자기주장과 사상이 투철하고 실천력이 강합니다.

④ 세로 주름이 아랫입술 아래쪽으로 많은 경우
정이 많고 다정다감합니다. 상대와 대화를 통해 기쁨을 누립니다. 하지만 이성의 유혹에 약하고 잘 속습니다.

⑤ 쌍법령
두 번 결혼하거나 두 가지 업종의 일을 하게 됩니다.

⑥ 법령이 입안으로 들어갈 경우
관상학의 고전에는 '법령이 입안으로 들어가면 외롭거나 굶어 죽는다'라고 적혀 있습니다. 오늘날의 관점에서는 굶어 죽는다는 의미보다는 건강에 문제가 생겨 단식하거나 섭취 음식을 줄이는 식이요법을 하는 경우라고 봐야 적절합니다.

 # 기색

　기색은 신체 에너지의 흐름에 따라 피부로 표출되는 기(氣)의 색입니다. 피부 본연의 빛도 있지만, 감정이나 행동, 주변 상황에 의해 피부 표면에 나타나는 색도 기색입니다.
　사람은 기색이 좋아야 합니다. 과거에는 얼굴이 기름을 바른 듯 매끄럽고 빛이 강하고 고운 것을 노비와 기생의 기색으로 여겨 좋게 보지 않았습니다. 그러나 시대가 바뀌어 요즘에는 오히려 이러한 기색을 갖기 위해 다들 노력합니다. 가령, 매끄럽게 빛나는 얼굴을 도화의 기색이라고 해서 이성에게 인기를 끌거나 사람들의 관심이 필요한 연예인의 관상으로 봅니다. 특히 전문적인 직업을 갖고 있거나 일을 하는 여성에게 좋은 기색이라고 여깁니다.
　건강한 피부에 흐르는 윤기와 개기름이 번질번질해서 들뜬 기름기는 다릅니다. 들뜬 기색은 오늘날에도 꺼리는 기색입니다. 속이 탁해서 검은 기름이 흐르는 기색은 가장 흉합니다. 피부 속에서 우러나와 색이 은은하게 빛나야만 진정으로 좋은 기색입니다. 만약 흉한 색 한 가지가 나오면 어려움이 발생하지만 청색, 황색, 홍색이 동시에 나오면 어려움이 해결됩니다.
　관상서에서는 기색이 피어오르고 수그러드는 시간을 다음과 같이 일러두었습니다.

- 인묘시(寅卯時, 새벽 3시 30분~오전 7시 30분)에 분명하고,
- 사오시(巳午時, 오전 9시 30분~오후 1시 30분)에 흩어지고,
- 신유시(申酉時, 오후 3시 30분~오후 7시 30분)에 소멸한다.

12궁의 기색으로 보는 길흉

① 명궁

- 황명색(연한 황색)

명궁(미간)에 연한 황색이 나오면 만사형통합니다.

- 적색

명궁에 적색이 실처럼 나오면 소송이 생기거나 질병이 발생합니다. 관골이나 코에 적색이 강하게 나오는 경우에도 관재수를 조심해야 합니다. 명궁에 진한 가로 선이 생기고 명문(귀의 입구)에 적색이 진하면 3개월 내에 중병을 주의해야 합니다.

- 잿빛

명궁에 흑색이 비치면 사망합니다. 하지만 다른 부위가 윤기 있고 밝으면 일이 지체됩니다.

- 청색

건강이 나빠지거나 일이 꼬이고, 주변에 갑작스러운 일이 벌어져 어려움이 많습니다.

- 백색

갑작스러운 사건 사고가 발생합니다. 또는 상복을 입을 일이 생깁니다. 다른 부위의 색은 좋은데 유독 결후부터 일점의 적색이 나오고 흑색으로 어두워지면 사망합니다.

② 재백궁

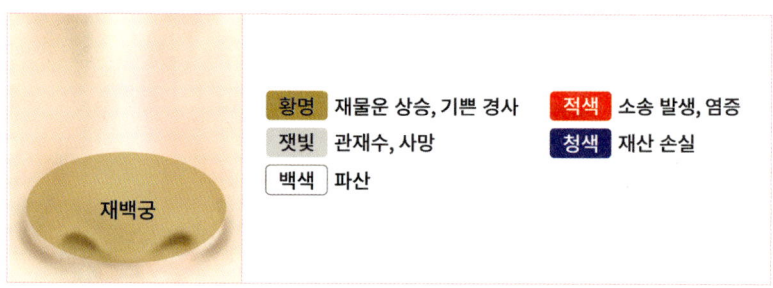

- 황명색(연한 황색)

가장 좋은 색으로 만사형통합니다. 재물이 들어오고 경사가 생깁니다. 관골과 준두에 밝은 홍색이 나오면 길합니다.

- 적색

소송이 발생하거나 염증으로 고생합니다.

- 적색과 황색

재백궁에 적색과 황색이 같이 나오면 소송에서 이겨 재물이 들어옵니다. 귀가 흑색(기혈 부족)이고 준두가 적색(혈이 윤택하지 않음)이 되는 것은 흉합니다. 재백궁만이 아니라 몸에 적색과 흑색이 나오는 것은 중병이 생기므로 꺼립니다.

- 잿빛

관재수가 발생합니다. 코 끝에 흑색이 나오면 사망합니다.

- 청색

재산이 흩어집니다.

- 백색

갑자기 재산이 많이 나가거나 부모가 사망하여 상복을 입습니다.

③ 형제궁

- 황명색(연한 황색)

재물이 들어오고 부동산 거래나 매매에 길합니다. 귀인을 만납니다.

- 적색

가까운 주변 사람과의 구설수나 시비를 조심해야 합니다.

- 잿빛

가족이나 본인에게 어려운 일이 발생합니다.

- 청색

가족이나 본인에게 뜻밖의 문제가 발생합니다.

- 백색

소송, 교통사고, 수술할 일이 생깁니다.

④ 전택궁

• 황명색(연한 황색)

부동산이 많아지고 부동산 거래로 이익이 발생합니다. 전답 토지의 재물은 지고의 색이 선명해야 합니다.

• 적색

소송으로 재산이 줄어듭니다.

• 잿빛

재물을 얻는 것이 헛수고가 됩니다. 눈 주변에 잿빛이 나오면 투자는 피해야 합니다.

• 청색

토지 관계로 관재수와 시비가 발생합니다.

• 백색

인간관계에 근심이 생기고 실물수가 있습니다.

⑤ 남녀궁

- 황명색 (연한 황색)

자녀로 인한 경사로운 일이 생깁니다. 기색이 노랗고 자주색이 같이 나오면 귀한 자녀를 낳고, 자색이 나오면 예쁜 자녀를 얻습니다. 밝은 황색과 밝은 홍색이 나오면 연애운이 좋습니다.

- 적색

자녀를 낳는 데 어려움이 있습니다. 구설수가 발생합니다. 짙은 피 색깔이 나오면 병을 조심해야 합니다.

- 잿빛

자녀보다는 본인에게 슬픈 일이 생깁니다. 정력이 떨어지고, 수면 부족으로 기력이 떨어집니다.

- 청색

왼쪽 눈에 생기면 아들, 오른쪽 눈에 생기면 딸을 낳습니다. 자녀가 이미 있다면 자녀에게 힘든 일이 생깁니다.

- 백색

전염병이나 물로 인한 어려움이 발생합니다. 자녀를 잃게 됩니다.

⑥ 노복궁

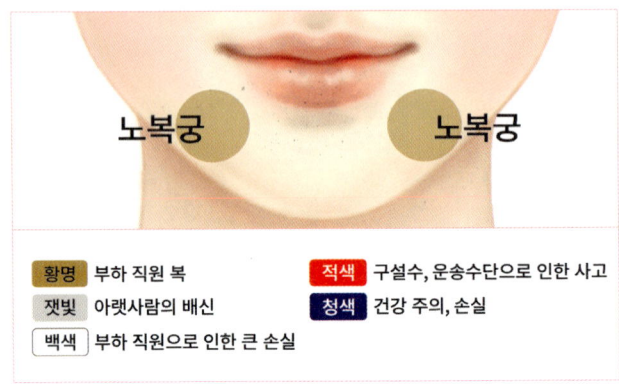

- 황명색(연한 황색)

부하 직원이나 아랫사람 덕분에 이익이 생깁니다. 믿음직스럽고 능력 있는 직원을 얻습니다.

- 적색

부하 직원으로 인해 구설수에 휘말립니다. 자동차, 자전거 등을 타다가 접촉 사고가 발생합니다. 반려동물로 인한 구설수가 생깁니다. 하지만 밝은 홍색이 나오면 직원 덕분에 이익이 발생하거나 재물이 늘어납니다.

- 잿빛

반려동물이 죽거나 아랫사람에게 배신을 당합니다.

- 청색

운송수단으로 인한 손실이 발생합니다. 직원의 배신이나 실망스러운 일이 발생합니다. 청색이 입 주변에 나오면 30세 이전에 큰 병이 생기고 30세가 넘으면 사망합니다. 노인의 경우 특히 위험합니다. 건강을 주의해야 합니다.

- 백색

부하 직원이나 아랫사람 때문에 손실이 큽니다.

⑦ 부부궁

- 황명색(연한 황색)

연인이나 부부간에 화목하고 결혼 후에 재물이 쌓입니다.

- 적색

연인이나 부부간에 다툼이 생기거나 여자의 경우는 출산을 할 때 어려움이 생깁니다.

- 잿빛

연인이나 부부간에 이별을 하게 되거나 재물 손실이 있습니다. 몸에 상처를 입습니다.

- 청색

연인이나 부부간에 갈등하고 이별합니다.

- 백색

가족 중에 갑작스러운 사고가 발생합니다.

⑧ 질액궁

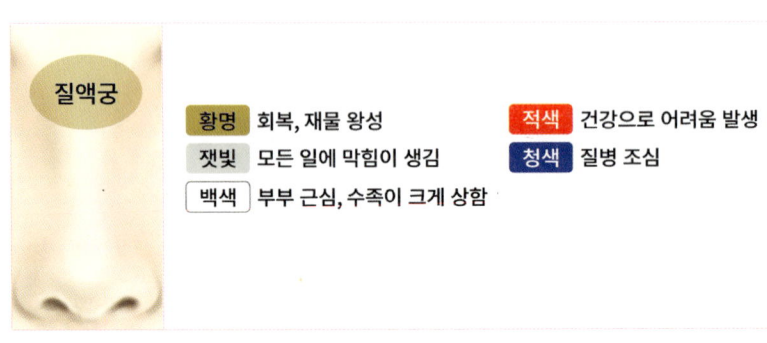

• 황명색(연한 황색)

병이 있는 사람은 회복되고 재물도 왕성해집니다.

• 적색

건강 때문에 문제가 발생합니다. 염증이나 출혈로 고생합니다.

• 잿빛

병이 깊어지고 모든 일에 막힘이 많습니다.

• 청색

질병을 조심해야 합니다.

• 백색

부부간에 근심거리가 생깁니다. 다른 부위가 같이 안 좋으면 수족이 크게 상합니다.

⑨ 천이궁

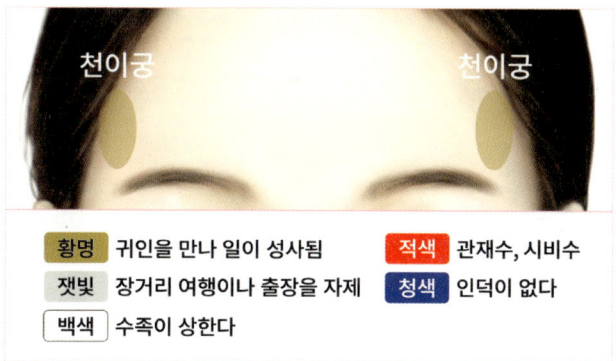

- 황명색(연한 황색)

귀인을 만나 명예와 이익을 얻습니다.

- 적색

관재수와 시비수를 조심해야 합니다. 놀랄 일이 발생합니다.

- 잿빛

길거리에서 망신을 당합니다. 멀리 움직이는 것을 주의해야 합니다.

- 청색

인덕이 없고 항상 막힘이 있습니다. 천창, 지고(턱)에 청색이 나면 취직과 승진이 어렵습니다

- 백색

아랫사람에 의해 손해가 생깁니다. 축산업을 하는 사람이라면 가축 때문에 손해가 발생합니다. 수족을 다칠 수 있습니다.

⑩ 관록궁

- 황명색(연한 황색)

승진하거나 직장을 얻습니다. 홍색과 황색이 나오면 승진하여 명예가 높아지고 소송에서 이깁니다.

- 적색

직장에서 좌천되고 갑작스럽게 문제가 발생합니다.

- 잿빛

질병이 생깁니다. 직장을 잃습니다.

- 청색

직장을 잃거나 명예를 잃습니다. 소송과 관재수로 인해 재물을 잃습니다.

- 백색

소송이 발생하거나 직장이 불안합니다. 이마에 곰팡이처럼 흑색, 청색이 나오면 사망합니다 그 가운데에 밝은 기색이 나오면 죽음을 면합니다.

⑪ 복덕궁

- 황명색(연한 황색)

모든 일이 형통합니다.

- 적색

재물로 인해 형제, 친구, 동업지간, 동료 사이에 시비가 발생합니다.

- 잿빛

집안에 근심이 생기고 재물이 없어집니다.

- 청색

되는 일이 적고 가정이 불안합니다.

- 백색

갑작스러운 사고나 어려움이 발생합니다.

⑫ 부모궁

- 황명색(연한 황색)

부모에게 경사가 생깁니다. 본인의 직위가 높아집니다. 병이 낫습니다.

- 적색

화재나 구설수를 조심해야 합니다.

- 잿빛

부모에게 우환이 생기거나 구설과 시비로 마찰이 생깁니다. 자신이 다칠 수 있습니다.

- 청색

부모궁에서부터 콧대로 이어져 입까지 청색이 진하게 나오면 본인이 사망합니다. 건강을 미리 예방하면 막을 수 있습니다.

- 백색

소송을 겪고 패소하며 재산이 없어집니다. 백색이 강하면 상복을 입습니다.

기색으로 보는 각종 운

기색을 통해 재물운, 합격운, 승진운, 여행운, 소송운, 결혼운 등을 볼 수 있습니다. 기색은 24절기를 기준으로 15일에 한 번씩 자시(밤 11시 30분~새벽 1시 30분)에 바뀌기 때문에 15일 간격으로 봅니다. 기색은 피부 밖으로 너무 진하게 드러나면 안 되고, 연한 색으로 밝고 은은하게 빛나야 좋습니다.

① 재물운

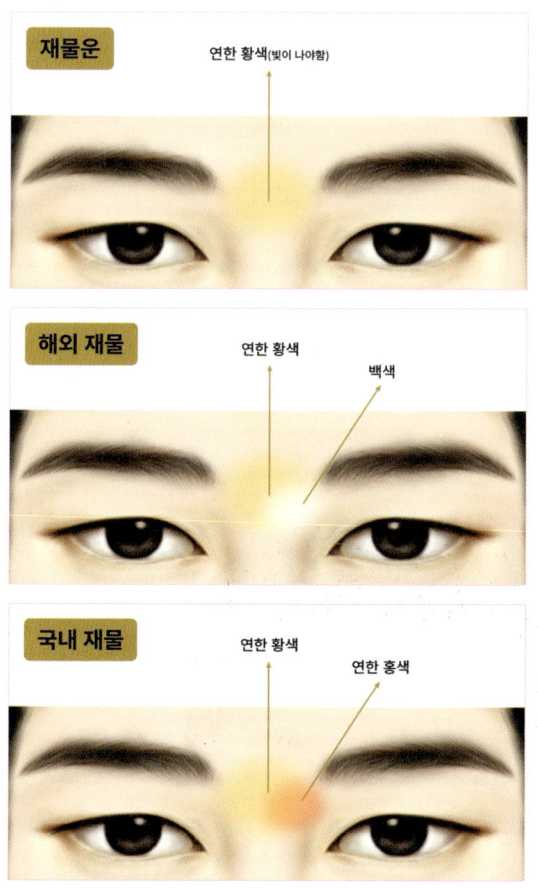

• 일의 이득과 재물운을 알려면 인당(미간)의 기색을 살펴봅니다. 인당이 연한 황색으로 밝게 빛나야 좋습니다.

• 해외로 나가 재물을 얻으려면 연한 황색과 백색이 동시에 나와야 합니다.

• 국내에서 이익을 구하려면 연한 황색과 연한 홍색이 동시에 나와야 합니다.

• 부동산으로 재물을 얻으려면 지고(턱)의 색이 연한 황색으로 밝게 빛나야 합니다.

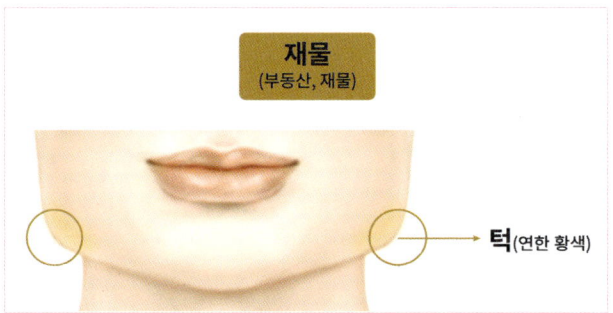

• 이사를 하거나 영업장을 리뉴얼하거나 확장하여 이익을 얻으려면 역마궁에 황색의 기색이 나와야 합니다.

② 입학운, 시험 합격운

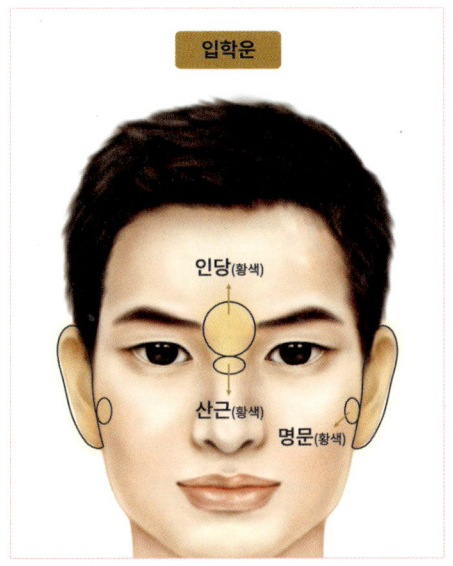

• 입학운은 명문(귀의 입구), 양쪽 귀, 인당, 산근을 살피는데, 이들 부위가 황색으로 윤택하고 밝아야 합니다. 이 중에서 한 곳이라도 청색, 적색, 흑색, 홍색이 나오면 합격하지 못합니다.

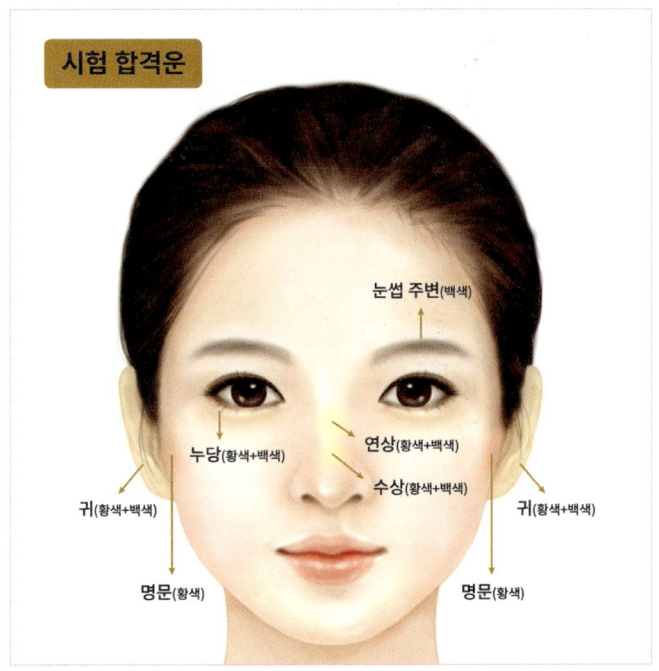

• 눈썹 부위가 백색으로 밝게 빛나고, 귀, 명문(귀 입구), 양쪽 누당, 연상(산근 밑에 부위), 수상(코 중앙 부위)에 황색과 백색이 나오면 합격합니다. 만약 한 곳이라도 어두우면 합격운이 없습니다.

③ 승진운, 여행운, 이동운

• 얼굴에 흑색이 짙으면 남쪽으로 가야 좋고, 적색이 짙으면 북쪽으로 가야 합니다. 또한, 청색은 동쪽으로, 흰색은 서쪽으로 가야 합니다. 황색이 짙게 나오면 남쪽이나 동쪽으로 이동해야 이익이 생깁니다.

• 여행할 때는 역마궁(천이궁)과 변지의 기색을 살펴야 합니다. 이 부위에 홍색이 나오면 즐거운 여행이 됩니다. 적색이 나오면 다른 지역에서 활동해야만 재물을 얻거나 좋은 기회가 생깁니다.

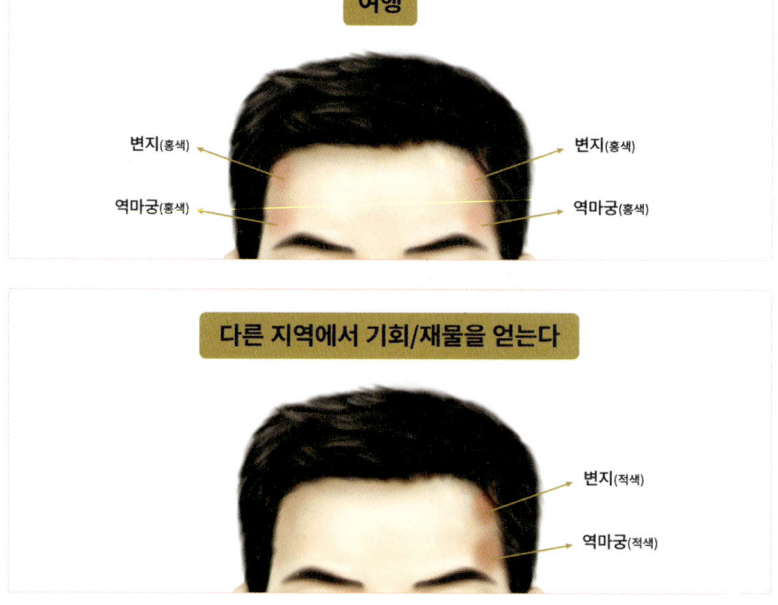

• 인당과 역마궁과 명문(귀의 입구)이 하루 이틀 정도 일시적으로 밝아졌다가

없어지면 승진운이 좋습니다.

　• 역마궁, 지고, 명문에 홍색이 나와도 승진합니다. 만약 역마궁과 지고에 청색이 나오면 휴직하거나 승진을 못합니다.

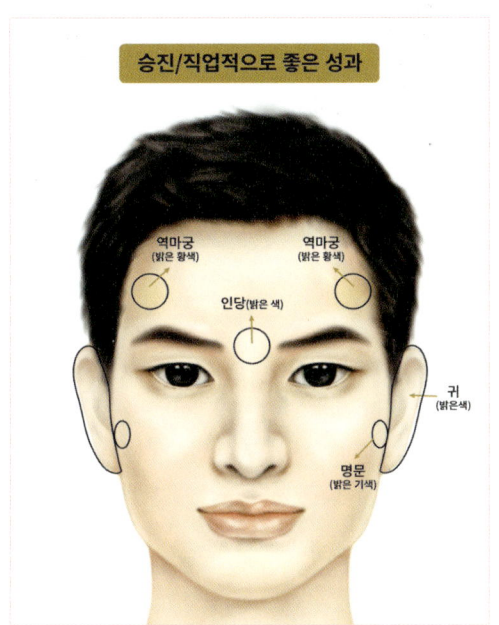

④ 소송, 구설, 시비수

• 명궁에 적색이 나오면 시비와 구설이 생깁니다.

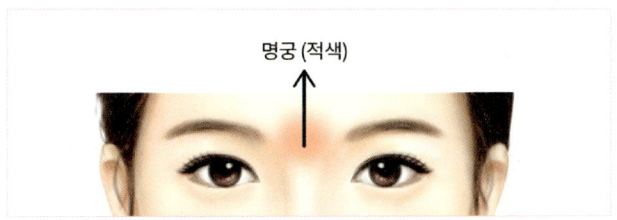

• 연상, 수상, 준두에 적색이 나오고 변지에 청색이 나오면 소송을 조심해야 합니다.

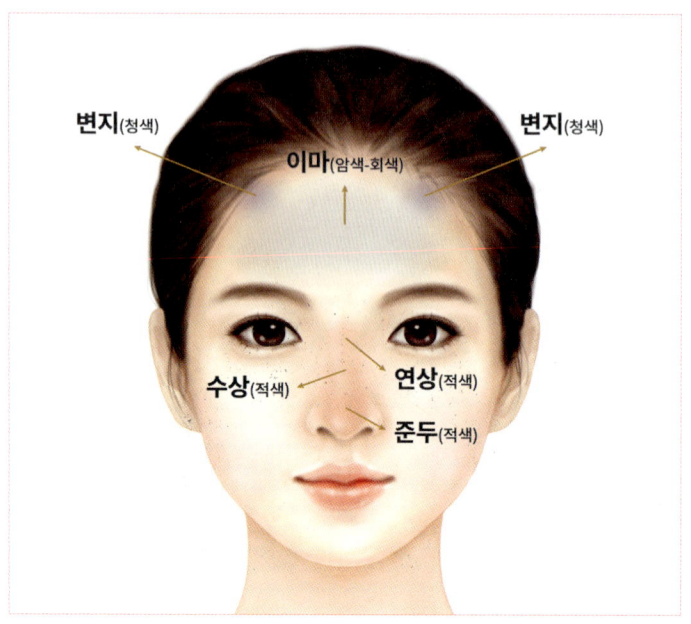

• 이마에 암색(진한 회색)이 나오면 이 또한 관재수를 조심해야 합니다.

• 지고(양쪽 턱)가 밝으면 소송에서 승소하고, 눈에서 광채가 나도 소송에서 이깁니다.

⑤ 결혼운

• 얼굴 전체에 윤기가 나며 밝게 빛나야 결혼운이 좋습니다.

• 인당에 자색이 나오면 결혼운이 있습니다. 자녀의 결혼운도 포함합니다.

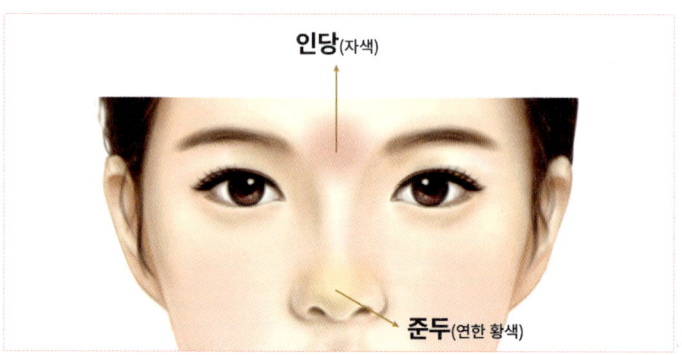

- 인당에 자색이 나오고 준두가 연한 황색으로 밝게 빛나면 능력이 뛰어난 남편을 만나 더욱 발전하게 되며, 귀한 자녀를 갖게 됩니다.
- 얼굴에 어두운 기색이 많으면 늦게 결혼하는 것이 좋습니다.

손바닥의 기색으로 보는 길흉

기색으로 운세를 살필 경우에는 먼저 얼굴의 기색을 살피고, 다음으로 손바닥의 기색을 살핍니다. 얼굴은 그날 그 시간의 기분과 분위기에 따라 기색이 다르게 나올 수 있으므로 손바닥의 기색을 함께 살펴 확실한 운세를 간명해야 합니다. 손톱과 손바닥 기색이 어두우면 조심해야 합니다.

손바닥의 혈색이 불을 뿜은 듯 붉고, 붉은 홍색에 하얀 점이 군데군데 흩어져 있으면 금전이 들어옵니다. 손바닥이 옥처럼 맑고, 은처럼 하얀색으로 밝으면 귀한 사람이 됩니다. 손톱이 어두우면 직장에 문제가 생기고, 손바닥이 어두우면 직장과 금전을 잃고 이득이 없습니다. 손가락이 하얗게 윤기가 있으면 예술가이며, 문장가로 능력이 있습니다. 손등의 손가락에 어두운 기색이 나면 문서 계약에 어려움이 생기고 일에 막힘이 있습니다.

황색, 홍색, 적색, 자색은 금전이 늘어나는 기쁨이 있는 색입니다. 하지만 흑색과 진한 회색은 재물 손실이 있습니다.

- 새벽 5시 30분~오전 9시 30분까지 손바닥에 홍색이 있고 홍색이 점처럼 퍼져 있다면 큰 재물은 아니지만 작은 재물은 들어옵니다.
- 손바닥의 이(중지 아랫부분) 자리에 백색이 나오면 일시적인 재물의 지출이 있습니다.
- 손바닥의 감, 건(가운데 손목 윗부분과 손목 바깥쪽 윗부분) 자리에 진한 회색이

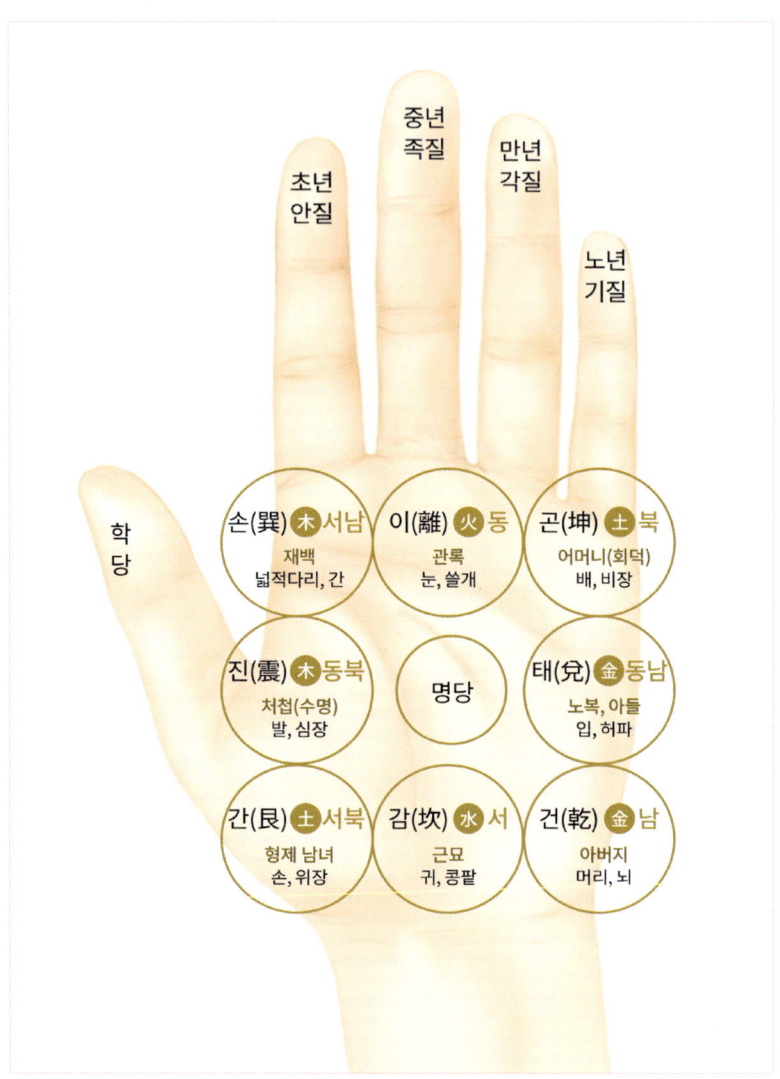

손바닥 부위별 해석

나오면 재물의 손실이 있습니다.

- 손바닥 가운데 명당 자리에 적색이 나오면 1년 안에 재물이 확장됩니다.
- 손바닥의 간, 진 자리에 자색이 나오면 열흘 안에 승진합니다.

- 손바닥의 진 자리에 황색이 밝게 빛나면 임신 소식이 있습니다.
- 손바닥의 곤, 태 자리에 혈색이 밝게 빛나면 귀한 아들을 출산합니다.
- 사계절에 상관없이 혈색이 붉은색으로 강하면 재물이 쌓이는 기쁨이 있습니다.

 # 체상과 머리카락

체상은 몸의 상을 의미합니다. 몸의 형태와 골격, 기색, 피부결 등을 통해서도 운세를 점칠 수 있습니다. 얼굴의 관상도 중요하지만, 얼굴의 상보다는 체상이 좋다면 더욱 좋은 관상입니다. 또한, 머리카락 모양으로도 운세를 볼 수 있습니다.

체상

- 팔 길이는 엉덩이 선을 넘어 길어야 하고, 팔 길이가 짧으면 생각이 짧고 단순합니다.
- 손이나 발에 살이 없이 가늘고 길면 고생을 많이 합니다.
- 살이 찐 사람은 쾌락을 즐기고 놀기를 좋아합니다.
- 몸의 피부가 두껍고 살집이 있는 사람이 이마와 턱이 좁거나 삐뚤어지지 않으면 넉넉한 부자입니다.
- 얼굴 피부가 지나치게 팽팽하고 얇으면 아무리 인중이 길어도 수명이 짧습니다. 만일 수명이 길면 자식의 일에 막힘이 있습니다.
- 남자의 허리가 가늘면 가정의 재물을 없애고, 여자의 어깨가 움츠러들면 고독하고 이혼수가 있습니다.
- 머리가 크고 이마가 큰 여자는 남편 대신 가정을 이끌어야 합니다. 여성의 경우 음성이 거칠고 골격이 거칠면 사별수나 이혼수가 있습니다.

• 어깨뼈가 튀어나오면 항상 새로운 것을 기획합니다. 여자가 남자처럼 어깨가 벌어지면 이혼수가 있거나 남편복이 없습니다.

• 등이 두툼하고 반듯한 사람은 승진이 빠르고 직위가 높아집니다.

• 남자는 가슴이 넓으면 마음이 여유롭고 정신력이 강합니다. 반대로 가슴이 좁으면 의지박약하고 매사에 조급증이 있습니다.

• 윗배가 나오면 병이 많고 한 직장에 오래 있지 못하며 직업이 불안정합니다. 아랫배가 나오면 진득하게 한 직장에 오래 머물고 직업이 안정되어 재물이 저절로 따라옵니다.

• 배꼽이 깊고 크면 복을 많이 담을 수 있다고 해서 좋게 봅니다. 위로 향하는 배꼽은 지혜롭고 아래로 향하면 고지식하고 융통성이 부족합니다.

• 허리와 엉덩이는 살이 있고 힘이 있어야 건강하고 장수합니다. 허벅지에 살이 충분히 있어야 자수성가합니다.

• 살이 쪘는데 허벅지에 살이 없으면 노년에 고생하거나 건강에 문제가 많이 생깁니다.

• 허벅지에 살이 많고 무릎이 둥글면 돈이 쌓이고 쌓여 부유하게 삽니다. 하지만 지나치게 살이 많으면 재물이 많아도 본인이 쓰지 못하고 돈 때문에 어려움이 생깁니다. 옷을 입을 때 상의보다 하의를 한 치수 크게 입는 정도로 살집이 있는 것을 좋게 봅니다. 무릎이 크고 허벅지가 작으면 성공하지 못합니다.

• 걸을 때 상체를 꼿꼿이 세우고 활기차게 걸으면 성격도 좋고 건강합니다. 상체를 수그리고 발을 끌 듯 걸어가면 건강하지 못하고 근심 걱정이 떨어지지 않습니다. 걸으면서 뒤를 자주 돌아보면 의심이 많고, 시기, 질투가 강합니다. 머리를 곧게 세우고 어깨를 펴고 걷는 사람은 일에서 쉽게 성취하며 번창합니다.

• 한 자리에 오랜 시간 동안 앉아 있는 사람은 인내심과 끈기로 성공합니다.

• 몸이 마르고 얼굴에 살이 찌면 수명이 짧고 성정이 급합니다. 몸에 살이 찌고 얼굴이 마르면 수명이 길고 여유롭습니다.

• 얼굴이 보통이고 몸이 세세하게 잘생긴 사람은 복이 있고 얼굴은 섬세하게 잘생기고 체상이 별로면 일생 동안 가난합니다.

• 목 뒤에서 볼이 보이면 소유한 부동산이 넓고 여자가 많습니다.

• 남자 얼굴이 주먹 2개가 들어갈 정도로 길다면 자식을 이기는 상이고, 여자가 얼굴이 길다면 남편을 이기고 몰상식합니다.

• 얼굴이 보름달처럼 둥글고 눈빛이 맑고 빼어나며 쏘는 빛이 고운 사람은 귀한 사람이 되며 직위가 높습니다.

• 얼굴 피부가 두터운 사람은 가식적이지 않고 부모에게 효도하며 순수하고 부유합니다.

• 얼굴 피부가 얇으면 성정이 재빠르지만 지출이 많습니다.

• 얼굴이 신선한 누런 열매 같으면 부귀영화를 누립니다. 또한, 얼굴이 신선한 푸른 열매와 같이 생기가 있으면 어질고 사리에 밝습니다.

• 몸집이 비대한데 얼굴이 작으면(마르면) 장수하고 성정이 느립니다. 몸집은 말랐는데 얼굴이 살찌면 단명하며 성정이 급합니다.

• 얼굴은 흰데 몸이 검은색이면 성급하고 경솔합니다. 얼굴이 어두운데 몸이 희면 귀한 상입니다.

머리카락

• 머리카락은 짧으면서 윤기가 흘러야 하며 향기가 나야 귀인의 상입니다.

• 머리카락이 곱슬거리며 굵고 뻣뻣하면 성격이 강하고 고독합니다.

• 머리카락이나 수염이 노랗고 거칠면 병이 많고 재물이 깨집니다.

• 머리카락이 붉거나 희면 소송과 사건이 많습니다. 젊은 나이에 희면 단명합니다. 특히 40대가 되기 전에 백발이 되면 혈쇠라고 해서 성격은 낙천적이지만 수명이 짧습니다.

• 머리카락이 일찍 희면 흉하고 다시 검어지면 길합니다.

- 머리카락이 가늘고 검으며 윤기가 돌면서 힘이 있으면 부귀영화를 누립니다.
- 머리카락이 고슴도치처럼 뻣뻣하면 반역의 기미가 있습니다.
- 머리카락은 초목과 같아서 너무 무성하면 산악을 가리니 밝지 않아 갑갑합니다. 모발은 빽빽하면서도 가늘어야 하는데 너무 많아 이마가 좁아진다면 일에 있어서 한계가 있고 지체되는 일들이 많습니다.
- 목 뒷머리가 높은 사람(뒷머리 아래쪽이 튀어나온 경우), 귓가에 머리숱이 없는 사람은 괴팍하고 성정이 독하여 가슴속에 칼이 있습니다.

관상으로 본
연애 결혼운

연애를 잘하는 관상이라고 해서 결혼에 좋은 관상이 아니며, 바람둥이 관상인 것도 아닙니다. 연예인들이 팬을 끌어당기듯 이성을 끌어당기는 도화의 기운을 가진 관상이 연애를 잘하는 관상입니다. 음양오행을 자연의 사물에 비유하여 해석하는 물상론에 따르면 여성은 강아지상과 고양이상, 남성은 사슴상과 소상이 대체적으로 이성에게 호감을 주며 인기가 많습니다.

연애운이 좋은 관상(여성)인 강아지상(왼쪽)과 고양이상(오른쪽)

연애운이 좋은 관상(남성)인 강아지상(왼쪽), 소상(가운데), 사슴상(오른쪽)

부위별 이성의 관심을 끄는 관상

① 이마

이마는 둥그스름하고 넓으며 윗부분과 가운데 부분이 볼록하게 나와야 연애운이 좋습니다. 그 부분이 둥글고 볼록하게 올라오면 사고력과 창의력이 뛰어나서 이벤트나 색다른 데이트를 연출할 줄 압니다. 요즘에는 이마에 필러나 지방을 넣는 사람이 많은데 지나치게 많이 넣어 앞짱구처럼 이마가 너무 나오거나 지나치게 넓어지면 일은 완벽하게 잘 처리하지만 애정 표현에 있어서는 오히려 무뚝뚝하고 표현을 잘 못해 연애가 쉽지 않습니다.

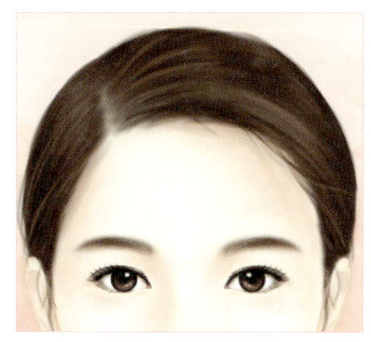

연애운이 좋은 이마

이마가 좁거나 꺼지면 여성의 경우에는 상대만을 바라보며 의존하는 성향이 강합니다. 또한, 시간이 갈수록 매력이 반감합니다. 남성의 경우에는 자신의 일과 상황에 지나치게 열중하느라 마음에 여유가 없습니다. 또한, 금방 싫증을 느껴 상대를 외롭게 합니다.

② 피부
여성은 하얗고 매끄러우며 윤기가 흐르는 피부가 이성에게 인기 있습니다. 남성은 피부가 윤기 있으며 두꺼워야 합니다. 여성이든 남성이든 털이 많으면 습한 기운으로 보는데 관상학적으로 배우자와 인연이 약하다고 보며, 현대에는 매력이 반감된다고 봅니다.

③ 눈썹
도화에서 가장 중요한 것은 눈썹과 눈매입니다. 눈썹은 초승달 모양이 사교적이고 부드러우며 온화한 느낌을 줍니다(신월미). 일직선 눈썹은 귀엽고 동안 이미지입니다. 눈썹의 길이는 너무 길지 않게 눈을 덮는 정도가 좋고 너무 짙지 않아야 합니다. 눈썹이 너무 짙으면 고지식하고 융통성이 부족합니다. 반대로 눈썹이 너무 옅으면 이기적이며 감정적으로 행동합니다. 눈과 눈썹 사이는 넓어야 좋은데 이해심과 배려심이 많아 서로 간에 갈등이 적습니다. 눈과 눈썹 사이가 좁으면 짧은 연애를 많이 하거나 연인 관계에 갈등이 많습니다.

④ 눈
눈은 반달처럼 둥근 모양이 좋고, 눈꼬리가 처져야 이성에게 인기가 있습니다. 다만, 연애할 때 상대방에게 매력을 어필하기 위해

서는 다소 처진 눈매가 도움이 되지만, 결혼할 때는 신중해야 합니다. 눈꼬리가 처진 사람은 부부 관계를 길게 유지하지 못합니다. 눈꼬리가 치켜 올라간 상도 급하고 고집스러운 면이 있어서 부부 사이에 갈등이 있지만, 처진 눈매는 타인을 대할 때나 연애를 할 때는 유하고 부드러우면서도 배우자나 가족에게는 무정하여 헤어지게 됩니다.

웃을 때 눈웃음을 짓고 눈가에 주름이 많이 잡히는 것도 도화 관상의 특징입니다. 하지만 주름이 자글자글하게 짧게 만들어지면 연애를 하면서도 다른 이성 문제가 생길 수 있습니다. 눈웃음을 지을 때 생기면 좋은 주름도 있습니다. 눈가에 3개의 주름이 각각 위, 가운데, 아래에 위로 1줄씩 생기면 인기가 있는 것은 물론 금전적으로도 좋은 상입니다.

눈 주변에 점이 있는 경우도 도화의 관상입니다. 특히 눈 밑에 점이 있으면 이성을 끄는 매력이 있습니다. 하지만 장거리 연애나 이룰 수 없는 사랑을 한 번은 하게 됩니다. 눈 밑의 누당은 애교살이라고도 하는데, 관상학적으로는 생식기와 같으며 성적인 부분을 좌우합니다. 누당이 볼록하고 도톰하게 살이 있고 밝은 빛을 띠면 이성에게 관심을 끕니다.

또한, 눈은 촉촉하게 젖어 있어야 합니다. 특히 눈 밑이 물기가 있으며 밝게 빛나야 합니다. 눈동자는 흑색이나 갈색을 띠는 게 좋으며 검은 눈동자가 커야 도화의 눈동자입니다. 고양이나 강아지의 눈을 닮아 쌍꺼풀이 있는 것이 좋지만, 토끼의 눈처럼 쌍꺼풀이 없어도 눈꺼풀이 얇고 반달 모양이거나 동그스름한 눈도 도화의 눈입니다.

⑤ 코

코에 살집이 있으면 사교적이고 친절하며 로맨틱한 분위기가 있습니다. 하지만 살이 지나치게 많으면 오히려 감정이 무디고 금방 싫증을 느낍니다. 반면에 콧대가 높고 살이 없는 사람은 보기에는 좋아 인기가 있지만, 자기중심적으로 연애를 하고 혼자 지내는 것을 좋아하며 무뚝뚝한 면이 있어 연애를 오래 깊게 하지 못합니다. 콧대가 반듯하고 도톰해야 연애를 잘합니다. 코가 짧고 살집이 많으면서 콧대가 퍼져 있으면 한 사람에게 만족하지 못합니다.

⑥ 입술

남성은 입술이 크고 도톰해야 섹시하고 남성적인 매력이 있습니다. 여성은 작고 도톰한 입술이면 사랑을 주기보다는 받는 편으로 애교가 있고 애정도가 높습니다. 남녀 모두 입술은 너무 각지면 안 되고 전반적으로 둥근 모양에 선홍빛을 띠는 것이 좋습니다.

오형별 연애운 관상

오형에 따라서도 연애운이 조금씩 다릅니다. 이성을 끄는 도화의 얼굴형은 수형의 둥근 형이나 목형의 달걀형입니다.

오형	연애운
수형	얼굴이 둥근 수형은 애정 표현이 적극적이며, 눈치가 빨라서 상대의 기분을 잘 이해하며 애교가 많다.
화형	얼굴이 오각형이나 삼각형인 화형은 쉽게 사랑에 빠지고 쉽게 식는다. 불처럼 열정적으로 자신의 모든 것을 다 태워야만 끝이 나니 자칫 혼자서 북 치고 장구 치고 다 한다. 만약 뜻이 맞는 사람을 만난다면 가장 화끈한 연애를 할 수도 있다. 진행 속도도 빠르다.

목형	얼굴형이 달걀형인 목형은 감성적이며 순수하게 상대를 배려하는 마음이 강하다. 하지만 지나치게 예민하고 신경질적인 면이 있다. 마음에 여유로움이 있다면 연애운은 최고인 관상이다.
토형	얼굴이 네모난 토형은 신중하며 책임감이 강하다. 또한, 생활력이 강하고 인내심과 헌신적인 면을 갖고 있어 결혼 후 좋은 배우자가 될 수 있다. 다만, 고집이 세고 지기 싫어하는 기질이 강하며 자존심이 세다.
금형	각이 많은 금형은 날카롭고 이지적이면서 기운이 강하다. 표현력이 부족하고 이성적인 부분이 강하다 보니 상대가 쉽게 다가서기 힘들고 사귀기 어렵다. 하지만 금형의 경우는 연애가 시작되면 도시적인 이미지와는 다르게 순박하고 소박한 모습으로 반전 매력을 보여준다.

요즘 인기 있는 동안 관상

요즘 이성에게 인기가 많은 관상은 동안 관상입니다. 동안 관상은 어린아이의 얼굴과 비슷한 생김새와 비율을 지녔습니다. 하지만

동안 관상

관상학적으로 동안 관상이 무조건 좋은 것만은 아닙니다. 다음은 동안 관상의 장단점을 정리한 것입니다.

① 동그랗고 검은 눈동자가 큰 눈

감수성이 풍부하고 감성적이며 변덕스럽습니다. 하지만 이성 문제로 곤란을 겪습니다. 어린아이와 같아서 유순하고 착하지만 의존적입니다.

② 상정과 중정에 비해 하정이 작은 경우

동안의 비율은 1:1:0.8로 하관이 좁고 작으면 동안입니다. 동안 관상은 노년에 운이 약해지고 주거지가 불안정해지고 고독하며 건강이 약해질 우려가 있습니다.

③ 작고 도톰한 입술

애정도가 높지만 소심합니다. 상대에게 맞춰주며 애교가 많고 사랑을 받는 입술입니다.

④ 통통한 볼살

통통하고 팽팽한 볼살은 좋은 가정과 부하 직원을 거느리는 관상학적으로 좋은 상입니다. 이때 피부는 두텁고 탄력이 있어야 합니다. 얇거나 살이 너무 많아서 힘없이 처지면 운세가 나쁩니다.

⑤ 뽀얀 피부

윤기 있고 매끄러우며 밝은 빛은 귀와 부를 겸비합니다. 하지만 60대가 되어서도 아기 피부처럼 모공과 주름이 하나도 없이 매끄럽기만 하다면 본인은 좋지만, 자녀에게 어려움이 생기거나 자녀와 갈등이 생깁니다.

⑥ 넓고 둥글며 볼록한 이마
두뇌가 총명하고 이해력이 빠르며 명석합니다.

⑦ 낮은 듯 반듯하고 동그란 코
재물운이 좋고 주변과의 마찰이 없이 일을 추진합니다. 콧대가 낮고 코끝이 들어 올려진 모양이면 계획성이 없고 의존적입니다.

⑧ 짧고 두꺼운 일직선 눈썹
부귀를 자랑하며 삶을 즐길 줄 알고 품격이 높습니다. 끈기가 있고 인내심이 있습니다. 여성의 경우 남성적인 눈썹으로 활발한 활동을 하며 성과를 잘 냅니다.

관상으로 본
재물 금전운

재물운은 얼굴의 한 부위만으로 판단할 수 없으며 한 분야만 단편적으로 볼 수도 없습니다. 가령, 하늘이 돕는 횡재수 재물운이 있고, 전문적인 기술이나 지식 및 재주를 통해 돈을 버는 재물운도 있고, 사업이나 장사 또는 재테크를 통해 스스로 부를 창출하는 관상이 있듯이 다양한 형태로 돈을 벌 수 있기 때문입니다. 여기서는 그중 자수성가형 관상을 살펴보겠습니다.

자수성가형 관상

재물복이 좋은 관상 중에서 자수성가형은 코에 힘이 있고 두툼하며 살집이 있습니다. 또한, 코가 얼굴에 비해 큽니다. 비록 코가 작아도 재백궁에 해당하는 코끝이 도톰하고 눈썹이 수려하며 턱이 넓고 살집이 있으면 대부는 아니어도 중부는 될 수 있습니다. 코의 기세가 세고 이마가 높고 넓으며 광대가 적당히 앞쪽으로 나와 있고 턱에 살집이 있으며 둥근 형태이거나 턱이 하늘을 향하면 대부가 됩니다. 코, 이마, 턱, 광대가 잘 갖추어져 있다 해도 눈빛이 죽어 있으면 재물이 없는 것과 같습니다. 재물복이 좋으려면 눈빛이 살아 있어야 합니다. 눈빛이 살아 있다는 것은 살기가 있거나 사납다는 뜻이 아니고 온화하면서도 상대를 바라볼 때 마치 꿰뚫어 보듯 눈빛이 선명한 것입니다.

    이마가 좁고 낮은 사람 중에는 기업을 운영하는 대부가 없습니다. 코가 푹 꺼지고 뼈가 튀어나온 사람 중에서도 큰돈을 지속적으로 유지하는 부자가 거의 없습니다. 또 눈빛이 흐릿하고 살기가 있는 사람 중에 남에게 피해를 주지 않고 스스로의 힘으로 큰돈을 버는 사람이 거의 없습니다.

    자수성가형 재물운을 볼 때 코를 우선적으로 보는데, 그중에서도 현담비, 절통비, 복서비, 우비를 좋게 봅니다.

부동산 재물운이 있는 관상

    자수성가형 재물운에는 부동산복도 포함됩니다. 부동산으로 돈을 버는 관상은 특히 이마, 턱과 눈두덩(전택궁)을 봅니다. 이마가 넓으면 넓은 집에 살아도 탈이 없다는 말이 있습니다. 턱은 도톰하고 넓으며 둥글거나 살이 붙은 각진 모양을 좋게 봅니다. 턱은 이마를 향해 올라와 있는 것을 더욱 좋게 봅니다.

    눈썹은 이마 쪽으로 올라가고 눈두덩이 넓어도 부동산복이 좋습니다. 다만, 이마도 넓고 높아야 하며 관자놀이가 꽉 차야 합니다. 관자놀이가 꺼지거나 이마가 좁으면 길게 누리지 못합니다.

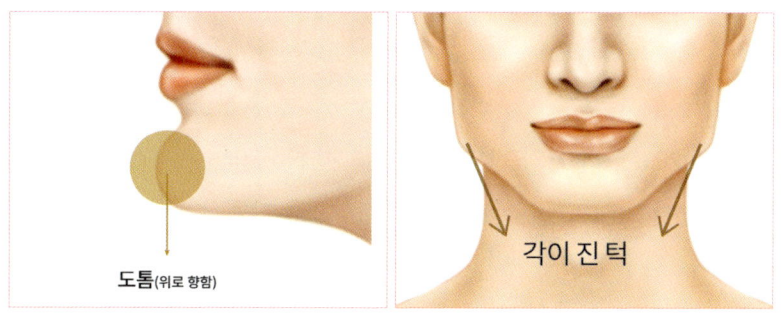

부동산복이 좋은 턱

관상으로 본 자녀운

과거에는 아들을 포함해 많은 자식을 낳고 건강하게 키워 부모에게 효도하고 부모를 부양할 자식을 두는 것을 최고의 자식복으로 보았습니다. 하지만 현재는 대부분의 부부가 한두 명의 자녀를 원하고 심지어 무자식을 선호하는 부부도 늘고 있습니다. 또한, 요즘 부부들은 아들보다 딸을 원하는 추세입니다. 자녀가 결혼한 후에는 독립하길 원하며 노후에 자녀에게 부양받는 것을 원치 않습니다. 이러한 변화상을 반영해 현대에 이르러서는 다산이나 건강한 자녀를 낳는 것을 자식복이라고 설명합니다.

자녀운은 크게 인중, 누당, 하관 세 부위로 살펴보는데, 이 세 군데 모두 문제가 있으면 자녀가 한 번은 어려움을 겪습니다. 축구 선수 이동국 씨의 관상이 자녀운이 좋은 대표적인 관상입니다.

인중

인중 윗부분이 좁고 밑으로 넓어지는 경우, 인중이 대나무를 반으로 쪼개놓은 것처럼 선명하고 바른 경우에 자녀운이 좋습니다.

인중이 거의 없는 것처럼 평평한 경우, 인중이 한 줄로 좁게 패인 경우, 인중에 가로 주름이 있는 경우, 인중에 흉터가 있거나 사마귀가 있는 경우, 인중이 짧은 경우, 인중에 川자 모양의 세로 주름이 있는 경우는 자녀운이 좋지 않습니다.

누당(애교살)

눈 밑이 누에고치가 누워 있는 모양으로 볼록하고 빛이 밝으면 건강하고 영리한 자녀를 둘 수 있으며 다산의 기운이 있습니다. 눈 밑이 어둡고 주름이 깊으며 점과 사마귀가 있으면 자녀를 갖기 힘들거나 출산할 때 어려움이 있고, 인위적으로든 자연적으로든 한 번은 유산을 할 수 있습니다.

하관(턱)

턱이 넓고 살집이 있으면 많은 자녀를 두거나 본인의 자녀가 아니더라도 다른 집의 자녀들을 교육시키거나 관리, 양육할 수 있습니다. 턱이 좁고 약하거나 길이가 짧으면 자녀가 많지 않고, 자녀가 있어도 타지나 타국에서 떨어져 사는 것이 좋습니다.

관상으로 본 건강운

　온몸의 장기는 피부결, 기색, 주름, 점, 사마귀, 얼굴의 이목구비, 얼굴의 골격과 밀접하게 연결되어 있습니다. 피곤하면 피부색이 어두워지고 전에 없던 발진이나 트러블이 생기는 이유는 장기 기능이 저하되고 면역력이 떨어지며 순환이 안 되기 때문입니다. 또한, 얼굴의 골격과 형태가 유달리 튀어나오거나 꺼지거나 다른 형태를 띠는 경우는 대개 그 부위와 연결된 내부 장기 기관의 기능이 약하거나 일반적인 경우와 다른 형태를 띠게 됐기 때문입니다. 배우 이순재 씨의 경우가 건강운이 좋은 대표적인 관상입니다. 이순재 씨의 경우 용코와 용입을 가졌고, 귀가 두툼하며 단단합니다. 또한, 턱도 힘이 있고 입이 큰 편으로 건강운이 좋은 관상을 두루 갖췄습니다.

부위별 장수의 관상

① 귀

　관상에서 귀는 신장의 기운으로 봅니다. 신장의 기운이 왕성해야 정신이 맑아 총명하고 기가 강합니다. 귀의 크기와 상관없이 두껍고 단단하고 높이 솟으면 장수하고, 특히 중년 이후 귀에 털이 나기 시작하면 장수의 기운으로 봅니다. 귀가 작고 귓불이 얇으며 귓구멍이 작으면 수명이 짧습니다. 귀는 얼굴보다 희거나 붉은 기색을 띠어야 합니다. 흑색을 띠면 질병이 생기거나 체력이 저하되거나 신장에 문제가 생깁니다. 신장에 문제가 있는 사람은 귀가 흑색이고 머리카락이 윤기가 없고, 푸석푸석하며 두 눈이 사시입니다. 귀의 귓바퀴가 찌그러지듯 말려 있으면 디스크를 조심해야 합니다. 귓불에 세로 주름이 짙게 생기면 혈관에 문제가 생깁니다.

② 코

코가 시작되는 산근은 12궁 중에서 질액궁에 해당합니다. 코가 휘거나 적색이나 흑색, 푸른색을 띠면 특히 위장과 대장에 문제가 생기고, 여성은 자궁에 문제가 발생합니다. 코 중앙에 붉은 기운이 들면 비뇨기관 질환이 발생합니다. 콧구멍으로는 호흡기계통의 질환을 볼 수 있습니다. 콧구멍이 훤히 보이면 기관지가 약합니다. 참고로 이마에 주름이 많으면 폐가 약합니다. 콧등에 주름이 있으면 간이 약하고 피로를 빨리 느끼며 다리와 허리가 아픕니다.

③ 입

입과 입 주변에 흉터, 사마귀가 있으면 물의 재난을 당한 형국이라서 뜨거운 물, 약물, 술을 조심해야 합니다. 입에 흰색이 돌면 빈혈이 있습니다. 입 주변에 주름이 많으면 비위가 약합니다. 입가의 법령(팔자 주름이 생기는 부위)이 깊으면 허리와 다리가 약합니다.

④ 눈썹과 눈

눈썹과 눈으로는 심장 질환을 볼 수 있습니다. 눈썹이 흐릿하거나 너무 짙으면 혈압이나 심혈관에 문제가 발생합니다. 눈썹 머리 위쪽에 붉은색이 돌면 급성 심장 질환이 생깁니다. 미간 사이가 좁으면 마음에 여유가 없고 심장이 약합니다. 미간에 세로 주름이 있으면 신경질적이고 작은 고민도 크게 하는 성향이기에 심장에 악영향을 줍니다. 눈이 들어가고 광대뼈가 튀어나오면 간이 약합니다. 광대에 모세혈관이 확장되면 이 또한 간이 약합니다. 웃을 때 눈가 주름이 많이 잡히면 심장이 약합니다.

⑤ 인중과 팔자 주름

인중과 팔자 주름으로는 자궁 질환이나 비뇨기 질환을 볼 수 있습니다. 인중이 좁거나 없으면 비뇨기계통이 약합니다. 팔자 주름에 검은빛이 나거나 점 또는 사마귀가 있으면 여성은 수족냉증을 겪거나 배꼽 아래쪽으로 냉한 기운이 강해집니다.

오형별 건강

오형에 따라서도 건강에서 주의할 부분이 조금씩 다릅니다.

오형	건강에서 주의할 부분
목형	스트레스성 질환을 자주 겪는다. 신경계통 질환, 허리나 목 디스크, 관절염을 겪기 쉽고 소화기계통, 호르몬계통이 약하다.
화형	심장 질환, 스트레스성 질환을 자주 겪는다, 혈관계통, 호흡기계통이 약하다.
토형	운동 부족에서 오는 질환이나 당뇨, 비만을 자주 겪는다. 소화기계통이 약하다. 여성은 자궁이나 난소가 약하다.
금형	폐 질환을 자주 겪는다. 디스크나 관절계통 질환을 겪기 쉽고 간이 약하다.

수형	우울증, 당뇨, 혈관계통 질환, 심장 질환, 신장 질환, 비뇨기과 질환을 조심해야 한다. 고도비만이 될 확률이 높다.

장수하는 상 체크리스트

다음에 설명한 내용 중에서 5개 이상에 해당한다면 장수의 상을 갖추었다고 할 수 있습니다. 하지만 장수의 상을 갖추었다고 해도 갑작스러운 사고나 자살, 자연재해로 인한 불상사, 전쟁 같은 국가적 사고로 인한 죽음을 면할 수 없습니다. 갑작스러운 죽음이나 사고는 그 전에 나타나는 얼굴의 기색을 중요하게 살펴 예견할 수 있습니다. 특히 명궁, 명문(귀의 입구), 귀, 코, 이마 등에 빛이 없는 진한 흑색, 백색, 적색이 돈다면 특별히 주의해야 합니다.

- 남성의 경우에 중년이 되면서 눈썹에 긴 털이 한 올씩 생기면 장수의 상입니다. 하지만 30대 이전에 긴 털이 생기면 오히려 사고나 건강을 조심해야 합니다.
- 귀가 크고 단단하며 귓불이 길고 두꺼우면 장수의 상입니다.
- 코가 살집이 있고 높으면서 넓게 퍼지면 장수의 상입니다.
- 인중이 길고 뚜렷하면 장수의 상입니다.
- 귀에 털이 나면 장수의 상입니다.
- 큰 입은 장수의 상입니다.
- 가지런한 치아에 중년 이후에도 치아가 건강하면 장수의 상입니다.
- 50세 이후에 생기는 검버섯은 장수의 상입니다.
- 미간이 넓고 밝으면 장수의 상입니다.
- 귀 뒤의 뼈인 수골과 뒤통수가 튀어나오면 장수의 상입니다.
- 눈이 길고 가늘면 장수의 상입니다.
- 피부가 두꺼우면 장수의 상입니다.

관상을 좋아지게 하는 비법(개운법)

　사람의 운명은 늘 좋은 일만 가득할 수 없습니다. 매일 밤낮이 바뀌고, 한 해에 걸쳐 계절이 변화하듯이 우주와 자연은 음과 양이 순환하는 원리 위에서 운행되기 때문입니다. 가득 차오른 것은 기울기 마련이고, 번성한 것은 쇠락의 시간을 맞이합니다. 하락 이후에는 다시 또 상승의 시간이 기다립니다.

　이와 같은 거대한 운명의 수레바퀴 앞에서 우리가 할 수 있는 일은 상승의 흐름에는 겸허하지만 기꺼운 마음으로 올라타고, 하강의 흐름에는 물심양면으로 대비하는 것뿐입니다. 개운법은 하강의 시기에 몸과 마음을 다치지 않고 가급적 어려움과 장애를 잘 넘길 수 있도록 방비하게 해주는 것입니다.

　관상 개운법은 흉함을 길함으로 완전히 바꿀 수는 없지만 보완해서 좋은 방향으로 변화시키는 방법입니다. 관상 개운법은 얼굴을 성형하거나 지방 흡입이나 다이어트처럼 체형을 극적으로 변화시켜 아름답고 잘생긴 얼굴로 만드는 방법과는 거리가 있습니다. 제가 생각하는 관상 개운법의 핵심은 나날의 습관과 삶의 태도를 정비하여 관상학에서 말하는 좋은 관상에 가까워지기 위해 노력하는 것입니다. 다음은 부위별로 생활 속에서 쉽게 실천할 수 있는 관상 개운법입니다.

눈썹: 엉키고 흩어진 눈썹은 빗으로 정리한다

눈썹은 얼굴의 아름다운 무늬이자 초목 같은 부위로 눈과 더불어 얼굴에서 가장 먼저 두드러져 보이는 곳입니다. 초목은 풍성하며 메마르지 않고 촉촉해야 합니다. 초목이 듬성듬성 난다면 생명체가 살 수 없는 사막이나 황무지와 다를 바 없습니다. 그러한 이유로 관상학에서는 드문드문 난 눈썹, 거칠고 엉켜 있는 눈썹, 짧은 눈썹을 흉하게 봅니다. 한때 눈썹 중간을 미는 게 유행이었는데 이는 스스로 흉한 눈썹(간단미, 소산미)을 만드는 셈입니다.

또한, 머리 염색과 함께 눈썹 염색이 유행하면서 눈썹을 노란색이나 붉은색으로 염색하는 경우도 있는데, 이 역시 스스로 흉한 눈썹을 만드는 경우입니다. 이런 상태를 짧게 1~2년 정도 하는 것은 괜찮지만, 5년 이상, 10년 이상으로 그 모습이 지속된다면 흉한 관상이 되고 맙니다. 가령, 머리카락이나 눈썹이 노란색이면 잔병이 많고 재물이 깨지며, 붉은색이면 주변과 갈등, 구설수가 끊이지 않습니다. 그러므로 눈썹은 진갈색 또는 검은빛이 윤기 있게 보이는 메이크업이나 반영구 화장으로 보완하는 것이 좋습니다.

엉킨 눈썹과 흩어져서 지저분한 눈썹도 인복과 재물복이 없어지는 눈썹입니다. 눈썹 끝부분이 퍼져 있다면 끝이 모이도록 깔끔하게 제모를 해주면 좋습니다. 눈썹 빗으로 정리를 해주면 손쉽게 눈썹 정돈을 마무리할 수 있습니다.

눈: 짙은 화장보다 화사한 메이크업을 한다

눈과 눈꺼풀은 각각 태양과 달의 기운이 담긴 곳이고, 빛이 나는 곳입니다. 눈꺼풀이 좁거나 꺼져서 그늘진 눈은 관상학에서 흉한 눈으로 봅니다. 눈꺼풀이 꺼졌더라도 눈두덩이 넓고 눈썹이 잘생기면 흉함이 감해집니다. 눈은 흑백이 분명해야 하는데 흰자위에 노란빛이나 실핏줄이 엉키거나 검은 눈동자가 흐릿하거나 회색인 경우도 좋지 않습니다.

요즘에는 쌍꺼풀 수술은 물론이고 앞트임과 뒤트임 수술도 일반적인 시술로 여겨질 만큼 눈 성형이 대중화됐습니다. 성형수술을 해서 눈이 커지고 예뻐지는 것을 나쁘게만 볼 일은 아닙니다만, 관상학적으로 그에 따른 부작용도 명백히 존재합니다. 대표적인 것이 트임을 과도하게 해서 흰자위가 많아지는 것입니다.

메이크업으로 눈을 보완하고자 한다면 타고난 눈매를 살려서 보완하는 것이 좋습니다. 다만, 짙은 스모키 화장은 연애운과 자녀운을 방해하므로 핑크색이나 밝은 베이지색처럼 화사한 색으로 시원한 눈매를 만들어야 개운이 됩니다.

서클 렌즈는 검은 눈동자가 작은 경우에는 착용하는 것이 개운에 도움이 됩니다. 하지만 회색이나 진회색은 재물이 깨지고 고독한 상이므로 흑색, 갈색 등을 선택합니다.

속눈썹의 경우 눈은 작은데 속눈썹을 길고 숱이 많게 붙이면 눈에 그늘이 지게 됩니다. 그늘진 눈은 자신과 가정에 수심이 깊어지는 관상입니다. 따라서 속눈썹을 붙일 때는 적당한 길이에 눈매를 선명하게 만드는 정도가 가장 좋습니다. 눈동자가 물고기 눈처럼 튀어나왔다면 안경을 써서 보완합니다.

코: 재물운을 좋게 하고 싶다면 습관적으로 웃자

코는 중년의 운을 주관하며 토의 기운을 담당합니다. 코는 양쪽 눈썹과 눈 사이에서 시작되므로 중년의 부부 관계를 보여줍니다. 또한, 미간(명궁) 아랫부분이 질액궁에 해당하니 건강을 살필 수도 있습니다. 한편, 콧대 중간 부분은 양쪽 광대 사이에 있어서 형제, 주변 관계, 협조자 등의 관계를 알려줍니다. 코끝은 재백궁에 속하므로 재물 창고의 크기와 비워지고 채워짐을 알아볼 수 있습니다.

코가 중요한 이유는 코가 바로 자신을 상징하기 때문입니다. 가장 흉한 코는 콧대가 휘어졌거나 뼈가 드러나 굽어 있는 것, 콧대가 전혀 없는 상입니다. 콧구멍이 보이더라도 콧방울에 살집이 있으면 돈이 나가면서 들어오는 일도 생깁니다. 하지만 콧대가 휘어졌다면 바로 잡아주는 것이 좋습니다. 코뼈가 드러나는 경우, 얼굴에 살이 찌면 보완되기도 합니다. 누구나 나이를 먹어가면서 상이 바뀌기 마련입니다. 특히 코와 턱은 중년으로 가면서 살이 붙는 경우가 많습니다.

코가 다소 부족하더라도 광대가 잘 받쳐주면 보완이 됩니다. 코가 지나치게 크고 살이 없어 뼈가 두드러지는데 광대에 살까지 없으면 중년에 일에 파묻혀 여유가 없고 외롭습니다. 하지만 이 부분은 많이 웃을수록 광대가 살아나고 코의 형태가 옆으로 퍼지면서 살집이 생깁니다. 코와 관련해 가장 좋은 개운법은 습관적으로 웃는 것입니다.

콧대가 지나치게 낮은 경우라면 메이크업으로 음영을 주어 콧대를 살려주는 것이 좋습니다. 코는 연한 황색이나 연한 홍색으로 빛나면 좋으므로 메이크업을 할 때 눈에 확 띄게 흰색으로 음영을 살리는 것은 피합니다.

입: 웃는 입 모양이 주름과 처짐을 방지해준다

입은 표현력과 언변 그리고 먹을 복과 애정운을 알려줍니다. 입술의 크기와 두께가 적당하면 부드럽고 따뜻한 표현으로 주변 사람에게 인기를 얻습니다. 입술이 작으면 낯을 많이 가리는데 친한 사람인지 어색한 사람인지에 따라 표현이 다릅니다. 입술의 크기는 자신의 두 검은 눈동자 사이에 들어오는 정도가 적당합니다.

입술이 얇은 사람은 칼(혀)을 담는 칼집(입)이 작은 것과 마찬가지라서 표현이 직설적이고 예리합니다. 하지만 칼집(입)이 너무 크면 헐거워 오히려 표현이 부족합니다. 그래서 관상학에서는 적당한 크기와 두께의 입술을 선호합니다.

입이 튀어나오고 입가에 자잘한 세로 주름이 잡히며 입 가장자리가 밑으로 처지는 것은 가장 흉한 관상입니다. 또한, 관상학에서는 입술 색이 피부색과 같아도 꺼립니다. 입술 색이 밝은 붉은색이며 촉촉하면 먹을 복도 많고 재물복도 풍부하다고 봅니다. 특히 말을 하는 직업이라면 언변과 표현에 힘이 생깁니다. 외출을 하기 위해 메이크업을 할 때는 물론이고 집에 있을 때도 붉은색으로 립스틱을 발라주면 보완이 됩니다.

습관적으로 입술을 앞으로 내밀면 입술에 주름이 생기고, 나이가 들수록 입 가장자리가 처지게 됩니다. 하지만 항상 웃는 입 모양을 만들면 입술 주름이 잡히지 않고 입이 밑으로 처지지 않아 개운이 됩니다. 인중이 좁거나 흉터가 있는 남성은 콧수염을 기르면 수명이 길어집니다. 턱이 너무 각지거나 뾰족하고 아래턱이 좁은 경우 턱수염을 기르면 노년복과 아랫사람 복이 보완됩니다.

귀: 귓불이 작다면 귀걸이로 보완하자

귀는 뇌와 심장을 통해서 마음을 맡고 신장을 헤아리는 부위입니다. 그래서 귀가 단단하고 도톰하며 윤곽이 바르게 생기면 머리가 총명해 공부를 잘하고 장수합니다. 귀로 재물과 직위의 높고 낮음을 보기는 어렵지만, 건강과 수명, 학업을 보기에는 적합합니다. 귀의 크기와 상관없이 단단하고 둥글게 모양이 잡혀 있으면 두뇌가 뛰어납니다.

귀가 얇고 작으면 단기 기억력과 순발력이 빠르지만 이는 신장 기능이 약한 것과 같아서 일을 진득하게 해내는 지구력은 부족합니다. 반대로 큰 귀는 장수의 상이며, 처음 시작은 느리지만, 끈기와 지구력이 강합니다. 하지만 게으른 기질도 공존합니다.

귀가 앞을 향해 있는 선풍이, 귀가 크지만 힘이 없고 어두운 기색을 지닌 여이는 귀를 가려주는 것이 좋습니다. 귓불이 작거나 얇은 귀는 귀걸이로 보완해주는 것이 좋습니다. 귀걸이는 길이가 너무 긴 것보다는 귓불에 바짝 닿는 둥근 형태가 좋습니다.

주름: 웃는 표정이 운이 좋은 주름을 만든다

주름은 습관적으로 짓는 표정과 행동에 의해 만들어집니다. 찡그리는 표정과 우울한 표정은 부정적인 주름을 만들고, 밝은 표정은 긍정적인 주름을 만듭니다. 직업과 성격에 따라 길한 주름은 다릅니다. 사람들을 상대하면서 웃는 표정을 많이 짓는 서비스업 종사자는 눈가에 주름이 많고, 입가 주변에 팔자 주름이 넓게 만들어집니다. 기술직이나 말을 많이 하지 않고 집중해서 일을 하는 사람들은 미간이나 이마에 주름이 많고, 입술 가까이에 팔자 주름이 좁게 만들어집니다. 완벽주의자나 성격이 완고한 사람은 웃을 때 코에 주름이 잡힙니다. 꼼꼼하고 이성적인 사람은 이마에 주름이 잡힙니다. 찡그리고 우울한 표정으로 만들어진 주름은 밑으로 처지며, 자잘하고 끊기면서 서로 엉키는 사선 주름이 많습니다.

웃는 표정은 막대자석의 N극과 S극 사이에 형성되는 자기력선처럼 눈가와 입가에 끊어지지 않고, 엉키지 않은 긴 세로 주름을 만듭니다. 관상학의 고전에는 '주름이 늙은 오이처럼 만들어지면 귀하다'라고 적혀 있습니다. 즉, 좋은 주름을 만들고 싶다면 얼굴 근육을 다양하게 활용하면 됩니다. 환하게 활짝 웃는 표정이야말로 중년 이후의 운세를 개운하는 탁월한 방법입니다.

기색: 메이크업을 할 때 홍색과 황색을 활용한다

인간은 자연의 일부이기 때문에 음양오행의 흐름에서 벗어날 수 없습니다. 그중에서도 오행의 변화가 가장 잘 드러나는 것이 바로 기색입니다. 기색을 살피면 삶의 길흉화복을 알 수 있습니다.

기색은 15일 간격으로 변화합니다. 만약 흉한 기색이 15일 이상 지속된다면 주의 깊게 살펴야 합니다. 흉한 기색이라고 해도 1~2일 정도 나타났다가 사라지는 것은 큰 문제가 없습니다. 기색은 감정의 기복이나 컨디션에 따라 달라질 뿐만 아니라 날씨와 분위기에 따라서도 달라지므로 일시적으로 나오는 기색을 보고 자신의 운명을 단정하면 안 됩니다.

기색은 한 가지 색만 드러나는 것을 꺼리고 황색, 홍색, 청색이 동시에 비치는 것을 좋게 봅니다. 만약 얼굴 전체에 적색이 7일 이상 계속된다면 싸움이나 시비수를 조심해야 합니다. 15일 이상 계속된다면 멀리 여행을 가거나 다른 지역으로 이동하여 휴식을 취하는 것이 좋습니다.

청색이나 암색(진한 회색), 흑색이 7일 이상 지속된다면 병원에 가서 검진을 받아야 합니다. 사업가나 자영업자, 직장인이라면 사람 때문에 문제가 발생하거나 일이 진척되지 않습니다. 이럴 때는 일을 신중하게 처리하고 서두르면 안 됩니다.

얼굴 전체가 흰 분가루를 바른 것처럼 하얀 기색이 7일 이상 지속된다면 주변 가족의 건강을 챙기고 사건 사고를 조심해야 합니다. 기색은 늘 홍색과 황색이 함께하는 바탕에 다른 기색이 더해져 돌아야 탈이 없고 개운이 됩니다. 기색은 메이크업으로 보완하거나 미리미리 주변을 살피고 건강을 챙기는 등 예방을 하는 것이 가장 중요합니다.

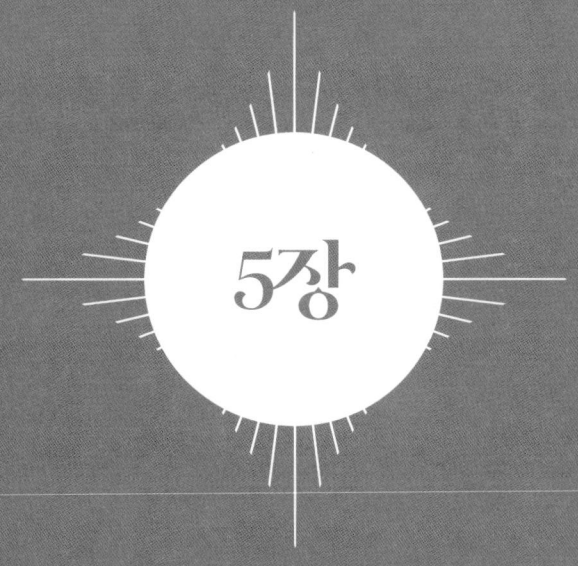

남의 관상도 내가 본다

'상형불여론심'
(相形不如論心)

'생김새를 보는 것은
마음씨를 논함만 못하다'라는 뜻으로,
사람의 용모를 가지고 길흉을 말하는 것보다
그 사람이 지닌 마음씨의 선악을 논하는 것이 낫다는 의미입니다.

관상 상담 시 주의 사항

① 사주를 볼 때 어느 정도 기본적인 규칙과 순서를 가지고 간명을 합니다. 타로 리딩을 할 때도 타로마스터마다 자신이 정해둔 규칙과 순서에 따라 상담을 합니다. 관상도 마찬가지입니다. 정해진 틀이 있는 것은 아니지만, 관상을 볼 때도 자신만의 규칙과 순서를 가지고 상담하는 것이 좋습니다.

② 단편적인 해석에 주의해야 합니다. 가령, '코가 잘생겼으니 돈을 많이 번다'는 식의 해석은 위험합니다. 물론 코의 상을 통해 상담자의 재물 크기와 흐름을 볼 수는 있습니다. 하지만 코가 잘생겼어도 다른 부위가 금전적으로 흉하면 재물복이 줄어듭니다. 즉, 부위별로 2~3가지가 공통적으로 작용했을 때 길흉에 대한 정확한 판단이 가능하다는 사실을 늘 염두에 두어야 합니다.

③ 대개의 경우 상황적인 이유로 얼굴 중심의 관상을 보게 됩니다. 하지만 관상을 볼 때는 얼굴과 체형은 물론이고 목소리까지도 두루 살피며 봐야 합니다. 처음 관상을 볼 때는 얼굴의 특정한 형태만 보고 간명하기 쉽습니다. 하지만 상담자의 전체적인 모습을 두루 파악하는 관상 상담가가 내공 있는 관상 상담가입니다.

④ 나의 말 한마디가 상담자에게 큰 영향을 미친다는 사실을 꼭 기억합니다. 관상 상담을 할 때는 얼굴과 체형 등 신체의 외적인 부분에 대한 언급을 해야 합니다. 이에 대한 말들이 자칫 상담자의 외형을 평가하는 식으로 들리지 않도록 주의해야 합니다.

⑤ 관상 상담의 목적은 상담자에게 삶의 방향을 알려주는 것입니다. 상담가가 상담자의 삶을 대신 살아줄 수는 없습니다. 만일 상담자가 액운을 방지하는 부적이나 굿 등을 요구할 경우 그에 응하기보다 큰 방향의 개운법을 알려주는 것이 더 낫습니다.

훌륭한 관상 상담가가 되는 비결

저는 지금까지 사주 상담을 18년, 관상 상담을 14년 동안 해왔습니다. 또한, 2017년부터는 퀴니 역학 아카데미를 설립해 사주명리학, 관상학 등에 관심이 있는 분들을 대상으로 전문가 양성에도 힘쓰는 중입니다. 아카데미를 비롯해 여러 매체 등을 통해 관상학에 관심이 많은 분들을 만나다 보면 공통적으로 묻는 질문이 있었습니다. 바로 훌륭하고 좋은 관상 상담가가 되기 위한 비법이 무엇인지 묻는 질문이었습니다. 다음은 제가 그동안 관상 상담가로서 일하며 자연스럽게 쌓인 노하우들을 바탕으로 훌륭한 관상 상담가가 되기 위한 비결을 정리한 내용입니다.

1. 관상학 공부를 열심히 해야 합니다.

너무 당연한 말이지만 관상을 잘 보려면 관상학 공부를 열심히 해야 합니다. 우리나라의 관상학은 중국의 영향을 많이 받았기 때문에 관상학 용어의 대부분은 한자를 기반으로 합니다. 가령, 12궁의 이름을 살펴보면 궁 이름 자체에 어떤 운을 보는 부위인지 나타나 있습니다. 일례로 눈두덩 부위인 전택궁(田宅宮)은 용어 그대로 '밭과 주택'을 보는 궁이므로 재물운을 알려주는 자리입니다.

이처럼 한자로 된 관상학 용어의 의미와 해당 부위의 정확한 위치, 해당 부위의 다양한 형상과 각각의 형상에 따른 운의 해석 등을 제대로 알고 있어야만 정확하게 관상을 볼 수 있습니다. 세상에 동일한 지문을 가진 사람이 없듯이 사람의 얼굴과 체형도 모두 다릅니다. 즉, 이목구비 등 부위별 관상을 종합해 한 사람의 전체적인 운을 잘 보려면 세부적인 상들을 정확히 이해하고 그것을 잘 조합해 낼 수 있어야 합니다. 그러기 위해서는 관상학에 대한 전반적인 지식과 체계를 머릿속에 잘 갖추고 있어야 합니다.

2. 자신만의 관점을 가져야 합니다.

하지만 관상학 지식을 많이 안다고 해서 누구나 훌륭한 관상 상담가가 될 수는 없습니다. 관상을 보는 방법은 굉장히 다양합니다. 가령, 같은 관상서라고 해도《면상비급》과 같은 관상서는 체형 등은 배제하고 얼굴을 중심으로 관상을 봅니다. 또한, 어떤 관상서에서는 위치에 관계없이 점을 무조건 흉하게 보지만, 이와는 반대로 어떤 위치에 있는지에 따라 점을 좋은 의미로 해석하는 경우도 있습니다. 이 말은 곧 관상을 볼 때는 자기만의 관점과 기준을 하나 정해두고 그것에 맞춰 봐야 함을 뜻합니다. 만일 관상을 보는 일관된 기준이 없을 경우, 해석에 충돌이 있게 되고 이는 관상의 적중률을 떨어뜨립니다. 즉, 관상학에 대한 공부를 통해 다양한 관상법을 익혔다면 그중에서 자신이 옳다고 여겨지는 기준을 하나 채택해 실전 관상에 적용할 줄 알아야 합니다.

3. 인생의 경험과 내공이 필요합니다.

실패의 경험이 없는 관상 상담가가 오랫동안 준비해온 시험에서 낙방해 큰 실의에 빠진 상담자의 마음을 오롯이 이해할 수 있을까요? 또는 사랑하는 사람을 잃어본 적이 없는 관상 상담가가 가까운 가족의 죽음으로 고통스러워하는 상담자의 마음을 100퍼센트 공감해줄 수 있을까요? 물론 이 질문은 훌륭한 관상 상담가가 되기 위해서는 세상의 모든 아픔과 어려움을 비롯해 다양한 경험을 필수적으로 해야만 한다는 뜻이 아닙니다. 관상 상담가도 상담가이기 이전에 한 명의 인간이므로 그동안 경험한 일의 폭과 깊이가 무한할 수는 없습니다. 하지만 관상 상담을 해줄 때, 관상 상담가가 그동안 살면서 쌓아온 삶의 경험과 내공이 고스란히 드러나는 것도 사실입니다.

한때 저는 제가 운영하는 상담소의 관상 상담가 선생님들을 젊은 분들로 뽑은 적이 있습니다. 상담소 위치가 젊은이들이 많이 찾는 지역에 있다 보니 젊은 상담가 선생님들을 모시면 보다 더 눈높이에 맞춘 원활한 소통이 가능하리라고 생각했기 때문입니다. 하지만 상담자 분들의 피드백을 받은 결과, 제 예상과 달리 소통과 상담이 깊이 있게 이루어지지 않는 경우가 종종 생겼습니다. 이후 저는 인생 경험이 어느 정도 있다고 여겨지는 50~60대 상담가 분들을 모시는 방향으로 운영 방식을 변경했습니다. 놀랍게도 이후 상담자 분들의 피드백을 받은 결과, 높은 만족도를 표시해주셨습니다.

물론 생물학적 나이와 인생의 내공이나 깊이가 정비례의 상관관계를 갖는 것은 아닙니다. 젊은 관상 상담가 분들 중에도 탁월한 인품과 깊은 관상학 지식을 지니고 훌륭한 상담을 이끌어나가시는 분들이 적지 않습니다. 이런 분들의 경우에는 다소 부족한 인생의 경험을 꾸준한 사색과 성찰, 독서와 경청의 자세 등을 통해 연마하는 분들이었습니다. 즉, 내공 깊은 관상 상담가가 되기 위해서는 자신이 경험한 그간의 일들을 다양한 각도에서 바라보며 그 의미를 해석하고 내면의 지혜를 갈고닦아야 합니다.

4. 상담자와 적절한 거리를 가져야 합니다.

사주든 타로카드든 관상이든 자신의 운명을 보러 온 분들은 대개 인생에서 어려운 문제를 만나 난관에 봉착한 상태인 경우가 많습니다. 앞길이 보이지 않는 상황에 처했기에 이를 해결할 수 있는 답을 찾으러 온 분들인 것이지요. 그런데 상담가로서 상담자에게 공감하려는 마음이 지나치게 큰 나머지 상담자가 들려주는 사연과 이분들이 내비치는 감정에 너무 깊이 이입하게 되는 경우도 생깁니다. 하지만 지나친 감정 이입은 오히려 정확한 관상 상담에 도움이 되지 않습니다.

관상 상담가는 상담자의 상황을 헤아리고 상담자의 관상을 잘 살펴 그의 운을 파악하고 향후 어떻게 행동해야 할지 또는 어떤 행동을 해서는 안 되는지 등 방향을 알려주는 나침반 역할을 해야 합니다. 그런데 상담가가 상담자의 감정과 기운에 강하게 이끌려 지나치게 몰입하다 보면 마치 강력한 자기장에 의해 나침반이 고장 나버리는 것처럼 올바른 상담을 할 수 없게 됩니다. 훌륭한 관상 상담가는 상담자의 상처받고 고통스러운 마음을 잘 헤아리되 적절한 거리 두기를 해서 객관적이고 정확한 상담을 해주는 상담가입니다. 관상 상담의 명료함을 위해서, 상담가 자신의 마음과 멘탈을 보호하기 위해서, 그리고 다음 순서의 또 다른 상담자를 위해서 관상 상담가는 상담자와 적절한 거리를 가져야 합니다.

5. 소통의 기술이 필요합니다.

앞서도 이야기했지만 관상 상담을 받으러 오는 분들의 대다수는 문제 상황에 직면하여 이를 타개할 방법을 찾기 위해 오신 분들입니다. 모두 다 그런 것은 아니지만 높은 확률로 마음속에 아픔과 고통, 답답함이 가득한 상태인 경우가 많습니다. 관상 상담가로서 이러한 상황에 처한 상담자들에게 우선적으로 제공해야 하는 것은 정확하고 명료한 관상 해석일 것입니다. 관상 해석이 정확해야만 이분들이 겪는 어려움을 해결할 수 있는 가장 탁월한 방법을 제시해줄 수 있습니다. 하지만 이와 더불어 잊지 말아야 할 것이 하나 더 있습니다. 바로 부드럽고 유연한 소통의 기술입니다.

우리의 옛 속담 중에 '아 다르고 어 다르다'라는 말이 있습니다. 같은 뜻의 말이라고 해도 어떻게 전달하느냐에 따라 상대가 받아들이는 바가 다르다는 뜻입니다. 이 말의 의미는 관상 상담에도 그대로 적용됩니다. 아무리 탁월한 관상 해석도 전하는 방식이 거칠고 투박하면 상담자는 상담가의 말을 수용하기가 쉽지 않습니다. 좋은 해석일 경우에는 그나마 괜찮은데, 관상 중 흉한 부분에 대해 언급해야 할 경우에는 이를 전하는 상담가의 말투나 태도가 더욱 조심스러울 필요가 있습니다. 특히 관상학은 다른 운명학들과는 달리 상담자의 외형에 대해 말해야 하기 때문에 그 해석을 전함에 있어 말투나 태도가 공격적이고 직접적이면 상담자가 큰 상처를 받을 수도 있습니다. 명료한 관상 해석을 부드럽고 온화한 말그릇에 담을 줄 아는 상담가야말로 훌륭한 관상 상담가입니다.

자주 물었던
질문과 답변(FAQ)

1. 얼굴에서 꼭 고치고 싶은 부위가 있습니다. 성형을 하고 나면 관상이 바뀌게 될까요? 시술이나 수술을 해도 관상에 큰 문제가 없는 성형에는 어떤 것들이 있을까요?

저는 성형이나 메이크업으로 관상이 바뀐다고 보는 쪽입니다. 하지만 성형을 해도 운명이 바뀌지 않는 경우가 있습니다. 무턱대고 예뻐지기 위해서 연예인이나 모델 등을 따라 성형을 한다면 얼굴이 바뀐다고 해도 운명은 바뀌지 않습니다. 마음의 상인 심상은 여전히 그대로이기 때문입니다.

조금 더 세부적으로 말씀을 드린다면 점의 경우 무조건 다 뺄 필요는 없습니다. 오히려 점을 빼고 난 뒤 흉이 지거나 피부가 패이면 그것이 더 좋지 않은 작용을 불러일으킵니다. 기미는 제거하는 편이 좋습니다. 기미는 좋지 않은 일이 드리워짐을 뜻하기 때문에 가령 광대뼈에 기미가 올라온다면 자신이나 배우자의 사업에 먹구름이 끼는 수가 생깁니다. 어릴 때부터 있던 주근깨는 흉상이 아니므로 그대로 두어도 무방합니다.

요즘에는 남성들도 미용 측면에서 턱이나 인중 등의 수염을 레이저 제모를 하는 경우가 많습니다. 하지만 인중이나 턱이 약하다면 수염으로 보완을 해주는 편이 좋습니다. 여성들의 경우 눈매를 더욱 또렷하게 만들기 위해 아이라인 문신을 하기도 하는데, 이는 기존의 관상에 따라 좋고 나쁨의 작용이 다릅니다. 가령, 눈두덩이 넓어서 눈과 눈썹 사이가 어느 정도 면적이 있는 분들이라면 아이라인 문신을 해도 큰 문제가 없습니다. 하지만 큰 틀에서 봤을 때 관상학에서는 문신을 흉터로 보아 좋게 해석하지 않습니다. 눈썹 문신이나 아이라인 문신은 면적이 작기 때문에 미치는 영향력이 크지 않다고 보지만, 몸에 하는 커다란 문신은 흉상으로 봅니다. 참고로 관상학에서는 보조개도 흉터로 봅니다. 보조개는 보통 뺨 아래에 있는데 이 자리에 보조개가 있으면 중년 무렵 부부 관계 등에서 어려움이 생긴다고 봅니다. 이런 부분들의 경우 일반적인 미의 기준과 관상학적 해석이 다른 지점들이지요.

만일 눈두덩이 좁은 편이라면 아이라인 문신을 할 경우 눈과 눈썹 사이가 더 좁아 보이고 어두운 느낌을 주기 때문에 좋지 않습니다. 눈과 눈썹 사이가 좁으면 가정에 불운한 일이 생길 수 있다고 봅니다. 속눈썹 시술도 같은 맥락에서 이해할 수 있습니다. 속눈썹 연장은 아이라인 문신과 달리 유지 기한이 짧은 시술이지만, 꾸준히 자주 하게 될 경우 눈썹 아래에 그늘이 드리워지는 상이 되어 관상학적으로 좋지 않게 봅니다.

나이가 드신 분들의 경우 피부 처짐을 개선하기 위해 안면 거상 시술을 받기도 하십니다. 안면 거상 시술로 지나치게 피부를 당기게 되면 인상이 바뀌는 것도 있지만, 피부가 얇게 지나치게 당겨진 팽팽한 북처럼 됩니다. 이처럼 피부가 얇게 지나치게 당겨지면 자녀의 일이 안 풀리거나 자신의 수명이 짧아집니다. 턱을 깎는 양악 수술의 경우도 지나치게 턱을 깎아버리면 노년의 운이 약해진다고 봅니다. 하정은 노년의 운명을 보는 부위인데 하정이 지나치게 좁아져버리면 노년에 거주지나 재산 등 여러 측면에서 불안정해진다고 봅니다. 하정은 어느 정도 살이 있고 위를 향해 도톰한 것을 좋게 봅니다. 치아의 경우 라미네이트나 교정을 통해 가지런하고 빈틈이 없는 형상을 만드는 것이 관상학적으로 도움이 됩니다.

관상학에서는 발제, 즉 이마 윗부분의 머리카락이 나는 헤어 라인 부분도 중요하게 보는데 만일 머리숱이 많지 않다면 자신의 헤어 라인을 따라 적절한 양으로 채워주는 것도 관상학적으로 괜찮습니다. 참고로 머리카락은 길이보다 색깔과 숱이 중요합니다. 같은 맥락에서 자신에게 부족한 부분을 머리카락 염색을 통해 보완해주는 것도 일종의 개운법이라고 할 수 있습니다. 자신의 사주에 물이 너무 많다면 붉은색 기운이 돌도록 염색을 해도 괜찮다는 의미입니다. 하지만 수(水)의 기운이 많아 화(火)의 기운으로 붉은색으로 염색하면 일이나 재물로는 좋지만, 사람과의 마찰이나 갈등이 생길 수 있습니다.

2. 기업 면접을 앞두고 있는 구직자입니다. 서류 전형과 직무 능력 테스트는 늘 안정적으로 통과하는데 항상 면접에서 떨어져 고민이 많습니다. '호감형 외모가 아니라서 이런 결과를 얻는 것일까?' 싶기도 합니다. 면접을 볼 때 호감을 주는 관상이 되려면 어떻게 해야 할까요?

어느 경우에나 마찬가지이지만, 취업을 위해서는 얼굴의 장점은 드러내고 단점은 감추는 것이 필요합니다. 취업을 위한 면접에서는 그 일의 적임자임을 당당하게 보여주는 것이 기본입니다. 실력과 기본이 갖춰진 후에 필요한 것은 좋은 인상입니다. 외모에만 치중하는 면접은 문제가 있지만, 현실적으로 오늘날 우리는 외모가 경쟁력이자 외모를 중시하는 시대에 살고 있습니다.

하지만 이 질문도 한번 생각해볼 필요가 있습니다. '성형이나 시술로 미남 또는 미녀가 되면 다 취업에 성공할 수 있는가?' 현실을 되돌아보면 꼭 그렇지만은 않습니다. 업무마다 그에 걸맞은 이미지가 있기 때문에 편안하게 신뢰를 주는 인상이 우선입니다. 저에게 관상 상담을 의뢰하는 사람들 중에는 미모는 뛰어난데 이미지가 도도하고 차갑다 보니 서비스업에 지원했다가 늘 면접에서 낙방하는 경우가 종종 있었습니다. 결국 자신이 지원하는 직업에 어울리는 인상을 갖추는 것이 중요합니다.

직업을 구분하지 않는 경우에 취업을 위한 보편적인 개운법은 장점은 드러내고 단점은 감추는 것입니다. 직업운은 주로 이마와 눈썹과 코, 광대의 상을 통해 봅니다. 이마가 넓고 골격에 꺼진 부분이 없고 흉터도 없다면 이마를 드러내는 것이 좋습니다. 만약 이마에 흉터가 있거나 이마가 좁다면 앞머리를 내리는 것으로 보완합니다. 하지만 이마가 지나치게 돌출되거나 넓은 경우에도 조직 생활에서 문제를 겪거나 직장에서 이동이 많을 수 있으니 앞머리로 가려주는 것이 좋습니다.

눈썹도 마찬가지입니다. 눈썹의 형태가 부족하다면 여성의 경우에는 메이크업으로 보완할 수 있습니다. 남성의 경우에는 앞머리로 살짝 가려주는 방법이 좋으며, 잔털이 많아 지저분하다면 깔끔히 제모해주면 개운이 됩니다.

한편, 코와 광대 주변은 기색이 밝아야 합니다. 각질과 모공 관리를 잘하면 코와 광대 주변의 기색을 살리는 데 도움이 됩니다.

3. 직원 채용 면접을 종종 해야 하는 사장입니다. 회사 규모가 작은 편이라 사람 한 명 한 명이 정말 중요한데요. 저와 상성이 맞는 직원을 관상만으로 판단할 수 있는 방법이 있을까요?

직원 채용 시에도 관상을 참조할 수 있습니다. 다만 직군에 따라 좋은 관상과 그렇지 않은 관상의 기준은 달라질 것입니다. 어떤 직군이냐에 따라 장점으로 발휘될 수 있는 성향이나 기질이 다르기 때문입니다. 영업직이나 서비스직이라면 이마가 가로로 넓으면 좋습니다. 이마가 가로로 넓은 상은 역마의 상으로 발 빠르게 움직이며 바깥에서 활동을 하는 일에서 성과를 발휘합니다. 또한, 눈썹은 곡선을 가진 경청미이면 좋습니다. 경청미를 지니면 사교적이면서도 다른 사람과 잘 화합하는 성향을 갖고 있기 때문입니다.

영업직이나 서비스직의 경우 코가 너무 높으면 안 됩니다. 코가 높다는 말은 나 자신이 높다는 의미이므로 손님이나 거래처 관계자들보다 내가 더 우위에 서려 한다는 의미일 수 있습니다. 따라서 영업직이나 서비스직이라면 코는 약간 낮은 듯한 편이 좋습니다. 또한, 콧망울은 약간 둥그스름해야 재물복이 좋습니다. 영업직은 돈과 직접적으로 관련이 있는 직군이므로 재물복이 있는 코 모양을 지닌 직원을 뽑으면 좋습니다.

연구직이나 기술직이라면 집중력이 좋고 하나의 일에 전념할 줄 아는 집요함, 좋은 손재주 등을 지닌 관상이면 좋을 것입니다. 창의력과 아이디어도 뛰어나야 함은 물론입니다. 연구직이나 기술직은 눈썹, 눈썹 부위, 광대가 중요합니다. 우선 눈썹이 와잠미처럼 짙으면 기술력과 자기 분야에서의 아이디어가 뛰어납니다. 또한, 눈썹을 감싸듯이 눈썹 뼈가 둥글게 튀어나온 형상인 거오골이 발달한 경우에도 남다른 재주와 기술로 빛을 발휘합니다.

　인사팀처럼 사람을 관리해야 하는 직군이라면 우선 턱이 넓고 도톰해야 합니다. 즉, 하관 또는 노복궁이 발달한 상이 좋습니다. 또한, 입술도 어느 정도 크고 두터운 편이 좋습니다. 입술이 너무 얇거나 작으면 사람을 통제하지 못하는 상입니다. 콧대는 영업직이나 서비스직에 비해 어느 정도 높이가 있는 편이면 좋고, 이마도 높고 넓어야 좋습니다.

4. 몇 년째 모태 솔로인 20대 학생입니다. 다들 쉽게 이성 친구를 사귀는 것 같은데 저는 그게 참 쉽지 않네요. 연애운을 상승시킬 수 있는 방법이 없을까요?

　연애운이 좋으려면 눈 주변과 입 주변이 밝아야 합니다. 또한, 눈 주위는 연한 황색(밝은 베이지색)이나 핑크빛으로 빛나야 합니다. 그리고 미간은 넓으면서 연한 살구색이나 연한 황색이 나오는 것이 좋습니다. 눈꺼풀과 눈 밑이 어두우면 연인이 있는 경우에는 장애물이 생기고, 솔로라면 연애운이 막힙니다. 그래서 스모키 화장법은 연애운에 도움이 안 됩니다.

　코끝이 연한 황색으로 빛나면 상대방에게 온화한 이미지를 줍니다. 입술 주변에서 밝은 기색이 나오고 입술이 선홍빛으로 빛나면 상대를 끌어당기는 매력이 생깁니다. 붉은색이 나오면 부드러운 언변과 표현이 풍부해지는 매력을 충분히 전달할 수 있습니다. 남성의 경우라면 입꼬리가 올라가면 부드럽고 간결하면서 강하게 자신을 보여줄 수 있어서 연애에 도움이 됩니다.

　얼굴형이 갸름하고 둥근 형이 연애를 잘합니다. 하지만 턱이 뾰족하면 예민하고 낯을 가리며 사소한 행동이나 말투에 예민하게 반응합니다. 그러므로 성형이나 시술로 턱을 너무 뾰족하게 만들지 않아야 합니다.

5. 직업으로써 관상 상담을 하게 된다면 상담 시간은 어느 정도가 적당할까요?

현재 저는 개인 상담을 할 경우 길게 하지 않는 편입니다. 보통 한 분당 15~20분 정도가 평균적인 상담 시간입니다. 오랫동안 상담을 하며 관찰해본 결과, 하루에 20명 정도 수준으로 상담을 해야 저의 컨디션을 최상으로 유지하면서 양질의 상담을 해드릴 수 있었습니다. 하지만 이는 상담 경험이 많이 쌓였기 때문에 가능한 방식이라고 생각됩니다. 간혹 상담 시간이 지나서도 궁금한 점을 물어보시는 상담자 분들이 계시기도 합니다. 그런 경우에는 다음 상담자 분의 차례가 되기 전, 저의 휴식 시간을 할애해 정말 알고 싶은 것이 무엇인지 하나를 여쭤보고 그 부분에 대해 집중적으로 답을 해드립니다.

하지만 초보 관상 상담가인 경우에는 아무래도 상담자의 관상을 살펴보고 이를 해석하고 풀이하는 시간이 더 걸리기 마련입니다. 또한, 상담 내공이 일정 수준에 도달하기 전까지는 자신의 정신적 에너지와 체력이 허락하는 범위 안에서 가급적 많은 분들을 상담하는 것이 상담의 깊이를 더하는 데 도움이 됩니다. 저도 관상 상담을 시작하고 나서 약 10년간은 하루에 50명 이상 상담을 해왔습니다. 많은 분들의 관상을 봐드리는 과정에서 상담 실력이 늘었음은 물론입니다. 하지만 체력적으로나 정신적 에너지의 측면에서 지치는 순간들도 분명 있었습니다. 그래도 초보 관상 상담가라면 적어도 한 분당 30분 정도의 시간을 들여 관상 상담을 할 것을 권장

합니다. 그래야만 관상을 보는 자신만의 데이터도 쌓이고, 상담자에게도 의미 있는 해석을 들려드릴 수 있습니다.

6. 관상 상담가로서 어떤 자세와 마음가짐을 가지려 하시며, 평소에 자기 관리는 어떻게 하시나요?

관상학과 관련하여 제가 가장 좋아하는 말 중 하나는 '사주불여 관상 관상불여심상(四柱不如觀相 觀相不如心相)'입니다. '격이 높은 사주팔자보다 뛰어난 관상이 더 중요하고, 뛰어난 관상보다 마음가짐인 심상이 더 중요하다'라는 뜻이지요. 관상 상담가로서 늘 가지고자 하는 태도와 마음가짐, 그리고 자기 관리의 비법도 이와 크게 다르지 않습니다. 즉, 언제나 좋은 심상을 갖기 위해 부단히 노력합니다.

가령, 저는 늘 거울을 볼 때마다 방긋 웃는 표정을 지어보입니다. 개운법 부분에서도 설명했듯이 웃는 표정을 자주 지으면 입가 주변에 팔자 주름이 넓게 생기며 운이 좋아지는 주름이 만들어집니다. 또한, 광대가 살아나며 코의 형태가 옆으로 퍼지면서 살집이 생기는데 이는 재물복이 좋은 코가 되는 방법이기도 합니다.

또한, 제가 노력을 해서 다듬거나 관리할 수 있는 부분들에 최대한 신경을 쓰고 노력을 기울입니다. 이를테면 집 안에서도 입술에는 항상 붉은색 립스틱을 발라 색을 유지하거나 눈썹을 항상 정갈하게 다듬습니다. 필요하다면 얼굴의 잡티도 주기적으로 제거하는 가벼운 시술도 받곤 합니다. 이렇게 외적인 부분을 좋은 상으로 가꿀 때에도 늘 염두에 두는 부분이 있습니다. 외양을 다듬는 일의 본질이 마음을 단정하고 맑게 가꾸는 것과 맞닿아 있음을 잊지 않는 것입니다. 그러한 마음가짐 없이 그저 '운을 좋게 만들어주기 때문에', '좋은 관상이 된다고 하니까' 등의 이유로 겉모습을 꾸민다면 그것은 절대 운을 바꿔주는 작용을 하지 않습니다.

어쩌면 너무 일반적이고 평범해서 특별하게 다가가지 않을 수도 있을 것 같습니다만, 저는 '가장 평범한 것이 가장 위대한 것'이라는 말을 떠올리며 매일 앞에서 이야기한 방법들을 통해 저의 몸과 마음을 관리합니다.

7. 관상 상담가로서 퀴니 선생님만의 특별한 루틴이나 습관이 있으신가요?

관상 상담 역시 사람을 대면하는 일이다 보니 기운이 소진되는 측면이 분명 존재합니다. 물론 늘 기운이 소진되기만 하는 것은 아닙니다. 관상이 아주 좋은 분을 만나거나 당장은 어려움에 처했다고 해도 해결책이 뚜렷하게 보이는 상담을 하고 나면 큰 보람과 기쁨을 얻어 오히려 기운이 회복되는 경우도 있습니다. 관상 상담가로서 저만의 특별한 루틴이나 습관이 있다면 대표적으로 두 가지를 말씀드릴 수 있을 것 같습니다.

하나는 반려 강아지를 매일 산책시키며 자연을 느끼는 시간을 갖는 것입니다. 저는 관상 상담과 더불어 사주 상담도 오랫동안 해왔는데요. 사주명리학을 비롯해 동양의 운명학에서는 계절의 순환과 변화를 무척 중요하게 생각합니다. 또한, 자연의 변화에는 좋고 나쁨이 없습니다. 우리는 흔히 낙엽이 떨어지는 가을이나 세상이 꽁꽁 얼어붙는 겨울을 부정적으로 해석하는 경향이 있습니다. 하지만 상승과 하강, 음양의 원리라는 측면에서 본다면 이들 계절은 봄과 여름의 생동과 성장이 결실을 맺는 시기이자 새로운 발아를 준비하는 시기입니다. 계절의 바뀜은 사람과 인생의 성장과 변화상과도 맞물립니다. 저는 매일 자연 속에 머무르는 시간을 가짐으로써 우주와 자연의 순환에 대해 성찰하는 시간을 가집니다. 또한, 한 인간의 성숙과 성장에 대해서도 깊이 사색하곤 합니다. 이 시간들이 관상 상담을 할 때 좋은 통찰과 해석으로 이어집니다.

관상 상담가로서 또 다른 습관 하나는 일상적으로 만나는 관계에서는 상대의 관상을 절대 보지 않는 것입니다. 이는 어떻게 보면 습관이라기보다 관상 상담가로서의 원칙 중 하나일 수도 있겠습니다. 관상학에 대한 지식이 없는 보통 사람들도 누군가를 처음 만나면 첫인상으로 상대를 판단하곤 합니다. 이 역시 일종의 관상을 보는 행위라고 할 수 있는데요. 저는 가족을 비롯해 친구나 지인 등 저의 개인적인 삶 가운데 만나는 분들의 관상은 의식적으로 보지 않으려고 합니다. 일종의 일과 삶을 분리하여 일이 주는 무게감에 압도되지 않으려는 노력이라고 할 수 있을 것입니다. 같은 맥락에서 저는 관상 상담가로 하루 일과를 마치고 나면 세상에서 가장 편안한 관계인 가족들과 담소를 나누는 등의 방식으로 정신적 에너지를 충전합니다.

8. 관상 상담가가 가져야 할 가장 중요한 자질과 덕목은 무엇일까요?

'훌륭한 관상 상담가가 되는 비결'에서 관상 상담가가 가져야 할 자질과 덕목을 설명했지만, 그중에서도 특히 중요한 것은 '방향을 제시하는 데 초점을 두는 것'이라고 말하고 싶습니다. 앞에서도 여러 번 이야기했지만 좋은 일로 운명학 상담을 오는 분들은 극히 드뭅니다. 대다수의 상담자 분들은 불안하거나 걱정이 있을 때 운명학 상담을 오십니다.

그렇다 보니 많은 상담자 분들이 자신이 처한 문제에 대해 구체적이고 세부적인 해결책을 묻는 경우가 많습니다. 심지어는 굿이나 부적 등을 요청하시는 경우도 있습니다. 하지만 관상 상담가가 상담자의 삶을 대신 살아줄 수는 없습니다. 다만, 상담자의 얼굴을 살펴 그 안에 드러난 그분의 운명을 간명하고 더 나은 쪽으로 나아갈 수 있도록 큰 틀에서 방향을 제시해드릴 뿐입니다. 지엽적이고 단편적인 해결책은 본질적인 문제 상황을 해결하는 데 큰 도움이 되어드리지 못할 경우가 더 많습니다.

에필로그

관상의 핵심은
현재의 내 형상에 집중하는 것입니다

    오랜 기간 관상 상담을 해오며 수많은 상담자들을 만났습니다. 그중 정말 잊을 수 없는 상담자가 한 분 계십니다. 제게 관상을 보러 오셨다가 유방암을 초기에 발견하고 바로 수술을 하신 덕분에 위험한 순간을 비껴갈 수 있었던 40대 초반의 여성 상담자입니다. 저는 상담자의 요청이 있을 경우 사주명리와 함께 관상을 봐드리기도 합니다. 그런데 그날 저를 찾아온 여성분은 상담실에 들어오시는 순간부터 유난히 미간의 기색이 어두운 것이 눈에 띄었습니다.

    이윽고 그분의 사주를 살펴보니 유방과 여성 기관의 건강이 좋지 않은 것으로 나왔습니다. 사주를 확인한 후 저는 그분의 얼굴을 자세히 간명했습니다. 역시나 미간과 코 윗부분이 진한 청색으로 어두운 기색이 완연했습니다. 저는 그분께 꼭 병원에 가서 검진을 받아보시면 좋겠다, 특히 유방암 정밀 검진을 받아보시라고 권해드렸습니다. 그분은 상담을 마치고 나서 그리 오래 시간이 지나지 않아 병원에 갔는데 실제로 암 조직이 발견돼 바로 수술을 하셨다고 합니다. 나중에 이분이 저를 찾아와 소식을 들려주셨을 때, 전율과 더불어 이 일을 하는 보람을 깊게 느꼈습니다. 다른 사람의 얼굴을 잘 살펴 그이의 인생이 좋은 방향으로 흘러갈 수 있도록 돕는 제 일에 새삼 커다란 자부심을 갖게 됐음은 물론입니다.

저는 다양한 운명학 가운데에서도 관상학이 참 매력적이고 우리 일상과 가까이 밀착된 운명학이라는 생각을 종종 합니다. 관상의 핵심은 '볼 관(觀)'이라는 한자의 의미처럼 '자세히 본다'는 데 있습니다. 사주명리학, 타로, 주역, 점성학 등 모든 운명학이 공통적으로 말하는 바가 있습니다. 우주와 자연, 그리고 인간의 운명에는 언제나 상승이 있으면 하강이 있고, 또 하강 이후에는 다시 상승의 시기가 돌아온다는 순환의 이치입니다. 저는 자신에게 언제 좋은 때가 찾아오는지, 또 언제 웅크려야 하는 시기가 다가오는지를 '잘 살피는 것'이 잘될 운명으로 나아가는 가장 탁월한 방법이라고 생각합니다. 관상은 그러한 운명의 흐름을 얼굴과 몸이라는 밖으로 드러나는 형상을 통해 파악하는 운명학입니다.

인간의 몸과 마음은 상호작용을 하며 서로 영향을 미칩니다. 곱고 맑은 심상은 얼굴에 고스란히 드러나기 마련입니다. 반대로 겉으로 드러나는 표정이나 자세가 흐트러지게 되면 그것은 마음의 결에도 부정적인 영향을 미칩니다. 관상 상담을 하다 보면 압도적으로 많이 받는 질문이 성형으로 운명을 바꿀 수 있냐는 것입니다. 저는 성형으로 얼굴의 형상이 바뀌면 운명도 바뀐다고 보는 쪽입니다. 하지만 성형보다 더욱 자연스러운 방식으로 나의 관상을 더 좋게 바꿀 수 있는 방법이 있습니다. 바로 늘 자신의 표정과 몸짓을 살피며 수신(修身)하는 것입니다. 표정은 늘 웃음을 지어 보이려고 노력하고, 자세는 곧고 바르게 유지하려 하며, 눈빛과 말투, 목소리와 매무새를 항상 생기 있고 정갈하게 살피는 사람의 형상은 건강하고 밝게 빛나지 않을 도리가 없습니다. 이와 같은 건강하고 밝음은 세상이 정한 아름다움의 기준을 뛰어넘는 힘이 있습니다.

관상 상담가로서 살아오면서 절실하게 체감하는 진리가 하나 있습니다. 바로 '모든 일에는 때가 있다'는 것입니다. 사람들의 얼굴에는 그이가 살아온 시간과 살아갈 시간이 그대로 담겨 있습니다. 타고난 얼굴의 형상에 머무르지 않고, 인생의 때에 맞춰 좋은 것은 더 흥하도록 북돋워주고, 흉한 것은 보완해줄 때 비로소 좋은 관상이 완성됩니다. 이때 판단을 내리는 기준은 현재의 내 형상입니다. 즉, 관상을 가장 현명하게 잘 활용하는 방법은 더 나은 미래를 위해 지금 내 모습을 잘 살피며 나를 만들어나가는 것입니다. 관상학 공부에 첫발을 내딛으신 모든 분들이 이 공부의 내용을 바탕으로 늘 자신의 몸과 마음을 두루 살펴 자기만의 때를 꼭 찾아 좋은 운명의 흐름에 올라타시길 기원합니다.

소울이 있는 만남 **소울소사이어티**
soulsociety.kr

도서

운명학 입문자를 위한 쉽고 재미있는 가이드북
'내 운명은 내가 본다' 시리즈

잘될 운명으로 가는
운의 알고리즘

부와 운을 끌어당기는
소울타로 컬러링북
**부자의 그림
컬러링북**

카드 및 관련 제품

타로 & 확언 카드

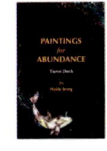

풍요의 에너지
**부자의 그림
타로카드**

14개의 보석 그림과
50개의 긍정 확언이 담긴
**잘될 운명
확언 카드**

타로 입문자 필수템
**소울웨이트
타로카드**

오라클 카드

내 고민에 답을 주는
소울메세지카드

별들이 속삭이는 우주의 메시지
소울스타카드

3천 년의 비밀이 담긴
소울주역카드

내 영혼의 여신이 전하는 메시지
소울가디스카드

매릴린 먼로(배우)

매릴린 먼로는 성형 전에도 미인의 관상이었습니다. 하지만 배우로 성공하기 위해 성형을 감행했는데요. 성형 전 얼굴의 경우 턱 라인이 넓고 살집이 있어서 재물과 노년의 운이 좋은 관상이지만, 도화(연예인)의 관상으로는 아쉬운 부분이 있습니다. 하지만 성형 후 턱 라인이 날렵해지고 갸름해짐으로써 도화의 턱이 됐습니다. 또한, 매릴린 먼로는 메이크업을 할 때나 표정을 지을 때 눈매가 살짝 처진 형태를 만들곤 했는데, 눈매가 처지면 선하고 부드러운 느낌을 주어 인기를 끌게 해줍니다. 광대에 난 점은 도화의 점으로 이성과 사람들의 시선을 집중시키는 점입니다.

젠슨 황(엔비디아 CEO)

젠슨 황은 오늘날 인공지능 반도체 시장을 선도하는 기업인 엔비디아의 수장입니다. 젠슨 황은 오형 중 토형으로 일처리에 신중하고 침착하며 사람됨이 묵직합니다. 또한, 믿음과 의리가 두텁고 신뢰가 강합니다. 고집스럽고 부드러운 미소 뒤에 강인함도 갖추고 있습니다. 토형 중에는 정치가나 사업가가 많습니다. 젠슨 황은 관상학적으로 전형적인 거부의 코를 지닌 인물입니다. 자수성가로 재물복을 쌓는 운을 알아보는 데는 코와 광대와 턱이 중요합니다. 젠슨 황의 코는 현담비로 거부가 되는 코입니다. 그런데 코만 크고 광대가 없다면 재물의 크기가 아무리 커도 도와주는 세력이 없으니 그 크기만큼 갖기가 어렵습니다. 젠슨 황의 턱은 넓고 힘이 있어 확장성을 갖고 있고 행동력과 실행력이 뛰어납니다.

베르나르 아르노(LVMH 회장)

베르나르 아르노는 오늘날 세계 1위의 부자로 프랑스 명품 그룹인 루이뷔통모에헤네시(LVMH)를 이끄는 인물입니다. 베르나르 아르노는 오형 중 목형과 화형이 혼합된 관상입니다. 목형은 예민함과 총명함을 지녔으며, 자기 사람에 대한 배려와 인자함을 가졌습니다. 하지만 타인에게는 냉정한 면모가 있습니다. 한편, 화형은 감각적이고 재빠르며 열정적인 행동파적인 면모가 있습니다. 또한, 예술적 감수성이 뛰어나 예술가나 디자인이나 패션과 같은 트렌디한 사업에 적합합니다. 베르나르 아르노는 이러한 목형과 화형의 특성이 혼합되었다고 볼 수 있습니다. 그는 상속형 재물복과 자수성가형 재물복이 혼합된 관상입니다. 현재 그의 재산 규모는 2,148억 달러에 이릅니다. 실제로 베르나르 아르노는 건설업을 하는 아버지의 사업을 기반으로 부동산을 통해 돈을 벌었습니다. 이후 부동산으로 벌어들인 돈으로 유명 패션 브랜드를 인수합병하며 거대한 패션왕국을 일굽니다. 그는 이마가 유달리 넓고 높으며 꽉 차 있는 형태로 부모로부터 유산을 물려받는 관상에다가 스스로 거부가 되는 호양비도 지녔습니다.

마윈(알리바바 CEO)

마윈은 세계 최대 규모의 온라인 쇼핑몰인 알리바바의 창업자이자 CEO입니다. 마윈은 오형 중 토형으로 앞에서 언급한 젠슨 황과 같습니다. 토형은 겉으로 드러내지 않는 승부사 기질과 책략가적인 면모를 지녔으며 현실적이고 결과물을 중시하는 면도 있습니다. 그의 얼굴은 첫눈에 봤을 때는 다소 볼품없어 보일 수도 있지만 이목구비를 하나하나 따져 살펴보면 재물복이 많은 관상입니다. 넓고 높은 이마는 아이디어와 정보가 가득한 이마로 높은 지위에 오르며 사람을 이끄는 리더가 되는 상입니다. 눈썹 뼈가 둥글게 튀어나온 거오골로 자신의 분야에서 최고의 위치에 오릅니다. 코는 현담비로 전형적으로 거부가 되는 코입니다. 가로로 넓은 얼굴은 승부사 기질을 보여주며 자신의 능력을 발휘하는 영역이 넓음을 의미합니다.

리사 수(AMD CEO)

리사 수는 대만계 미국인 엔지니어로 현재 어드밴스트 마이크로 디바이시스(AMD)의 CEO로 재직 중입니다. 리사 수도 앞서 언급한 젠슨 황이나 마윈처럼 오형 중 토형의 관상입니다. 리사 수는 골격이 남성적인데 여성이지만 남성들과의 경쟁에서도 밀리지 않고 사업가로서의 능력을 크게 발휘합니다. 이마 역시 네모 이마로 남성적인 이마입니다. 즉, 현실적이고 상식적이며 분석력과 실무 능력이 뛰어납니다. 여기에 일월각이 솟아 용의 뿔 형상을 하고 있는데 이는 학문적으로 이루는 바가 있음을 뜻합니다. 실제로 리사 수는 미국의 유명 공과대학인 MIT에서 석박사 학위를 취득했습니다. 경청미와 사자  구를 지닌 것으로 보아 주변 사람들과 잘 화합하고 유순하며 말에 신뢰감이 가득한 인물로 여겨집니다. 넓고 둥근 턱선으로 보아 노년에 재물운과 건강운, 부동산 복이 좋을 것으로 생각되며 아랫사람 복도 많습니다.

리콴유(싱가포르 총리)

리콴유는 싱가포르의 초대 총리이자 국부(國父)로 손꼽히는 인물입니다. 리콴유는 오형 중 목형으로 예민하고 총명하며 학문적으로 큰 성취를 이루는 관상입니다. 그의 얼굴은 전형적으로 건강하고 수명이 긴 관상입니다. 넓은 이마, 큰 귀, 힘이 있는 코, 높고 둥근 머리, 발달한 복  덕궁을 가진 리콴유는 91세까지 장수했습니다. 또한, 둥근 머리와 높은 머리는 높은 지위에 올라 드높은 명예를 누리는 상인데, 그는 싱가포르의 초대 총리로 취임한 후 31년 동안 장기 집권을 했습니다. 총리직을 퇴임한 후에도 선임장관 및 고문장관을 역임했습니다. 숱은 있지만 연한 눈썹은 정에 치우치지 않는 과단성과 결단력을 지닌 인물임을 알려줍니다.

마오쩌둥(중국 정치가)

마오쩌둥은 중화인민공화국의 초대 주석으로 중국의 대약진운동과 문화대혁명 등을 주도한 혁명적 인물입니다. 마오쩌둥은 오형 중 토형과 수형이 혼합된 관상입니다. 토형은 믿음과 의리가 있으며 부드러움 뒤에 강인한 면모가 있습니다. 한편, 수형은 유머러스하고 눈치가 빠르며 총명하고 사교적입니다. 이 둘은 상극의 조합이기 때문에 이 둘을 모두 가진 경우 인생의 변화와 변동이 큽니다. 정치가로서 이러한 관상을 가졌다면, 토가 수를 가둬 댐 역할을 잘할 경우 국가를 잘 관리하고 발전시킬 수 있지만, 토와 수의 비율이 깨져 댐이 무너지면 흙탕물이 되니 끝이 혼탁해져 기존에 이룬 결과물이 모두 무너지는 형국입니다.

젊은 시절 마오쩌둥의 사진을 간명하면, 둥글면서도 높고 넓은 이마가 인상적입니다. 이는 여성적 섬세함과 감수성을 지녔으며 다양한 분야에 관심이 많고 영리하고 총명한 인물임을 알려줍니다. 눈은 공작안인데 공작안을 지닌 사람은 통찰력과 관찰력이 뛰어나며 속내를 드러내지 않습니다. 겉으로 보면 차가운 것 같지만 속정이 깊습니다. 노년의 마오쩌둥 사진을 간명하면, 살이 붙은 코와 튀어나온 광대가 인상적입니다. 살이 붙은 코는 본인의 재물복이 많아

짐을 의미합니다. 또한, 코에 힘이 있으니 본인의 힘이 강합니다. 마오쩌둥은 젊어서부터 광대가 튀어나와 있는데 이는 권세가 있으며 그 세력이 강함을 뜻합니다. 노년의 마오쩌둥은 청년기에는 없던 사마귀가 생겨 있는데, 턱의 사마귀는 재물을 깨뜨립니다. 만일 국가 지도자라는 중책을 맡은 이라면 국가의 재물을 깨뜨리는 상입니다.

샌드라 오(배우)

샌드라 오는 미국의 유명 TV 시리즈인 〈그레이 아나토미〉의 주연진 중 한 명으로 유명해진 이민 2세대 캐나다 배우입니다. 샌드라 오는 목형으로 예체능, 방송, 작가 등 감성적이고 섬세한 직업이 어울립니다. 또한, 사자눈을 지녔는데, 사자눈을 가진 사람은 중후하고 인자한 성격이며 조직적으로 움직입니다. 그리고 리더십이 강하고 일처리에 신중합니다. 처지고 약한 눈썹은 생명력이 강하고 사교적이며 사람들과 원만한 관계를 맺어나가는 상입니다. 하지만 배우자와의 관계에서 어려움이 생기므로 늦은 결혼이 좋습니다. 실제로 샌드라 오는 2003년 영화감독 알렌산더 페인과 결혼했으나 3년 후 이혼했습니다. 약한 눈썹은 배우로서는 데뷔하자마자 인기를 끌지 못하고 무명이나 단역으로 조연의 기간을 보내고 연기력으로 성공함을 알려줍니다. 넓은 미간을 지녀 이해력과 사물을 수용하고 받아들이는 능력이 뛰어난 상입니다.

양조위 (배우)

홍콩의 배우이자 가수인 양조위는 〈중경삼림〉〈화양연화〉〈해피투게더〉 등을 통해 아시아에서 가장 국제적으로 성공한 배우 중 한 명입니다. 양조위는 오형 중 목형과 토형이 혼합된 관상입니다. 즉, 나무가 땅에 뿌리를 내리는 형태로 처음에는 나무가 땅에 뿌리를 내릴 때 몸살을
겪지만 뿌리가 자리를 잡으면 안정이 되니 초년에는 어려움이 있어도 중년부터 안정되는 형입니다. 목형의 감성적인 면과 토형의 현실감이 합해졌다고도 볼 수 있습니다.

　양조위의 눈썹은 와잠미로 와잠미를 지닌 사람은 이른 나이에 이름을 세상에 널리 알리며 성공합니다. 양조위는 20대 초반부터 드라마에 출연하며 유명세를 얻었습니다. 와잠미를 가진 사람은 끈기와 인내심이 강하며 마음가짐이 곧습니다. 양조위는 아내 유가령이 젊은 시절 겪은 불미스럽고 안타까운 사건에도 불구하고 그녀와 결혼을 결심해 현재도 전형적인 잉꼬부부로 손꼽히는 중입니다. 귀는 전우이로 어려서 부모 양육을 제대로 받지 못하며 동분서주하는 상인데, 실제로 양조위는 어린 시절 도박 중독자였던 아버지로부터 버림을 받고 홀어머니 손에서 길러졌습니다. 이후 이른 나이에 학교를 그만두고 배우가 되기 전까지 다양한 직업을 전전했습니다. 양조위의 눈은 봉안(봉의 눈)이 웃음을 짓는 눈인 서봉안인데 서봉안을 지닌 사람은 생이 끝날 때까지 부귀를 누립니다. 코는 마늘 모양을 닮은 산비로 중년에 더욱 가정이 안정되고 노년에 부족함이 없습니다.

주윤발(배우)

홍콩의 유명 배우인 주윤발은 홍콩 영화의 르네상스 시기를 풍미한 대표적인 배우로 한국에서는 특히 〈영웅본색〉으로 유명세를 끌었습니다. 주윤발은 오형 중 토형으로 믿음과 의리가 두터우며 신중하고 묵직하며 침착합니다. 토형은 현실적이며 결과물을 중요시하기에 보통 자기의 것을 지키려 하는 경향이 강한데 자신의 재산을 사회에 환원하고 일상에서 소박한 모습을 보여주는 것을 보면 심상이 아름다운 사람이라고 여겨집니다.

주윤발의 눈썹은 와잠미와 유엽미가 섞였는데, 이는 이른 나이에 성공하며 인내심과 끈기가 강하고 머리가 영특한 상입니다. 사람들과의 관계는 원만하지만 유엽미로 가정의 자리를 누르는 형상이라 배우자와 갈등이 있습니다. 전택궁 자리로 좁아 이혼수가 있는데 실제로 그는 한 차례 이혼을 하고 재혼했습니다. 3자 이마로 보았을 때 예체능에 재능이 있고 아이디어와 창의력이 풍부하며 섬세하고 감정적입니다. 입은 만궁구로 중년 이후에 더욱 부귀함을 누리는 상입니다. 코는 응취비인데 응취비는 성질이 모질고 간사하며 부귀함이 오래가지 못한다고 하나 눈과 눈썹이 귀하고 선하면 흉한 작용이 줄어듭니다. 주윤발의 경우 자신의 재산을 기부함으로써 돈을 없애는 형태를 만드는 것이 아닌가 싶습니다.

내 운명은 내가 본다

내 관상은 내가 본다

1쇄 인쇄 2024년 9월 23일
1쇄 발행 2024년 9월 30일

글 퀴니
기획 골든리버
편집 한아름
디자인 섬세한 곰
마케팅 허경아

발행인 정회도
발행처 소울소사이어티
출판사 등록일 2020년 7월 30일

이메일 soul-society@naver.com
카카오톡채널 소울소사이어티

웹사이트 soulsociety.kr
인스타그램 @soulsociety.official
블로그 blog.naver.com/soul-society
유튜브 youtube.com/soulsocietykr

ⓒ 퀴니, 2024
값 20,000원
ISBN 979-11-982100-4-3 03180

- 잘못된 책은 구입한 서점에서 바꿔드립니다.
- 이 책에 실린 모든 내용, 디자인, 이미지, 편집 구성의 저작권은 소울소사이어티와 지은이에게 있습니다.
  허락 없이 복제하거나 다른 매체에 옮겨 실을 수 없습니다.